甦れ！経済再生の最強戦略本部

経済企画庁の栄光と挫折からその条件を探る

塩谷隆英

かもがわ出版

まえがき――いまなぜ経済企画庁か

２０１７年のいま、日本社会の将来目標といえば、２０２０年の東京オリンピックであろう。スポーツ選手の育成から東京のビルの建て替え、東日本大震災の復興、はたまた日本国憲法の改正まで「東京オリンピックまでに」というムードになっている。一旦目標が与えられると、それに向かって全員が走り出す日本人の特性が如何なく発揮されている。国民の求心力と集中力が高まると、日本人はとてつもないことをしでかす。先の東京オリンピックや大阪万博の成功がその証である。あれから半世紀が経って、世代交代が進み、人々の価値観も多様化している中で、どこまで集中力を高められるかが、国民的と銘打ったイベントの成功のカギとなろう。

●20年後の日本を考える部署

それにしても、オリンピックが終わったら日本はどうなるのだろう。「おもしろうてやがて悲しき鵜舟かな」

（芭蕉）の悲哀を味わうことにならなければよいがと心配される。先の東京オリンピックのあとに「昭和40年不況」が襲ったことを思い出す。

２０２５年までに、「団塊の世代」が全員後期高齢者になる。そうなった時のわが国の生産力、雇用、社会保障、地域コミュニティ、家族などは、いまと異次元の問題に直面する。その備えは大丈夫なのだろうか。日本政府のどこかに、冷静に２０２０年以後の日本のことを考えている部署があるのだろうか。

もし、いま経済企画庁が存在していたら、と思ってしまう。こんな時には、必ずどこかの局の片隅に、たとえば「２０３０年の日本を考える研究会」のようなボランタリーの場が出来て、オリンピック以後の日本の諸課題とその解決策などについて議論が沸騰していることだろう。

筆者が１９６６（昭和41）年に経済企画庁に入って最初に驚いたのは、経済企画庁の若手が自主的に研究した「20年後の豊かな日本への一つのビジョン」[1]という報告書を見た時だ。いま手許にあるその報告書は、B5版の粗末な紙に和文タイプ刷りで１００ページのものである。昭和40年10月27日付けの、林雄二郎[2]氏のまえがきには、「この私案作成のねらいは、第一に、超高度成長期および最近の混迷した経済情勢を通じて現れつつある各種の現象面にとらわれることなく、経済社会の底にある潮流を見定めるための一つの手段としてあり得べき経済・社会の将来の姿を自由に描き、もってその長期的な経済政策の確立に資することであり、第二に、その活動範囲が経済政策、社会政策、地域政策等きわめて多方面に拡大しつつある当庁において、その業務の内部的調整を効果的に行うため、共通の基盤としての考え方の整理を行うことである」とある。

報告書では、20年後すなわち1985年頃、一人当たり国民所得が当時のアメリカの水準（2000ドル以上）に達した時に、①人口構成②食生活③労働環境④住生活⑤モータリゼーション⑥国際環境⑦政府の大きさと役割⑧社会の変革の速さ、などに関して「ラフではあるが包括的なデッサン」を示そうと試みている。モータリゼーションの項ではこんな記述がある。「郊外の1戸建て住宅に住む人は、たいていは車を持つだろう。しかし、これは通勤には使えない。奥さんに駅までの送り迎えをやってもらい、昼間は奥さんが買物や近所づきあいに使う。……車を持つことが経済的でないと考える人達は、バスで駅まで往復し、週末のレジャーにはレンタカーを使うだろう。」

1985年時点までにこのような生活は、ほぼ一般的になったものと思われるが、自動車の保有台数が1000人当たり8台（当時のアメリカは346台）の時点で、このようなビジョンを描いたところにユニークさがある。国民の多くが「昭和40年不況」の苦境にあえいでいる時、冷静に20年後の日本の在り様を考えていた人々がいたこと、そしてそのような発想が生まれる雰囲気が役所に充満していることに驚きを禁じ得なかった。

1　「20年後の豊かな日本への一つのビジョン」は、経済企画庁の公式見解でなく、林雄二郎氏を中心とする若干名の個人的見解である。

2　1916年～2011年　経済企画庁経済研究所長、東京工業大学教授、未来工学研究所長、トヨタ財団専務理事、情報大学総長、労働科学研究所理事長などを歴任

この報告書が、後に、国民生活審議会の「将来の国民生活像――20年後のビジョン」[3]の「経済は生活に奉仕すべきものであるという国民生活優先の原則」の提案につながり、佐藤内閣の「社会開発」政策を支えた。

●他省庁の人々が感じる結束力

この報告書は、未来学ブームの火付け役ともなった。林雄二郎氏自ら経済企画庁を退官したあと、母校東京工業大学の教授を務めるかたわら未来工学研究所を創設してその所長を長く務めた。

林雄二郎氏は、また、「三東会」という経済企画庁プロパーの若手職員の相互啓発グループの名付け親でもあったそうだ。名前の由来は、毛利元就の三本の矢の故事になぞらえて、一本目は「よきエコノミストであれ」、二本目は「よき行政官であれ」、そして三本目は「よき人間であれ」だった。当時は、経済企画庁になってから採用されたり、他省庁から籍を移したりした経済企画庁プロパーの職員が未だ管理職になる手前のポストにあり、管理職ポストは、ほとんど他省庁からの往復切符を持った出向者で占められていた。プロパー組が一人前の管理職を務めていくためには、かなりの訓練が必要であった。相互啓発を通じて、その訓練をさせようという親心がこのような会を結成させたのだ。

筆者が入庁した年（66年）の夏には、信濃大町の「エコノミスト村」というところで三東会主催の合宿研修会が催された。昼間は八方尾根登山や近くの学校のグラウンドを借りてソフトボールに興じ、夜はテーマを決めての討論会だった。大学時代は大教室で一方向の講義になれた身だったので、人前で意見を言い、反論にさらに再反論することを初めて経験した。リーダーは、課長補佐になりたての横溝雅夫氏（元経済企画審議官）や星野進保氏（元経済企画事務次官）だった。彼らは、後輩の面倒をよく見た。皆仲がよかった。他省庁から出向していた人々にとっては、植民地からの独立運動グループのように見えたのか、結束力に脅威を感じると語った人もいた。

その後7、8年ぐらい、この夏の研修合宿は続いた。リーダー格の人々が局長ポストに就くのは、それから20年後のことだった。さらにそれから10年経った1990年代の終わり頃には、事務次官と主要局長ポストには、ほとんど経済企画庁プロパー職員が就くようになった。そうなった時が経済企画庁の終わりの時でもあった。

経済企画庁は、西暦2001（平成13）年1月6日に内閣府が発足したのに伴い消滅した。つまり21世紀早々に消え、いまや歴史の中に幻影を留めるのみである。経済企画庁が担ってきた機能のほとんどすべては、新設の内閣府に移管された。橋本龍太郎内閣における行政改革の一環としての中央省庁再編に伴うものだった。

●経済安定本部が元祖

経済企画庁の前身は、経済審議庁である。さらにその元祖は、1946（昭和21）年8月12日に発足した

3　1966（昭和41）年11月「国民生活審議会報告」

経済安定本部である。経済企画庁は、元祖の誕生から数えると54年4ヶ月の命脈を保ち、敗戦1年後から20世紀が終わるまでの半世紀間、経済戦略本部として、戦後経済の演出役を果たしたのであった。

経済安定本部は、GHQ（連合国軍総司令部）の強い示唆によって発足した。占領下のGHQの権力は絶大であったから、「示唆」というより「命令」という方が実態に近い。しかし、一応日本政府の自主性が尊重されて、形式的には、勅令（天皇の命令）によって設置する形がとられた。

発足当初の予算定員は、316人という小所帯だったが、GHQの後ろ盾を受けて「第二政府」と言えるほどの権限を持っていた。経済安定本部令（昭和21年8月12日勅令第380号）の第1条は、「経済安定本部は、内閣総理大臣の管理に属し、物資の生産、配給及び消費、労務、物価、金融、輸送等に関する経済安定の緊急施策について、企画立案の基本に関するもの並びに各庁事務の総合調整、監査及び推進に関する事務を掌る」と規定されていた。その規定に引き続いて「前項の事務を行ふために、特に必要がある時は、内閣総理大臣は、関係各省大臣に対して、必要な事項を命ずることができる」という規定が置かれていた。

経済安定本部の行政庁としての長は、国務大臣をもって充てられる総務長官であるが、その上には内閣総理大臣がにらみをきかせており、各省庁に必要な命令を発することが可能だった。この点で各省庁よりも一段上位の官庁と見ることができた。

1947（昭和22）年5月の片山内閣の発足に先だって、マッカーサーの指令で、予算定員は2002人になり、それまでの5部制から一挙に3副長官（事務次官相当）1官房10局2部、課の数は48を数える組織になり、単なる企画調整官庁から「泣く子も黙るあんぽん」[4]として恐れられる統制経済の実施部門を兼ね備えた強大な官庁になった。

経済安定本部の略称は、「経本」であったが、世間では「安本」と呼ばれていたらしい。初代経済安定本部副長官の永野重雄氏[5]は、「なけなしの酒を友人とこっそり飲んでいる時など、よくアンポンタンとからかわれたりしたものだ」と語っている。[6]

ところが、戦後の悪性インフレが収まるにつれて役所の機構も縮小され、1952（昭和27）年8月には定員397人の「経済審議庁」となり、当初の企画調整官庁に戻り、1955（昭和30）年に経済企画庁と改組された時の定員は、366人だった。

経済審議庁から経済企画庁への改組は、経済安定本部から経済審議庁への変更の場合と違って、官庁としての基本的な性格を変えるものではなかったが、長期経済計画の積極的な推進が役割として付加され、より企画官庁的な色合いを強めた。

その背景には、独立を果たしたわが国が、真に経済の自立を達成し、完全雇用を実現するために、「経済自立五ヶ年計画」を策定、推進することが必要だった事情がある。経済自立と完全雇用は、岸内閣の「新長

4　内野達郎『戦後日本経済史』（講談社学術文庫　1978年）p50
5　1900年~1984年　後に富士製鉄社長、新日鉄会長、日本商工会議所会頭などを歴任
6　経済企画庁編『経済企画庁20年小史』（1966年）中の永野重雄氏の回想　p185

期経済計画」、池田内閣の「国民所得倍増計画」、佐藤内閣の「中期経済計画」および「経済社会発展計画」を通じて追求され、昭和40年代になってほぼ達成されたと考えられる。

●官庁エコノミスト集団の存在

筆者が入庁した1966（昭和41）年頃の経済企画庁の主な任務は、内外経済の調査分析、年次経済見通しと経済運営の基本的態度の作成、長期経済計画の策定という過去・現在・未来の「時間軸に沿った経済調査・企画調整行政」を中核にしていた。それに加えて、国土の均衡ある発展を目指した全国総合開発計画の策定を中心とした「国土総合開発行政」と、戦後の超インフレ抑制策以来の「物価政策」および高度経済成長のひずみ是正と消費者サイドからの行政を目的として新しく登場した「国民生活行政」が一体をなすユニークな役所だった。経済安定本部のような強大な権限もなく、予算規模も小さかったので、「色男カネも力もなかりけり」などと揶揄されることもあった。しかし、「色男」には、権力ずくで予算にものを言わせて行政を差配するのではなく、知性と品格によって、理詰めで行政を進める消費者の味方という意味も込められていたような気がする。既得権益の擁護ではなく、全体最適の立場から企画調整を行う官庁としての実績、とりわけ経済合理性の基準で行政に携わる官庁エコノミストの存在が一目置かれていたことを物語るものであろう。

昭和40年代の初頭にあって、この官庁エコノミスト集団にとっては、本格的な国際化に直面した日本経済の長期戦略をどう設定するかが大きな課題であった。その他、特に高度成長期を通じて次第に著しくなってきた所得分配の不平等の問題、国民生活の安全・安心をめぐる諸問題、公害問題、大都市の過密と地方の過疎を巡る諸問題などの解決が期待されていた。

筆者が経済企画庁に籍をおいていた約34年間は、経済企画庁が上記の諸課題の解決のために大いに気を吐いた時代であった。そして一つの課題を解決するごとに、新しい役所が出来て、奮闘努力した担当部署がそこに移管されて行った。１９７１（昭和46）年7月には、経済企画庁国民生活局水質公害課および水質調査課が環境庁水質保全局に移管された。また、１９７４（昭和49）年6月には、総合開発局を母体として国土庁が発足した。たまたま、筆者は、この二つの事例に関わることになったので、特に印象深い。

●バブル期の失敗

しかしながら、失敗もいくつかあった。その最大のものは、いわゆる「バブル」の発生を長い間気づかずに、必要な対策をとることが遅れたことだった。

「プラザ合意」後の円高に対して、公定歩合の引き下げが続き、地価や株価が高騰していた頃に発表された１９８９（平成元）年度経済白書では、「企業や家計が保有資産の構成や利用方法を見直し、保有資産の収益性を顕著に高めるような行動をとるようになった」と言い、これを「日本経済のストック経済化」と呼んだ。さらに、「現在の大型景気をリードする活発な家計消費や設備投資の背景には、それらを基底から支える要因として資産効果が寄与していると考えられる。また、より長期的な側面として、美しい都市の建設が進み、住宅や社会資本の蓄積が進めば、仮にフローのＧＮＰが同じでも、国民生活はそれだけゆとりのある豊かなものになると期待される」と言っている。

高齢社会になって、資産が生活の拠り所となる高齢者にとって、資産価格が上がることは歓迎すべきことで、明るい未来が開けたと思った人も多かったに違いない。「ストック経済化」は、望ましい経済の方向なのであるが、資産価格の上昇が実態を伴うものでない限り、人々の夢は泡と消える。資産効果を過大に評価し過ぎた経済白書の表現に、当時のバブルに浮かれた空気が見て取れる。

もっとも、経済白書の名誉のために付け加えると、「地価上昇に拠って土地資産が名目的に拡大しても、わが国の購買力が増加するわけではない。したがって、名目的な資産価値の増加による国富の『水ぶくれ』は、国民生活の豊かさに結びつくものではない」と釘をさすことも忘れていない。

その当時の地価上昇の相当部分が「バブル」であって、早晩はじけるものであるということにもっと早く気が付くべきであった。１９８９(平成元)年3月の不動産研究所の調査で、東京圏の商業地は、同年の半ばには前年に比べて49％も上昇していた。一方、１９８８(昭和63)年度の卸売物価は、前年度に比べて０・５％下落し、消費者物価は、わずか０・８％上昇と落ち着いていたので、日銀は、戦後最低水準に下がっていた公定歩合を引き上げる必要はないと判断していたようだ。経済企画庁の判断も同様であって、地価や株価の異常な上昇に対する金融政策の対応について何の発信もしなかったのは失敗だったと言わざるを得ない。

バブルが崩壊した時にも、適切な経済政策手段を見つけることができずに経済停滞を長引かせてしまった。経済企画庁だけの責任ではないが、少なくとも、経済の企画調整官庁の看板を掲げている限り、なすべきことはいろいろあったはずである。バブル崩壊後に、国民の間に官僚組織に対する不信感が高まったのは無理もないことだった。橋本龍太郎内閣の中央省庁再編政策によって経済企画庁が廃止されることになった時、残念ながら、一部を除いて経済企画庁を存続させよという声はあまり起こらなかった。

●経済企画庁の廃止をめぐって

経済企画庁内部では、既存の役所との合併案などを巡り侃々諤々の議論が行われたが、最終的に、事務次官の糠谷《ぬかや》眞平氏[7]は、経済企画庁の諸機能を、新設される内閣府に移行して、発展的に解消する方針を選択した。筆者が糠谷氏の後任の経済企画事務次官に就任した時は、中央省庁等改革基本法が成立しており、基本路線は定まっていたが、組織の具体的な中身はまだ詰まっていなかった。内閣府の組織を固めるに当たって、経済企画庁がそれまで果たしてきた機能を、できるだけ多く内閣府に移行させて存続させるのが筆者の主な仕事と心得ていた。戦後日本経済において、経済企画庁各局は、重要な役割を果たしてきたし、これからも果たすであろうと思ったからである。

7　1941年～2016年　後に国民生活センター理事長、帝京大学教授などを歴任

しかし、行政改革の大きな流れの中で、経済企画庁の「調整局」、「総合計画局」および「調査局」は廃止されて、内閣府では、替わりに3人の「政策統括官」という名称の局長クラスのスタッフがそれらの仕事を分掌することになった。また、「物価局」が廃止されて、その機能は、残った「国民生活局」に移管された。その結果、四つの局長のポストが削減されることになった。行政簡素化の名目で、局長の数を減らすことが必要だったからのようだった。廃止される各局がこれまで果たしてきた役割と今後の行政需要を思えば、断腸の思いであった。しかし、内閣総理大臣の知恵袋として創設される内閣府には新しい行政スタイルが必要なのだとの、改革を進める側の説明に従わざるを得なかった。これまでの歴史的経緯と今後の行政需要をどう参酌したのかがもう少し世の中に分かるように明らかにされるとよかったと思う。

　経済企画庁という名前が消えるのは覚悟していても、自分の局の名前まで消えるとは予想していなかった局長の中には、闇夜に「切り捨て御免」されたような気分だと筆者にかみついて来る者もいて、説得に苦労した。消えた「経済」の文字が、実体をそれほど変えずに存続した通商産業省の「通商」にとって替わり、後継の「経済産業省」の冠に使われていたのもサプライズだった。「縦割り行政」の弊害を是正するために、「横割り官庁」をもっと強化すべきという議論はあり得たと思う。「中立的な経済分析と政策効果分析を武器に経済の企画立案・総合調整をしてきた横割り官庁の代表である経済企画庁こそが残るべきなのに、それが消滅して、巨大な縦割り官庁がいくつも出来るのはおかしい。行政改革としては時代に逆行する」と息巻く職員がいたことも事実である。庁内の雰囲気は騒然としていた。

戦前、1939（昭和14）年の阿部信行内閣の時、貿易振興のために、商工省の貿易局と外務省の通商局を合わせて貿易省をつくる構想が発表されると、外務省の職員は、一斉に辞表を提出して抵抗し、ついに貿易省が流産に終わるという事態があったそうだ。[8] 平成の経済企画庁の職員は、日頃の経済分析を通じて、時代の変化に即応した行政改革の必要性を十分理解していたので、事態を比較的冷静に受け止めた人が多かったのもまた事実である。

●経済企画庁の墓碑銘とレクイエム

経済企画庁は2001（平成13）年1月6日の内閣府の設置に伴い廃止と決まり、経済企画庁の機能はほとんど内閣府のしかるべき組織として存続することになった。2001年の1月6日から3月31日までは、会計年度でいうと2000（平成12）年度に含まれる。筆者は、経済企画庁の廃止を前提とした2000（平成12）年度予算要求を大蔵省に提出した1999（平成11）年8月31日に、堺屋太一経済企画庁長官の許しを得て経済企画事務次官を退官した。

内閣府に移管された旧経済企画庁の諸機能は、それぞれ時代の変化の中で十分役割を果たしていると思う。しかし、2001年1月5日までの経済企画庁と2001年1月6日に発足した内閣府との間には、大きな

8 中村隆英『昭和史（I）』（東洋経済新報社 1993年）p241

断絶があるように見える。

経済企画庁は、政府の中にあっても、総理府の外局と位置づけられており、比較的中立・客観的視点から経済を調査分析して、全体最適の立場からの経済政策の企画立案、総合調整を図ろうとしていたのに対して、内閣府は、政府の中枢そのものであり、政権の立場を離れて中立・客観的視点に立つというわけにはいかない面が多々あろう。確かに、政府の中枢に移行したがゆえに、経済企画庁にあった時にはひ弱だった各省の総合調整機能が、格段に強化された面はあろう。しかし、経済の調査や政策の効果分析などを行う場合には、政権の中枢に近くなった分だけ、客観性、中立性を維持するのが困難になった面はないのだろうか。第一次石油ショックのような経済危機が起こった際に、もし、経済分析の結果が政権の都合によってゆがめられるようなことになったら、誤った診断に対して誤った処方がなされて悲惨なことにもなりかねない。

大きな政治の流れの中の出来事だったので、役人の力の及ぶ限りではなかったが、役所によっては、出身の政治家や族議員や圧力団体の力に頼って、組織の改編をまぬがれたり、自分たちの都合のよいように組織改革したりしようとしたところもあったやに聞いている。しかし、経済企画庁は、そうした政治力とは無縁の存在であったので、ただまな板の上の鯉のようにじっとしているしかなかった。結果的に、われわれ当時の幹部連中は、先人が営々と守り育てて来たエコノミストや政策プランナーたちの牙城の落城を目にしながら、ただ手を拱いているばかりだった。今思えば、その機能を別の組織に移行するにしても、エコノミストたちが命がけで守った中立的・客観的な経済調査・分析を行う組織づくりなどで、知恵を働かせる余地はあったように思う。

正岡子規は、自ら書いたわずか百字余りの墓碑銘に、自身の生涯と両親のことを余すところなく書き、最後に、「日本新聞社員タリ……月給四十円」と記した。和歌と俳句の革新者としてわが国の文学史上燦然と輝く偉大な文化人を遇するのに余りの薄給に驚くが、この部分は、直前に月給が上がって母と妹と三人の暮らしが立つようになった感謝の意味が込められているのだという。

わが筆力では、とてもそのような含蓄のあるものを書くのは無理であるが、せめて、ささやかな墓碑銘を書き残して、経済企画庁を根城にして豊かな世の中をつくり、人々に生きがいを与えるという夢を追い求めて奮闘努力し、闘い終わって鬼籍に入った人々の魂を慰め、その精神が復活することを願うレクイエム（鎮魂曲）としたい。

イギリスのＥＵ離脱、イスラム文明とヨーロッパ文明の軋轢、アメリカ社会の分裂、北東アジアの安全保障環境の変化などから国際経済が再び動乱の時代に入っている。わが国は、人口減少と高齢化に歯止めがかかっていない中で、バブル崩壊後の長期デフレから完全に脱却したとは言い切れない。ゼロ金利どころかマイナス金利がこのように長期間続くのも歴史的異常事態である。そうした状況の下で、わが国経済が世界の中で再び輝きを取り戻し、人々が生きがいをもって暮らしていける世の中にしてゆくためには、新しい知恵と戦略を必要とする。

このような時に、戦後の復興時代から高度成長期を経て安定成長期への移行、２度の石油危機の克服、バブルの発生と崩壊などを通じて、20世紀後半の半世紀間、日本経済の経済戦略本部としての経済企画庁行政の成功と失敗の歴史に学ぶことは多いに違いない。いま、経済企画庁復活論が起きていると聞く。筆者も、いつの日か、新しい時代にふさわしい経済企画庁のような役所が復活することを期待し、夢見るものである。

本書は、既に歴史の一部になり、人々の記憶の中で幻影になりかかっている経済企画庁を、もう一度この世へ呼び戻し、戦後経済の中で果たした役割を総括し、その栄光と挫折の歴史から21世紀にふさわしい経済戦略本部の必要条件を探ろうとするものである。薄れかけた記憶を呼び起こして筆の趨くままに綴るので、記憶違いや思い込みによる誤りも多々あることと思う。私的なことにまで筆が走るかも知れないが、筆者の思い出の中で経済企画庁と結びついていて切り離すことが出来ないので、お許しいただきたい。

国家公務員は、辞めたあとまで、職務上知り得た秘密を漏洩してはならないことになっている。[9] ただし、何が「秘密」であるかは、解釈の分かれるところである。ここでは、「それを公開することにより特定の利益を著しく損ね、あるいは社会公共の秩序を混乱させるような『非公知の事実』」との解釈に従っておく。[10] 一方、筆者は、公務に携わった者は、その経験知を後世のためにできるだけ公開しておく義務もあると思っているので、法の許す範囲内で、その義務を果たせれば幸いである。

●本書の構成

物語は、先ず第一章で、戦時中に既に日本経済の再建策を研究するために結集し、その後、経済安定本部に馳せ参じたり、外にあってこれに協力したりした復興の志士たちの活躍から始まる。第二章では、経済安定本部が行った強力な物価安定策と傾斜生産方式と呼ばれた産業政策について述べる。また、1ドル360円の為替レート決定に関連して、沖縄における1ドル120B円決定の秘話に触れ、筆者の沖縄との出会いについて敷衍する。第三章では、1947（昭和22）年から経済企画庁の終わりの年まで50年間あまり連綿と続いた経済白書のうち、第1回の「都留白書」と「もはや戦後ではない」で有名な「後藤白書」を瞥見したあと、筆者が作成に参画した、大型合併における物価の硬直性が問題になった「昭和43年度白書」および「豊かさへの挑戦」と題した「宮崎白書」ならびに無念にも円切上げを封印した「内野白書」を取り上げて、特に問題となった点について述べる。第四章では、経済企画庁のメインの仕事であった経済計画について取り上げる。先ず、吉田総理の鶴の一声でお蔵入りとなった「経済復興計画」と経済企画庁の設立と深い関係のある「経済自立5ヶ年計画」について述べる。次に、経済計画の中の白眉だった「国民所得倍増計画」について見たあと、筆者が作成に参画した大平内閣の「新経済社会7ヵ年計画」について詳述する。この章では、市場経済下で、経済計画の存在意義を巡るプランナーたちの苦闘のあとを振り返る中で、アメリカにおける経済計画論争を現場で見聞してきたことについて触れる。第五章では、わが国の行政に新しい風を吹き

9　国家公務員法第100条第1項「職員は、職務上知ることのできた秘密を漏らしてはならない。その職を退いた後といえども同様とする。」

10　園部逸夫監修、栗田久喜・柳克樹『国家公務員法・地方公務員法』（青林書院　1997年）p253、254

込んだ「国民生活局」について述べる。特に筆者が法案作成に関わった「水質汚濁防止法案」と「製造物責任法案（PL法案）」の作成過程について詳述する。第六章では、国土総合開発行政について述べる。経済企画庁における国土総合開発行政の歴史は多岐にわたったが、ここでは、特に第一次全国総合開発計画と経済企画庁が作成した計画の中でも最高傑作と思われる新全国総合開発計画（新全総）について見た後、筆者が関わった国土利用計画法が出来るまでの政治と行政の協働の過程を見る。第七章では、海外からの大波すなわち、ニクソン・ショック、石油ショックおよびプラザ合意に翻弄された日本経済とその中で奮闘した経済企画庁の様子を述べる。第八章では、バブルが崩壊した後、消費税率の引き上げ、アジア通貨危機、金融パニックなどから戦後最悪の不況となった、その修羅場での苦闘について述べる。そして、終章で、経済企画庁が戦後日本経済で果たした役割を総括したあと、経済戦略本部のような役所の復活があるとすればその必要条件は何か、について触れる。

筆者の体験していない部分は、3回にわたって編集された経済企画庁史等からの引用や各時代に衝に当たった人々の記録に拠る。また、経済安定本部以来この役所で獅子奮迅の活躍をし、既に鬼籍に入っている先達にも登場していただき大いに語ってもらう。多方面の活動記録を通じて、経済企画庁の本質が少しでも明らかになり、未来への明るいメッセージとなれば望外の幸せである。

もくじ●甦れ！ 経済再生の最強戦略本部——経済企画庁の栄光と挫折からその条件を探る

第一章

「戦後問題研究会」に集結した復興の志士たち

重爆撃機Ｂ29による無差別爆撃の跡を見れば、誰の目にもこの戦争は負けだと分かっただろう。しかし、軍部の強圧による「聖戦継続」のかけ声によって、大多数の国民は「敗戦」の二文字から目をそらされていた。そのような時期に、時流に流されない澄んだ目で事態を直視し、敗戦必至と認めざるを得ないと悟って、戦後の経済再建問題を考え始めていた、一群の知的英傑が存在した。そして、敗戦が現実になると、うちひしがれ、虚脱状態に陥った人々の中にあって、明治維新の志士たちに勝るとも劣らない気概をもって、戦後経済復興のために立ち上がったつわもののどものことを、現代に生きるわれわれは、記憶に止め、語り継いでゆくべきである。彼らの叡智の成果が、のちに経済安定本部の組織原理となり、そこに集まった当時のわが国を代表する第一級の経済学者、視野の広い技術者、縦割りの枠にとらわれない開明的官僚などが経済安定本部を内外から支え、経済企画庁精神のＤＮＡを形成したことは疑いない。先ずは、経済企画庁のご先祖様に当たる復興の志士たちの物語から見てゆこう。

1　敗戦の翌日に「戦後問題研究会」が発足

１９４５（昭和20）年6月の東京の霞ヶ関近辺は、焼け野原だったに違いない。いまの霞ヶ関ビルの向かい側の商船三井ビルあたりに半分焼け落ちた満鉄ビルがあった。そこに居を構えていた大東亜省の大来佐武郎[1]氏のところへ、駐中国日本大使館の電力担当技師後藤誉之助[2]氏が東京への出張の仕事を終えて北京帰任の挨拶に来た。

後藤氏は、東京帝国大学工学部電気工学科で大来氏の4年後輩にあたる。大来氏と同じ逓信省[3]に入り、大陸勤務が希望だったので、大来氏が2代あとの電力担当技師に推薦した縁があった。既に対馬海峡を渡るのは命がけだった。大来氏は、「もうまもなく戦争は終わりになるだろう。北京に帰るのはやめて、私と一緒に、戦後の日本をどう再建していくか、ということを考えようではないか。ぜひ手伝ってくれ」と後藤氏を説得した[4]。

大来氏は、その年の6月初旬ごろに、大東亜省総務局長の杉原荒太[5]氏に戦後経済の研究を本格的に始めることの了解を取り付けていた。勉強会の費用は、杉原氏と大東亜省事務次官の田尻愛義[6]氏から出してもらった。合わせていまの金額で数百万円にもなろうかというから驚く[7]。

1 1915年~1993年 経済企画庁総合計画局長、総合開発局長、日本経済研究センター理事長、国際開発センター理事長、海外経済協力基金総裁、外務大臣などを歴任
2 1916年~1960年 経済企画庁内国調査課長、在米日本大使館参事官（景気観測官）を歴任
3 後にその機能は、郵政省、運輸省、建設省などに再編された。
4 大来佐武郎『東奔西走』（日本経済新聞社 1981年）p52
5 1917年~1982年 戦後参議院議員、防衛庁長官を歴任
6 1896年~1975年 後に外務事務次官
7 経済企画庁『戦後経済復興と経済安定本部』（大蔵省印刷局 1988年）p14

組織作りと人選は、大来氏が1937（昭和12）年以来私淑していた平貞蔵氏と相談しながら進めた。平氏は、大来氏のその後の活躍の精神的支柱を形作ったと言われる「昭和塾」の実質的運営責任者でもあった。[8]平氏が経済と政治畑を、大来氏が技術畑を中心にメンバーの人選を行い、十数人をリストアップして、第1回会合を8月16日に設定した。まだ戦争中なので、朝鮮海峡の交通が遮断され、大陸の物資が日本に届かなくなった場合における「日本自活方策研究会」という名前にして通知状を発送した。

第1回会合には、大内兵衛、平貞蔵、蠟山政道、東畑精一、中山伊知郎、亀山直人、巽良知、大野数雄、杉原荒太氏など十数人が出席した。回を重ねるごとにメンバーが増えて行き、有澤広巳、安芸皓一、稲葉秀三、宇野弘蔵、土屋清、正木千冬、山中篤太郎、山田盛太郎、脇村義太郎、都留重人氏などの諸氏が参加した。[9]敗戦後間もなく大東亜省は消滅した。その機能の一部は外務省に編入され、杉原氏は大東亜省の総務局長から外務省の調査局長に替わった。大来氏は、「それで僕に『君、一緒に来い。それでいまの戦後問題研究続けてやれ』と言われて、その後の仕事は外務省の調査局でやった」と語っている。[10]

その研究の中間報告のたたき台は、大来氏と後藤氏が作成した。1945（昭和20）年12月23日の日曜日には、研究会のメンバーが東京・神田の旅館「龍名館」に集まり、午前10時から夕方まで長時間の全体討論を行った上で、大来氏および後藤氏のほか、並木正吉氏および小田寛氏の4人の幹事が執筆し、中間報告「日本経済再建の方途」を作成した。これにさらに検討を加え、1946（昭和21）年3月、「日本経済再建の基本問題」が公表された。正式には、「外務省特別調査委員会報告」として外務省調査局から国会はじめ各方面に配付された。同年9月には、改訂版が公表されたが、それは粗末な装丁でわら半紙に活版刷りA5版で193ページの冊子であった。[11]

2　普遍と特殊の総合の上に

●「日本経済再建の基本問題」の基本姿勢

「日本経済再建の基本問題」は、先ず「緒言」で経済政策を検討するに当たっての基本姿勢を述べる。

今後の我国の基本的経済政策を検討するに当たっては、局部的事象に囚はれず、広く世界的且つ発展的立場に立って考察を進める必要がある。すなはち先ず第一に人類社会進化の動向を洞察し、その現段階および将来の発展方向を認識し、第二には現在および将来我国の置かるる世界的環境を把握しなければならない。すなはち歴史の流れにおける一時点としておよび世界的空間における一地点として両座標

8　1894年~1978年　満鉄調査部などを経て大陸問題評論家として「中央公論」や「改造」などで論陣を張った。
9　大来佐武郎『東奔西走』p56、57
10　経済企画庁『戦後経済復興と経済安定本部』における大来氏の証言　p14
11　小野善邦『わが志は千里に在り　評伝　大来佐武郎』(日本経済新聞社　2004年) p57、58

の交点に在る現代日本を把握せねばならない。しかしてかかる一般的世界的環境の認識とともに我国社会および経済の元来有する特殊性と終戦後新たに当面する諸条件を分析解明し、かくして普遍と特殊の総合の上に真に向かふべき方向が積極的建設的に打ち立てられるのである。

右のごとき見地に基き、本稿の前篇「日本経済再建の前提」第一章においては、まづ世界経済の基本的動向を、第二章においては日本経済の国際的環境を、次で第三章において日本経済の特殊性を、第四章において日本経済の新に当面せる諸条件を記述し、後篇において前記各章の内容を基礎として日本経済再建の方策を可及的具体的に説述したのである。もちろん本稿の骨子をなす特別調査委員会の討議に出席せる各委員の思想的立場は必ずしも同一ではなく、かつ極めて広汎な内容を限られた時間内に取扱った関係上、矛盾あるひは遺漏なきを期し難いけれども、問題の全面的且つ総合的取扱ひといふ点に大きな意義があると認められる。しかして本稿の各部分がそれぞれ一書を成す如き専門的研究を必要とするものであり、全体的構成についてもさらに周到明確な研究が引続いて生れ来ることが望ましいのであって、本稿が新日本建設途上の一道程標の役割を果たし得れば関係者一同幸甚とするところである。

本文は、前編と後編それぞれ四章に分けられ、前編では、日本経済再建の前提が、後編では、各分野に渡る経済再建の方策が具体的に述べられる。今日の時点で見ても、戦後日本経済を主導した先見性を持つ考え方が打ち出されていた。

●自由貿易体制、重工業中心、平和の経済

その考え方は、経済企画庁の組織原理ともなって、経済白書や経済計画で繰り返し主張された。その第一は、「自由貿易体制」に参加するのを目指したことである。この報告書は、早くもブレトンウッズ体制下の世界経済へ日本が参加することを前提にして、世界的分業に参加すべきだと論じた。日本が自由貿易体制へ完全に組み入れられるのは1964（昭和39）年4月にIMF8条国（国際収支を理由とする為替制限の禁止）へ移行したあとであるが、戦後の混乱期が終わって貿易を許された時から、わが国は、常に自由貿易を目指してその障害を取り除くことを至上命題としてきた。

第二は、重工業中心の産業構造を構築するのを目指したことである。大来氏は、GHQによって初期の占領政策として打ち出された「経済民主化」の効果を上げるには、農業を過剰人口の吸収先とするのでなく、産業構造と技術の高度化を図りつつ、世界の分業体制に組み込まれて生きていくことが重要であると判断した。

8月16日に第1回研究会が開かれたあと、8月29日には、マッカーサーが厚木飛行場に降り立ち、米軍を主体とする連合国軍の日本進駐が始まり、GHQの統制の下に占領政策が推し進められた。既存の官僚機構を通じての間接統治だったが、GHQの命令に抵抗することは不可能に近かっただろう。経済に関する初期の占領政策は、農地改革、労働民主化、財閥解体および独占禁止を内容とする「経済民主化」の推進が

主たる内容だった。ワシントン筋がマッカーサーに対して「貴官は日本経済の復興と強化に何らの責任を負うことはない」と指示したと伝えられるように[12]、日本を再び戦争をしない国にするために最低限の生活水準を維持するに足る経済再建をすることが占領軍の最大使命と考えられていた。GHQの出す占領方針をにらみながら、日本国と日本人が誇りを持って生きて行くための経済を復興させるにはどうしたらよいかが、大来氏らの基本命題であった。

おりしも、エドウィン・ポーレーを団長とする賠償使節団が来日し、生産物でなく、設備そのものを賠償対象にするという厳しい賠償案が検討されつつあった。生産物による賠償となれば、それを生産する設備を持つことを許すことになり、賠償を払い終えたのちの設備は、やがて飛行機や軍艦を生産することになりかねないという心配があったのだろう。しかし、設備を賠償対象にする案が実行に移されれば、日本の重工業は復興する余地がなく、農業国になるほかはなかったかも知れない。

大来氏は、引揚者などで膨れ上がった農業の過剰人口を吸収するには、どうしても重工業を復興させる必要があると考えていた。大来氏が着目したポツダム宣言第11項には、「日本国ハ其ノ経済ヲ支持シ且公正ナル実物賠償ノ取立ヲ可能ナラシムルガ如キ産業ヲ維持スルコトヲ許サルベシ。但シ日本国ヲシテ戦争ノ為再軍備ヲ為スコトヲ得シムルガ如キ産業ハコノ限リニアラズ。右目的ノ為原料ノ入手（其ノ支配トハ之ヲ区別ス）ヲ許サルベシ。日本国ハ将来世界貿易ヘノ参加ヲ許サルベシ」とある。この降伏条件を逆手にとって、日本が将来世界貿易に参加して国際収支バランスを維持しつつ、満州事変以前の1930（昭和5）年水準の国民生活を回復してゆくためには、重工業中心の産業構造が不可欠であることを立証しようとした。

それは、「日本の賠償能力に関する一研究――国際収支より見たる今後の日本経済」というレポートにまとめられ、「外務省調査局レポート」として公表された。この資料は、のちにさらに国民所得統計や戦災復興需要などの数値を加え、基準年次を１９３０（昭和5）年―１９３４（昭和9）年平均に変更するなどの手直しをして、１９４６（昭和21）年9月に「日本経済と生活水準」として外務省調査局から公表されている。

これについて、大来氏は次のように語っている。[13]

その平和的経済というのは具体的に何か。それがブルッキングス研究所の研究にあったわけですね。ブルッキングス研究所は１９３０年（昭和5年）の水準ということになっていた。それを計算の手掛りに始めたわけだけど、しかしこれはどうも低いし、不況の影響で非常に下がっているときだし、こういう基準を1年間だけとるのは正しくないと。それで5年間を平均してとろうと。その後の作業は昭和5年～9年までの平均をとって、その人口一人当たりのいろんな物資の消費量を計算して、それを増加した人口で掛けて、このくらいの経済規模が要ると。その規模には、単に食糧とか衣料とかいう消費物資だけじゃなくて、住宅もつくらなきゃならないし、工場も――工業製品を輸出しなきゃ外貨が稼げな

12　内野達郎『戦後日本経済史』p37
13　経済企画庁『戦後経済復興と経済安定本部』中の大来氏の証言　p18

い。そういうことを加算し……「日本の賠償能力に関する一研究」というリポートにして、ポーレー・ミッションに持っていったわけです。

この報告書は、人口８０００万人の場合の日本経済の規模を予測していて、大来氏自身、「初めてマクロ経済の手法を使った経済予測で、いわば戦後いくつか作成された経済計画のさきがけになったもの」と言っている。[14]

第三は、平和経済のメリットを積極的に評価したことである。日本経済の将来にわたる復興と発展の条件について悲観的な見解が極めて支配的であった時期に、むしろ戦後日本経済に有利となったいくつかの条件を指摘し、日本人が勇気を奮い起こして経済再建に努力すべきことを強調した中で、特に有利な条件として、軍隊や植民地の消滅が将来の経済的負担の軽減として経済的発展にプラスになることを指摘した。東京帝国大学経済学部を卒業して経済安定本部に入り、大来佐武郎氏の薫陶を受け、経済企画事務次官、経済企画庁長官などを歴任した宮崎勇氏[15]は、国連の社会経済局工業開発部に出向した時、軍縮の経済を研究し、帰国後『軍縮の経済学』[16]という著書を出版したが、日本では、一般に経済学者がこの問題に無関心なのを嘆いている。[17]

●戦後の経済政策をリード

この戦後問題研究会の中心メンバーであった有澤広巳氏は、後に著書『学問と思想と人間と』[18]の中で、次のように述べている。

最初にぼくが東京に呼びだされたのは、外務省調査局第二課がやっていた戦後経済調査会だった。この会は終戦直前に設けられたが、終戦とともにいよいよ本格的な調査をはじめた。中山伊知郎、宇野弘蔵、山田盛太郎の諸君のほか、おおぜいの学者が集まった。議題は戦後の日本経済はいかにあるべきか、その基本方針とそれに伴う諸問題を考究するのが会のねらいのようであった。

会の実際の運営をやったのが大来佐武郎君と後藤誉之助君とであった。両君は会議で行われた議論を整理して、その要点を摘録し、次回の論議をすすめる準備をととのえるのにたいへんな努力と勉強をしたにちがいない。問題も多かったし、議論も多岐にわたったが、両君の水ぎわだった要領のよさで、会議は毎回前進した。会を重ねるにつれて、出席者もふえ、各省の中堅官吏も出席するようになった。

14　小野善邦『わが志は千里に在り　評伝　大来佐武郎』p64
15　1923年~2016年
16　岩波新書　1964年
17　宮崎勇『証言　戦後日本経済』（岩波書店　2005年）p122
18　『有澤広巳の昭和史　第一巻』（東大出版会　1989年）p174、175

だれもなににもとらわれず意見を吐くことができた。みんな熱心で真剣だった。新しく生る日本経済の建設のために、衆知をあつめて基本的方針をうち立てようといっしょうけんめいになっているふうだった。食糧も暖房もはなはだ不自由だったさなかにあって、この会議は二十年末にその報告書の草案を完成した。その報告書は、外務省特別調査委員会報告『日本経済再建の基本問題』(昭和二十一年九月刊)として印刷刊行されているが、終戦直後の空白の時期に、おおぜいの政治・経済の学者や中堅官吏が戦後の経済の建設をどういうふうに考えていたかをしめすものだ。

また、大内兵衛[19]氏は、『経済学五十年(下)[20]』において、「戦後問題研究会」のことを次のように回想している。

あれは誰が組織し、誰が中心となってやっていたものか、今は思い出せない。脇村(義太郎)君に勧められてあれに参加したように思うが、あのときの中心人物は大来佐武郎君ではなかったのか。あの審議会の主要メンバーだった役人が後に経済安定本部に入り、今日の経済企画庁のブレーンとなったのではないのか。いずれにしても、終戦後一年ぐらい、たびたび焼け落ちた満鉄ビルに出かけ、火もない寒いところで大いに日本の将来を論じたことだけは覚えている。あのときたしか『日本経済再建の方策』とか何とかいうパンフレットができたね。それの改訂版もできたと思う。そのパンフレットはいまは手許にもないが、あれは日本の経済学上記念すべきパンフレットである。というのは、あのときの審議会には、当時の経済学のブレーンがほぼ動員されていたからである。そして彼らは明治維新の志士でもあるかのごとく、大いに意気込んで議論をしたからである。不幸にしてあの後日本の経済についてああゆう総合的な討議はもう行われなくなった。

ポーレー賠償調査団の中間報告は1945（昭和20）年12月7日に、「基本問題研究会」の中間報告は同年12月23日にとりまとめられたが、二つの報告書の方向の違いは大きかった。1946（昭和21）年3月の改訂版「日本経済再建の基本問題」では、重工業化の方向は一層明確になっており、GHQとの間でかなり摩擦があったにもかかわらず、戦後いち早く、「自由貿易」、「重工業化」、「平和経済」などを中心にして復興するという方向を打ち出した意義は大きい。しかもこの議論に参画した学者や官僚達が経済安定本部において「傾斜生産方式」の策定に参画したり、経済白書を執筆したりするなどして戦後の経済政策をリードすることになった。

19　1888年～1980年　東京大学教授、法政大学総長などを歴任
20　大内兵衛『経済学五十年（下）』（東大出版会　1959年）p329

3　世界情勢の変化が追い風に

●米ソ冷戦開始の中で

それに世界情勢の変化が追い風となった。この報告書が公表された直後から、米ソの対立が深まり、冷戦が始まったのである。これに伴い、GHQの占領政策も大きく変化した。

チャーチルのアメリカ・ミズーリ州フルトンでの「鉄のカーテン」演説は、1946年3月5日、ロイヤル陸軍長官が「日本は共産主義への防壁」と演説したのが、1948年1月6日である。アメリカ政府の日本に対する態度は、ポーレー賠償計画に示された懲罰的で過酷な設備取り上げを実施することは、かえってアメリカ国民の税負担を高める結果となり、それよりは、むしろアジア唯一の日本の工業力ポテンシャルをアジア全体の復興と開発に利用し、西側陣営を強化するのが得策であるというように変化していった。これに伴ってGHQの占領政策も、初期の飢餓と疾病を食い止める最低限度の援助から、日本経済を復興させるために積極的に援助をする方向へと転換していった。1948（昭和23）年3月には、ドレイパー陸軍次官がストライクを同道して来日し、5月18日にポーレー報告書を大幅に手直しした「ストライク賠償計画」がGHQから公表された。これが賠償の撤去へとつながった。

このように占領政策を転換させる世界情勢の変化はあったにしても、「日本経済再建の基本問題」の考え方が、占領政策に心理的プレッシャーを与え続けたことは明らかだと思われる。

中村隆英東京大学教授は[21]、「日本経済再建の基本問題」について、「こうした認識は、大綱において当時の経済状況と問題点を正しく把握していたといえるだろう。もちろん、その認識が、統一された理論の上に立っていたということはできない。マルクス経済学的な日本資本主義論争の当事者であった山田盛太郎の『講座派』の立場に立つ農業論と、『労農派』と目された有澤広巳の人口の過剰から生ずる低賃金労働論とを並列させて、『反封建的農業に立脚したチープ・レーバー』と要約されていたのはその一例である」と述べている。また、「経済民主化の方向は、『公正なる自由競争』のみでは不足で、『金融機関及び重要基礎産業の公共化と、経済の計画化と相当強度の国家統制が必要とせられるのではなかろうか』。その政府は、『民主化せられたる人民のための政府』でなければならない。ここにはっきりと産業の社会化、経済の計画化がうたわれ、『民主化』された政府の手による経済統制の必要が説かれている。そして、『民主的』政治力の結集が緊急の課題であるとされている。当時のエコノミストたちの考え方を示すものとして注目すべきである」と総括している。[22]

●明治維新の志士のように

この研究会の主要メンバーで、後に経済企画庁のブレーンになったのは、大来佐武郎氏と後藤誉之助氏の

21　1925年〜2013年　1977年11月から79年11月まで経済企画庁経済研究所長を兼務

22　中村隆英編『資料・戦後日本の政策構想』第一巻『日本経済再建の基本問題』（東京大学出版会　1990年）p vii、viii

2名かと思われるが、のちに経済企画庁参与や経済企画庁関係審議会の会長や委員としてその行政を支えた学者としては、稲葉秀三氏、都留重人氏、有澤広巳氏、中山伊知郎氏、東畑精一氏などがいる。彼らは生涯経済企画庁を愛してやまなかった。90歳を過ぎてなお矍鑠として物価安定政策会議の議長を務めた有澤広巳氏や、物価問題懇談会座長として、大企業の寡占体質を舌鋒鋭く追及した中山伊知郎氏の姿が目に焼き付いている。「日本経済再建の基本問題」は、戦後日本経済史の巻頭を飾る話として語り継ぐべきものであろう。

驚くべきことに、「戦後問題研究会」に結集し、その後経済安定本部を内外から支えた人材は、ほとんどが30代になったばかりであった。敗戦時、大来佐武郎氏31歳、都留重人氏33歳、稲葉秀三氏38歳、後藤誉之助氏は弱冠29歳であった。明治維新を成し遂げたのも30代が中心だった。明治元年に西郷隆盛が41歳のほかは、大久保利通38歳、木戸孝允35歳、維新直前に暗殺された坂本竜馬は31歳であった。

2017年に40歳の人が生まれたのは、1977年で、この人が13歳の頃にバブルが崩壊し、多分就職活動時にはデフレが深刻化して、地獄のような辛酸をなめたに違いない。いま30代の人は、バブル崩壊後のデフレの時期に思春期を送ったわけであり、戦後復興の志士たちと同様「ハングリー精神」をもちあわせているに違いない。彼らに早く第一線に出てもらって活躍する機会を与えることが21世紀の日本を世界の中で輝く存在に改革する道だと思う。この世代が失業者や非自発的な非正規雇用者でいるのは、人材の浪費と言えよう。「一億総活躍社会」も大切だが、頭脳も体力も充実し、しかもハングリー精神に満ちた30~40代が活躍する先に明るい未来が開けるような気がしてならない。

第二章

泣く子も黙る「あんぽん」

1　経済安定本部の必要性

経済安定本部は、GHQの一方的な命令により突如出現した日本の官庁機構の鬼子のような存在と見られているが、必ずしもそうではない。戦後に奔馬の勢いを見せるインフレを、戦時中の個別の価格統制に始まる物価対策の延長で終息させようとする日本政府の対応に対して、GHQがそれでは生ぬるいと講じた窮余の一策として臨時に作られた官庁であった。形式的には、日本政府が設置した官庁である。その官庁が経済審議庁を経て経済企画庁に受け継がれ、20世紀中存続した。そして、日本の行政に変革をもたらすようないくつかのさきがけ的な行政手法を導入する役割を果たした。

戦争直後のインフレのすさまじさは、リュックサックに札束を詰めて買い物に行ったという第一次大戦後のドイツの例がよく引きあいに出されるが、日本も、敗戦後に、従来にないすさまじいインフレに見舞われた。日本銀行の「東京小売物価指数」でみると、敗戦の年に比べて、1946（昭和21）年に約6倍、1947（昭和22）年に約17倍、1948（昭和23）年に約50倍、1949（昭和24）年に約80倍に上がっている。当時は、ほとんどの物資が価格統制されており、「公定価格」が決められていた。それでもこのように激しい上昇だった。ヤミ価格になると、この何十倍にもなっただろう。

その要因は、経済原論のイロハが教えるように、カネとモノとの間のアンバランスにあった。まずモノが絶対的に不足していた。戦時中から、軍事物資の生産が優先されたので、「欲しがりません勝つまでは」の標語に象徴されるように、消費需要の抑制により消費財生産は極力抑えられ、その供給は極度に不足していた。

旧軍隊解散時に密かに持ち出された「隠匿物資」の横流しや、戦時中大砲や弾丸を製造していた工場が戦時中からの在庫の原料を使ってナベ・カマなどの日用品を生産したものなどが「ヤミ市」などを通して庶民に供給された。しかし、それもヤミ価格をつり上げ、ブローカーなどをもうけさせ、日本社会の分配の不公正さを際立たせる効果をもたらしただけで、数量的には、庶民の需要を満たすには不十分であった。[1]

さらに悪いことには、1945（昭和20）年は、1905（明治38）年以来という大凶作に見舞われた。夏の冷害、台風の頻発と戦時中の木材の乱伐や治水工事の停滞による洪水の多発、肥料不足などのため、平年作の6割水準まで落ち込んだ。当時の主食の配給規定では、国民1人につき1日で米2合1勺（約300グラム、1食約100グラム）で、しかも、米だけでなく、代用食と称するサツマイモ、大豆、油を絞った後の豆かすなどが30％近くを占めていた。カロリーにすると1人1日1200カロリーで、戦前の半分の摂取量であった。[2] 金森久雄氏は、戦後のこの時期を「飢餓期」と区分している。[3] 敗戦時4歳だった筆者も、飢えを実感した世代に属する。

1　内野達郎『戦後日本経済史』p43
2　内野達郎『戦後日本経済史』p44、45
3　金森久雄『体験　戦後経済』（東洋経済新報社　1985年）p10

一方、カネの方は、通貨供給量を増発させる要因がいくつも重なった。一つは「臨時軍事費」(軍人の復員手当や戦争中に政府が軍需生産工場から購入した軍事物資の買掛金など)という政府支出の増加によって財政赤字が巨額になり、それはすべて日銀引き受けの新規発行の国債で賄われた。二つは、全国の銀行貸し出しの財源が日銀借り入れで行われた。日銀で大量に刷られたお札が銀行貸し出しを通じて市中にばらまかれた。三つは国民が一斉に預貯金を下ろして、生活防衛に走った。

こうした状況の中で、強力な物価対策が必要とされたのだが、日本政府には、従来の発想法の枠から出ることは思いもよらなかったようだ。

2　物価対策の系譜

戦時中は、重要物資が総動員法によってほとんど価格統制されていたため、物資所管大臣によって統制価格が守られているかどうかを監視するのが物価対策だったようだ。所管物資の多い商工省には、物価局が置かれていた。戦争が激しくなり、モノ不足が著しくなった1945(昭和20)年3月に、戦時の経済政策を統括する内閣総合計画局に戦時物価部が置かれ、価格統制を一層厳しく実施するための総合調整を行っていた。戦後になって、内閣総合計画局は、内閣調査局に名称変更され、経済の立て直しをするための総合調整官庁の体裁が整って、戦時物価部は、内閣調査局に吸収された。[4]

●緊急経済対策へ

戦後インフレの火の手が上がり、次第に燃え広がってくると、個別価格統制だけでは十分に消し止めることが不可能になった。インフレ処理を個別価格対策ではなく、金融、財政両面から総合的にすべしとのGHQからの指示もあり、大蔵省に臨時官制として物価部が置かれた。物価部長には、興銀大阪支店長の工藤昭四郎氏[5]、物価部一課長は平田敬一郎氏[6]、二代目の三課長に小倉武一氏[7]など後の高度経済成長時代に日本経済を牽引した人々の名前が見える。物価政策全般の総合調整は大蔵省物価部、個別物資の価格統制は各省という役割分担であった。そして、経済政策全体の観点からは、内閣審議室に商工省出身の橋井真氏[8]、大蔵省出身の橋本龍伍氏[9]などが審議官として各省との連絡調整役を担っていた。

この体制のもとで、1946（昭和21）年元旦に大蔵省、農林省、商工省、内務省、厚生省等の事務次官

4　経済企画庁『戦後経済復興と経済安定本部』中の谷村裕氏の証言　p135
5　1894年～1977年　のちに復興金融金庫理事長、東京都民銀行の初代頭取
6　1908年～1992年　のちに大蔵事務次官、日本開発銀行総裁、地域振興整備公団総裁などを歴任
7　1910年～2002年　のちに農林事務次官、政府税制調査会会長などを歴任
8　1902年～1977年　のちに経済安定本部第一部長、東京計器製作所社長、会長などを歴任
9　1906年～1962年　のちに内閣官房次長、衆議院議員、厚生大臣、文部大臣などを歴任

および内閣審議室長が総理官邸に集められ、急遽とりまとめられた「危機対策案」は、①預金封鎖、新円切り換えおよび財産税実施のための財産調査を含む財政金融政策を実施する、②物価政策として、米と石炭を中心に新しい公定価格体系を設定し、物価対策基本要綱を決定、実行する、③食糧対策として、不正不当な退蔵を摘発し、米麦の出回りを促進し、あわせてGHQに食糧輸入決定の発表を懇請し、国民に安心感を与える、④隠退蔵物資を動員し、終戦時に不当な払い下げを受けたもの、買い占め、売り惜しみをしたものから政府が買い上げ、適正に配給する、⑤失業者や生活困難者に対しては、緊急の就業者対策および生活援護対策をはかる、というものであった。これらは「経済危機緊急対策」の名称で事前にGHQの承認を得て1946（昭和21）年2月16日に発表された。いまに続く「総合経済対策」、「緊急経済対策」の原型であるが、①の財政金融政策以外は、内容をあまり伴わない作文の羅列であった。預金封鎖、新円切り換えという非常手段を内容とする金融緊急措置の他は効果がほとんどなかったと思われる。

預金封鎖、新円切り換えは、過大な購買力を凍結し、カネの面からインフレを抑えようという狙いがあった。その内容は、1946（昭和21）年3月2日をもって、旧円の流通は認められず、3月7日までにすべてを預金すること、そして、旧円と引き替えられた新円は、世帯主が300円、その他の家族が一人当たり100円で、そのほかはすべて封鎖預金に繰り入れさせられた。以後、生活資金の引き出し額も同じ額に制限され、サラリーマンの給料も500円までは新円で支払われ、それ以上は封鎖預金払いとされた。1946年3月現在の東京におけるヤミ価格でみると、米一升（約1.5キログラム）68円、サツマイモ1貫目（3・75キログラム）46円だった。サラリーマンが月給500円の範囲で生活するのがいかに心細かったかが分かる。

この時期、経済安定本部はまだない。物価対策は大蔵省主導で行われていた。この非常金融措置によって約500億円の日銀券が回収され、一時的ながらインフレは足踏みをした。[10]

●GHQによる強い主張

特に効果があったのは、GHQが敗戦後の日本経済の危機を認識し、日本の経済復興に関心を示したことだっただろう。何しろ、1945年9月22日付けの「降伏後に於ける米国の初期の対日方針」では、「日本ノ苦境ハ日本国自ラノ行為ノ直接ノ結果ニシテ連合国ハ其ノ蒙リタル損害復旧ノ負担ヲ引受ケザルベシ」という冷淡なものだったのだ。「自力で経済復興をする機会は妨げない」という突き放した態度で占領政策を行ってきたGHQも、ただならぬインフレを前にして立ちすくむ既存の日本官僚機構と官僚を放置することが出来なくなったと認識したように思われる。

日本政府の縦割り行政と非能率さ、なまぬるさに批判的だったGHQは、始め日本政府がこの経済緊急対策を、内閣の中に中央推進本部のようなものを作って推進しようとしたのを、それではなまぬるいとし、

10　内野達郎『戦後日本経済史』p48、49

国内の政変から独立した経済政策の総合的且つ強力な企画と実施のための専門の官庁を作るべきであると主張した。また、日本政府は、経済統制の実施機関として、戦時統制時代から存続した民間の統制会や統制団体組織を利用しようとしたのに対して、GHQは、アンティ・トラストの思想に抵触すると難色を示し、政府が別個の統制実施機関を作り直すべきだと主張した。

このような経緯を経て、経済安定本部、物価庁および物資配給公団、価格調整公団等の統制諸団体が出来た。GHQの狙いは、アメリカのOPA（Office of Price Administration）のような物価関係の総合官庁を作れ、ということだったようだが、そのうち、物価関係だけでなく、日本の経済政策を統一する強力な官庁を作って、各省の持っている権限もある程度集中する必要があるということになった。物価の関係では、経済安定本部が物価政策の基本を担当し、現実の価格統制を行う現業官庁として物価庁を置くことになった。[11]

3　経済安定本部の体制と人事

●経済安定本部の発足

1946（昭和21）年5月22日にそれまでの幣原内閣に代わって吉田内閣が成立した。内閣審議室と大蔵省物価部との調整を経て、経済安定本部の組織を詰めてGHQとの覚書によってその設置が決定したのが5月17日であった。GHQは、①この機構が、政策事項について各省に優越する存在であること、②それは、経済危機突破のための暫定的機構であるべきこと、③本機構は、政変等に影響されぬ中立的継続性を有するものであること、④経済安定本部総務長官は各国務大臣を指揮命令しうる見識と力量をそなえた人物であり、この総務長官は必ずしも閣僚中より選定せず、最も適切な人物を任命すること、などを重要意向とした。[12]

7月23日に事務機構より先に総務長官として膳桂之助氏[13]が内定し、どこかの一室に大臣内定者として1人でいたという。のちに経済安定本部第一部長になる橋井真氏は次のように語っている。[14]

七月二三日の夕刻私は目黒自宅に居ると膳新大臣が来訪された。『今日国務大臣の任命を受けた。明日から経済安定本部の組織に着手する。組織の建前上僕が総務長官兼第一部長をやり、君には第一部副部長として実際上は第一部長の仕事をして貰うから、一緒に頑張って呉給へ』開口一番言われるのである。そして、約三時間半程種々の構想を元気よく語られ、私も自由に意見を述べさせて貰った。偶々持って居たキング・オブ・キングスのびんを、お祝いにと開けると、大変ご機嫌で、私を対手に半びん以上乾されたろうか。今もって、忘れ得ない思い出である。

11　経済企画庁『戦後経済復興と経済安定本部』中の谷村裕氏の証言　p138
12　経済企画庁『現代日本経済の展開　経済企画庁30年史』(1976年) p24
13　1887年~1951年　農商務省出身、戦時中産業報国会理事、戦後貴族院議員
14　経済企画庁編『経済企画庁20年小史』中の橋井真氏の回想文　p215

結局経済安定本部が正式に発足したのは1946（昭和21）年8月12日だった。設置の根拠は勅令であった。経済安定本部令第1条第1項は、次のような内容である。

①内閣総理大臣が管理する官庁であること。

②物資の生産、配給および消費、労務、物価、金融、輸送等に関する経済安定の緊急施策についての企画立案の基本を担当すること。

③上記の企画立案に関して各省庁の事務の総合調整、監査および推進を行うこと。

そして、第1条第2項では、上記の事務を行うために特に必要があるときは、内閣総理大臣は、関係大臣に対して、必要な事項を命じることができる、と規定している。

組織としては、総裁が内閣総理大臣で、その補佐役が総務長官で国務大臣が充てられた。さらにその補佐として現在の事務次官に相当する次長が置かれ、第一部から第五部まで五つの部が置かれた。定員は316人で、広く官民から人材を集めることとされた。

さらに、物価統制の実施官庁として物価庁が設置され、その長官は経済安定本部総務長官が兼務し、職員は、大半が経済安定本部と兼務させて、経済安定本部と一体的運用がはかられた。

●吉田総理との相性に問題

このように、組織はできたが、当初期待されたほどの機能を発揮したとは言えなかった。初代の次長（現在の事務次官）は、吉田茂総理のブレーンと言われた白洲次郎氏[15]であったが、次のように回顧している。[16]

経済安定本部というのが出来上がったのは当時の重大なことがみなそうであった様にＧＨＱの創意であった。今の企画庁が立派に仕事をしているのにその祖先が占領国の創意だからといってけちをつける意志は毛頭ない。誰の発意であろうが、エイことはエイと割り切っているのだから。この経済安定本部という名前も英語の直訳でなかったかと思う。ボードというのを本部と日本的に訳した位で。初代の長官は膳さんであったが、膳さんにきまるまでには色々とあった様に思う。私は膳さんとは全然面識が無く、私が初代の次長を仰せつかって初めてお会いした。一寸お話しをして頂いて、当時わが国が面している社会的、政治的問題に対する感覚が私とは全然違っているのに多大のショックを感じたことだけは今だにおぼえている。これが私が当時の経済安定本部に出仕しなかった主な原因である。終戦連絡事務局の仕事が狂人《（ママ）》的に忙しかったこともてつだって。だから当時の経済安定本部がどこにあったのか、私の机が部内にあったのか、または初めにはあったが、あとで取り払われたのか今だに知るよしもない。

15　１９０２年～１９８５年　のちに貿易庁長官、東北電力会長、荒川水力電気会長などを歴任

16　経済企画庁編『経済企画庁20年小史』中の白洲次郎氏の回想文　p179

まことに無責任きわまる初代次長であった。

当時、吉田総理は学者好みで、総理を囲む昼食会が定期的に開かれていた。農林大臣の和田博雄氏が幹事で、有澤広巳、中山伊知郎、東畑精一、茅誠司、永田清、内田俊一、堀義路、白洲次郎、牛場友彦等の各氏がメンバーだった。大来佐武郎氏がこの昼食会の書記役であった。「こちらの会合の方が閣議よりよっぽど面白い」が吉田総理の口癖であった。[17] このメンバーから見ても、経済復興に関する重要な問題が議論されていたのだろう。経済安定本部の企画立案機能は、余り効果を発揮しなかったのも無理はなかった。経済安定本部と吉田総理との相性は、発足以来あまりよくなかったようだ。GHQから押しつけられた役所ということが吉田総理の癇に障ったのだろう。日本が独立して間もなく、第三次吉田内閣において経済安定本部は廃止されることになる。

4　戦後最強の経済戦略本部へ

緊急経済対策と経済安定本部の発足は、インフレの足取りをほんの少し足踏みさせる効果は持ったものの、日本経済の復興の歩みははかばかしいものではなかった。軍需用原材料ストックが尽きれば、生産はストップして経済崩壊の危機に瀕することが懸念され、1947（昭和22）年「3月危機説」がささやかれていた。

3月12日には、トルーマン米国大統領が共産主義封じ込め政策（いわゆるトルーマン・ドクトリン）を発表し、東西冷戦の様相が次第に強まってきた。それに伴い、米軍の日本占領政策も、日本国民が戦前並みの生活水準を維持するに足りる経済再建を許すのを主眼としていたのを、日本を反共産主義の砦として復興させるために経済再建を促進する方向へと次第に変化していった。

1947（昭和22）年3月22日に、マッカーサーは、吉田総理に書簡を送り、経済復興のために日本政府が直ちに確固不動の措置を講ずることを指示し、経済安定本部の組織の強化、拡充を勧告した。この書簡は、都留重人氏を中心とする日本側の自作自演の色合いが濃かった。都留氏が語るところによると次のごとくであった。[18]

たまたまマーカットESS（経済科学）局長が病気で休んでいるときにロスがその代理していて、それで、これはなんとか今のうちにつくっちゃえというので、私（都留）に原案を書かせて、それでロスが局長代理でマッカーサーのところへ持っていって、マッカーサーがサインして吉田のところに渡して、それで吉田は、やっぱり何かしなきゃいかんというので……

17　小野善邦『わが志は千里に在り　評伝　大来佐武郎』p73
18　経済企画庁『戦後経済復興と経済安定本部』中の都留重人氏の証言　p103

この書簡に基づいて、5月1日に経済安定本部の全面的、抜本的な組織改革が実施された。5月3日には、日本国憲法が施行され、第一回総選挙が行われて社会党が第一党になった。5月20日に吉田内閣が総辞職し、6月1日に社会党、民主党、国民協同党の三党連立の片山内閣が成立し、和田博雄氏が経済安定本部総務長官になるに及んで、経済安定本部は強大な官庁に発展することになった。その内容は次のとおりであった。

第一に、経済安定本部長官（総務長官）の権限が強化された。それまでは、内閣総理大臣が経済安定本部総裁を兼務することによって、各省大臣に命令することが出来ることになっていたのを、経済安定本部長官が直接関係官庁の長に必要な事項を命ずることができることが明記された。

第二に、経済安定本部総務長官の補佐体制が格段に強化された。総務長官の下に副長官3人を置き、副長官はそれぞれ局を分担して担当した。初代の第一副長官には、日本製鉄から永野重雄氏、第二副長官に日銀出身の堀越禎三氏、第三副長官に検察庁から田中己代治氏が就任した。堀越氏は、「この3人が1室に同居し、真中に女子事務員2人を置いてていい座していた。次官会議へは永野さんが出ていられたので、永野さん1人、めっぽう忙しく、陳情団ももっぱら永野さんのところへ来て、田中さんと2人でぼんやり眺めていると言う有様だった」と回想している。[19]

また、新たに総合調整委員会を設け、委員長は経済安定本部長官が兼務したが、副委員長には都留重人氏が任命された。都留氏によると、「総合調整委員会というのは、委員会としては会合しないんです。全然しない。したことないの」「（重要事項を決定するのは）要するに幹部会。だから、私はプログラム・コミティ・チェアマンということで司令部といわゆる直通電話があって、いろいろ折衝したりなんかもしましたけど、それじゃ、総合調整委員会を招集してそこで何かをやるということはしないで、すぐ幹部会。……機構としては幹部会でしたね」と言う。[20]都留氏は、閣議に出席していたというから、役人として破格の待遇であった。他に大蔵事務次官の池田勇人氏と運輸事務次官の佐藤栄作氏と3人が閣議に出席していたという。この2人は、いずれものちに総理大臣になった。事務次官会議には、経済安定本部を代表して永野重雄氏が出ていたので、閣議出席を許された都留氏は副長官よりも上席だったと言える。都留氏は、後に第一回の経済白書[21]の執筆を担当する。

なお、物価庁次長には、倉敷紡績（後のクラレ）社長の大原総一郎氏が就任した。大原氏は、後に経済企画庁の付属機関である国民生活審議会の会長を務めた。宮崎勇氏によれば、「（大原氏は）非常に立派な姿勢を持っていた方で会長に打ってつけの方でしたが、実は事務方としては苦労したんです」という。この頃（1960年代後半）になると、省庁の縦割りの壁が厚くなり、経済企画庁の威令があまり行き届かないことが多かったと思われるが、物価庁次長としては、おそらく自由人として思い通りの行政が展開出来たのでは

---

19 経済企画庁『経済企画庁20年小史』中の堀越禎三氏の回想文 p191
20 経済企画庁『戦後経済復興と経済安定本部』中の都留重人氏の証言 p101
21 1947（昭和22）年7月4日発表「経済実相報告書」

なかろうか。

第三に、組織が格段に拡充された。それまでは5部制であったものが、1官房10局2部48課の大組織となり、定員も316人から、2002人の大所帯になった。置かれた局としては、生産局、建設局、貿易局、交通局、財政金融局、生活物資局、動力局、物価局、労働局および監査局があった。

制定時の官房長は山本高行氏、生産局長野田信夫氏、建設局長高野興作氏、交通局長平井好一氏、動力局長岡部邦生氏、財政金融局長佐多忠隆氏、物価局長谷口猛氏、労働局長木村忠二郎氏、生活物資局長坂田英一氏、監査局長（取扱）田中己代治氏であった。

第四に、それまで経済関係各省で所管していた経済安定のための政策が経済安定本部に一元化された。6月11日には、食糧確保、流通秩序の確立、物価賃金体系の全面改訂、税制金融健全化、重点的生産増強、生活と雇用確保、輸出振興など8項目を内容とする「経済緊急対策」が発表された。また、8月5日には経済安定本部に長期計画幹事会が設けられ、「長期経済計画作業要領」が作成された。

第五に、経済統制の実施体制が整った。7月2日には、地方経済安定局（札幌、東京、名古屋、大阪、広島、高松、福岡）が設置され、また、8月1日の機構改革で、経済安定本部監査局が分離発展して経済調査庁が発足し、経済安定本部総務長官が経済調査庁長官を兼務した。行政監査、経済統制の励行に関する業務は、ここに移管された。

なお、10月4日には、物価庁が5部19課に拡充された。

5　傾斜生産方式による戦後初の産業政策

●マクロ経済計画のはしり

経済安定本部で、最初に立案された産業政策は、「傾斜生産方式」と呼ばれる政策であった。これは、限られた資材、資金、労働力などの国内の資源を当時の最も基礎的な産業部門である石炭鉱業と鉄鋼業に重点的に投入して重油輸入等で補完しながら石炭と鉄鋼の産業連関的な増産効果を次第に他産業にも波及させてゆこうという政策構想だった。すなわち、輸入重油―鉄鋼増産―炭鉱へ鋼材の傾斜配給―石炭増産―鉄鋼への石炭増配、という経路を通じて、石炭、鉄鋼の生産を相互循環的に増加させ、それによって縮小再生産を食い止めようとするものであった。

1947（昭和22）年1月に基幹産業に対する資金の供給源として発足した復興金融公庫も、その融資の集中度を特に石炭と鉄鋼に強め、傾斜生産を資金面から促進することにおいて重要な役割を担った。[22]

経済が極端に落ち込んでいる時に、一度に全体を引き上げることはできない。ある一部分を選んでそこに資源を重点的に投入してその部門を引き上げ、それに関連する部門の引き上げにつなげ、次第に全体を引き

22　昭和27年度経済白書

上げてゆくという方法を考え、その重点に当時唯一といってもよい国産のエネルギー源であった石炭を選んだのである。この政策は、戦時中の物資動員計画的要素を多分に残していたが、マクロ経済計画のはしりといってよいだろう。

筆者がその作成に参画した大平内閣の「新経済社会7ヵ年計画」においては、15財貨・サービス×14産業部門からなる「中期多部門計量モデル」が用いられたが、この「傾斜生産計画」においては、石炭と鉄鋼の2商品×2産業部門のモデルによって経済発展を動学的に描いて実践したものである。

それは、経済安定本部の提案により1946（昭和21）年12月17日に閣議決定された「石炭・鉄鋼の重点的生産を中心とした経済危機突破の基本方針」によって始まり、経済安定本部が実施主体になった。

この閣議決定には、1947（昭和22）年1〜3月の物資需給計画および実施要綱が付属している。また、1947（昭和22）年度の石炭生産量を3000万トンとすることを目標としていたが、実績は、官民の必死の努力の結果、2934万トンとほぼ目標を達成した。

●導入された経緯を見る

「傾斜生産方式」は、当時の東京帝国大学経済学部教授の有澤広巳氏の発案と言われるが、経済安定本部の初代の企画課長を務めた徳永久次氏[23]の説によると、「学者が傾斜生産と言い出したというふうになっているけれども大間違いで……司令部と商工省の現役の石炭の仕事をしておる連中がやむにやまれずやった政策で、のちに作文するときに『傾斜生産』という形になったのだ」という。徳永氏の証言には実感がある。しかし、当時の商工省には民間の人や学界の人も自由に出入りしており、学者の有澤広巳氏も頻繁に出入りしていたという。また、有澤氏は石炭小委員会の委員長でもあったのであるから、その進言によって商工省の石炭関係の職員が中心になって実施した政策だったようにも思われる。

有澤広巳氏によると、次のような経緯だった。[24]

吉田総理を囲む学者の昼食会で、GHQが軍事補償を打ち切るというので、その代償を要求したところ、マッカーサーが「何が欲しいんだ」と言うので、各省に要求を出させたら何百もの要求が出て来た。それを全部突きつけるわけにいかないので、あなた方は知恵があるから、この際最も必要なものとして何を要求したらいいか考えてくれ、ということで、みなでいろいろ相談して考えたのが、いわゆる5品目（鉄鋼、無煙炭、重油、ゴム、トレーラーバス）だ。これに対して司令部は、鉄鋼はアメリカでも足りないから駄目、重油は日本の石炭が駄目になるからいかんと言ったが、「いやそうじゃない。重油を手に入れて鉄鋼を増産し、これを炭坑に注入して石炭をよけいに掘るんだ」と。「一体どれくらい掘るんだ」

23　故人、のちに経済企画事務次官、通産事務次官、石油開発公団総裁、新日鉄副社長などを歴任

24　経済企画庁『戦後経済復興と経済安定本部』中の有澤広巳氏の証言　p78、79

と言うから、僕はその場で三〇〇〇万トンを掘ると言った。

1946（昭和21）年12月17日付け都留日誌にも、「石炭小委員会―有澤氏より30M屯目標ノ問題ニツキ報告あり」との記述がある。

また、稲葉秀三氏[25]は、つぎのように語っている。[26]

昭和二〇年に国民経済研究協会をつくって初めのうちは戦時中の資料を集めたが、その後物資供給力の測定を行い、その作業結果を和田博雄さんのところへ持っていって、いまのままでは日本の経済は復興しないと言った。復興するにはどうしても石炭の増産をしなければならない。……石炭は戦時中はだいたい捕虜と朝鮮の人がやっていた。それがいなくなって、石炭の生産は下がっていかざるをえない。……だから、日本人が石炭山へ入って石炭生産をするよりほかにありませんと。そういうふうなことを調べる委員会をつくるように言ってください、と進言したところ、それから三、四日経って石炭委員会ができ、有澤氏が委員長になって発足した。

大来佐武郎氏も「僕も有澤先生とその段階でいろいろ手伝っておって、合作みたいなところもあるんです。当時、なぜ3000万トンの石炭が必要かという論文を書いた」と言っている。[27]

1947（昭和22）年9月に東京帝国大学経済学部を卒業して10月に経済安定本部に入った宮崎勇氏は、最初経済安定本部動力局の配炭課へ配属された。当時を次のように回顧している。[28]

例えば今月の石炭生産の目標を設定するに付いて、各ヤマがどうするか、地域でどれくらいかという計画までは商工省がやるんです。それでこの地域ではどれぐらいの生産が見込めるという資料を受けて、石炭生産課で日本全体の今月の生産目標をつくる。それでは多すぎるとか、もっと頑張れとかというふうにする。その段階で司令部とも話し合う。そしてその石炭を配給するのも、具体的には原局でするんですが、各産業ごとですから、必ずしも商工省だけではできない。当時は例えば輸送の重視ということで、国鉄はじめ運輸省に対する石炭の割り当ては多くもあったし、重点でもあったわけです。

●レオンチェフの報告も参考に

有澤広巳氏がなぜ傾斜生産方式の着想に至ったかを示唆する興味ある証言がある。有澤氏は、昭和15年1

25　1907年〜1996年
26　経済企画庁『戦後経済復興と経済安定本部』中の稲葉秀三氏の証言　p48、49
27　経済企画庁『戦後経済復興と経済安定本部』中の大来氏の証言　p10
28　宮崎勇『証言　戦後日本経済』（岩波書店　2005年）p35、36

月ごろに、陸軍の秋丸主計大佐（のちに少将）から、日本の戦力、つまり英米と比較して日本の戦力を評価してくれという依頼をもらった。秋丸大佐というのは、なかなか見識のある人で、治安維持法違反で訴訟中の被告人の身である有澤氏をつかまえて、「軍部に迎合するようなことを書いてはいけない。あなた自身の本当に考えていることを、真実を書いてくれ」と言った。その時に、「アメリカのインプット、アウトプットのレオンチェフの報告等をアメリカから取り寄せてくれたんだ。あれは非常に参考になった。それで、つまり、傾斜生産的な考え方が出てきたんだ」と有澤氏は語っている。[29]

石炭3000万トンの生産目標を達成するために、当時一般家庭には、国民1人につき1日米2合1勺の配給があった。それも大幅に遅配で、しかも代用食と言われた麦、芋、大豆などでの配給であったが、炭坑労務者には6合、その家族には3合の米が配給され、徳永氏の証言によれば、米の増配を交渉に行ったのは、商工事務次官の岡松成太郎[30]氏であったという。また、味噌は、本人だけでなく奥さんに5合の特配をした。[31]さらに、NHKは木曜日の午後8時のゴールデンアワーに「炭坑に送る夕」を放送した。街頭には、いまでは交通死傷者の数字が掲示されている場所に、当時は、供米進捗率と出炭高が掲示されていたという。[32]香西泰氏は、名著『高度成長の時代』の中で、傾斜生産方式について、「渇水や輸送障害のため、傾斜生産の思惑通りの資材配分が行われたわけではない。それにもかかわらず、ともかく石炭、鉄鋼の生産回復が軌道に乗ったのは、日本人の努力によるとともに、この間占領軍が日本経済の危機を認め、重油、原料炭、鉄鉱石等の基礎資材の輸入・放出に踏み切ったことによるところが大きい。この意味では傾斜生産の貢献をそれほど高く評価すべきではないかもしれない」と述べている。大来佐武郎氏の長男の大来洋一[33]氏は、この香西氏の説に同意し、「石炭と鉄鋼の生産に限れば、傾斜生産は成功したとの評価は可能かもしれない」としつつ、「他産業に対する『副作用』はかなり深刻であったといわざるをえない。……むしろ高く評価すべきであったのは、アメリカの援助であり、それが最大の回復要因であったのである」と冷静な見方をしている。[34]

●「不逞の輩」発言とその余波

ところが、有澤氏の証言[35]によると、「石炭を増産するに当たり、炭坑の労働者に大いに頑張ってもらわなければならないので、ついては、吉田総理に元旦の放送で励ましてもらおうと、その原稿を書いて渡しておいたところ、誰が加筆したのか分からないが、労働者を『不逞の輩』とする言葉が入っていた。総理は分からんもんだから、これはいいことが書いてあると思って、そこに力を入れてやったんだから話しにならんの

29　経済企画庁『戦後経済復興と経済安定本部』中の有澤氏の証言　p86、87
30　1901年～1991年　日本商工会議所専務理事、北海道電力社長などを歴任
31　経済企画庁『戦後経済復興と経済安定本部』中の徳永氏の証言　p117
32　香西泰『高度成長の時代』（日本評論社　1981年　p45
33　1943年～2014年　経済企画庁調査局長、物価局長、経済企画審議官、政策研究大学院大学教授などを歴任
34　大来洋一『戦後日本経済論』（東洋経済新報社　2010年）p20、21
35　経済企画庁『戦後経済復興と経済安定本部』中の有澤氏の証言　p79

だ。それで僕は憤慨して、石炭委員会を辞めると言ったんだよ」ということになる。

その年は、「2・1ゼネスト」が予定されており、労働運動が燃えさかっている中で、これに自粛を求める内容だったとはいえ、石炭小委員会は坑内実労働時間の45分間延長を求めて労働組合と交渉している最中であった。その中で、総理が労働組合活動自体を否定するかの如き発言をしたのだから、小委員長の辞任は仕方のないことだったと思われる。

そのようなことがあったが、ともかく1947年度の石炭生産量は2934万トンと目標はほぼ達成し、鋼材生産量は74万トンとなり、それが基盤になって鉱工業生産も次第に回復のテンポを早め、1948（昭和23）年夏ごろには戦前の6割まで回復した。

この吉田総理の「不逞の輩」発言の余波は、経済企画庁の歴史にとっても大きな影響を持つことになった。外交官出身の吉田総理は、戦後の経済復興という未曾有の大仕事は、通常の官僚組織では困難だと思っていたようだ。経済学の教授を中心とする学者による昼食会に出ることを楽しみにしていた。吉田総理は、外務省調査局員として「日本経済再建の基本問題」のとりまとめをした大来氏を直接呼んで、「君はなかなかいい仕事をしているそうだね」と評価したことがあったそうだ。[36] そんなこともあってか、大来氏がこの昼食会の書記を務めた。傾斜生産に関しての元旦の放送原稿も大来氏が原案を書いて有澤氏が手を加えたものだったという。当然昼食会メンバーもこの「不逞の輩」発言に憤慨したとみえ、こんなことを言う総理には協力しても仕方がないと昼食会も自然解散の形になった。

「2・1スト」はマッカーサーの中止指令で不発に終わり、1月31日に内閣改造が行われて経済安定本部長官は石橋湛山大蔵大臣が兼務となった。吉田総理は、学者として、また石炭小委員会の委員長としての有澤氏の才能を高く評価していたので、経済安定本部総務長官には有澤氏を充てる意向を持っていた。当日の石橋湛山氏の『湛山日記』には、「予に経本（経済安定本部のこと）長官、物価庁長官兼務を求む。応諾。但し、将来、有澤氏を据えたき意向なり」とある。「兼務」ということは、仮の姿で、いずれは専任の大臣を充てるはずのものであった。大来氏の日記にも[37]、3月14日に吉田総理に官邸で会って、「先生が承諾なら即日決定する」との約束を取り付けていたとある。都留日誌にも[38]、和田、稲葉、大来を招いて麻雀をする予定の所、都留氏が発熱をしたために中止となったことを記述したあと、「ルデー（Leday）カラサカンニアジラレタ結果、日本経済ノ現状ニ関シ、益々憂慮シ、麻雀会ガ流レタノヲ幸ヒ、稲葉氏ト会シ、再ビ有澤氏ヲカツギ出スコトヲ考ヘ、総理ニ会ヒニユク、総理ハ出テクレルナラ今夜デモ明日デモ就任式ヲ行フトイフノデ大来君、有澤氏ニソノ旨ヲ伝ヘタ」とある。後年一橋大学の学長をした謹厳な都留氏や大平総理亡き後、首相代行としてヴェネツィア・サミットに出席した外務大臣の大来氏がどんな顔をして麻雀をしたのか、見てみたい気

36　小野善邦『わが志は千里に在り　評伝　大来佐武郎』p73
37　小野善邦『わが志は千里に在り　評伝　大来佐武郎』p80
38　経済企画庁『戦後経済復興と経済安定本部』には、昭和21年11月13日から昭和23年4月9日まで、全4冊の都留日誌が掲載されている。

がする。危機の時代にあって、仲間意識を強固にするためには麻雀が最も手っ取り早い娯楽だったのだろう。

●大来佐武郎氏の気迫

しかし、結果は、3月20日に中山伊知郎氏の推薦で東京商大教授の高瀬荘太郎氏が経済安定本部総務長官に任命された。大来日記によれば、3月24日に大来氏は吉田総理に呼び出されて国会内の総理大臣室で会い、吉田総理から「いろいろあったが、高瀬長官に協力して欲しい。近々昼食会も招集してもらいたい」と頼まれた。しかし、大来氏は、「今後のお手伝いは御辞退したい。一国民として今の態勢では碌なことは出来ない。今日書いてきたものを御覧願いたい」と言って意見書を吉田総理に手渡して総理大臣室を辞した。

翌3月25日に大来氏は、上司である法華津孝太外務省調査局長に辞表を提出した。その意見書は現存しないが、大来氏と中学校以来の同窓である大橋育英氏（九州大学名誉教授）の「追憶　畏友」によれば、吉田首相兼外相に対し、「貴下がその職に一日在ることは、日本の復興を一日遅らせる丈である。貴下もまた辞職せられよ！」といった一節があったという。[39]

大来日記[40]の4月1日には次のような記述がある。

昼、総理より辞表受諾の意思表示ありたる旨、局長より連絡あり。学校を出てまさに十年。人生の一転機なり。良心の命ずるところに従い、国民大衆の利益を判断の基準として行動すること、歴史の進歩の方向に従って更にこれを進めること、自らの行動を顧みて悔いる所はない。日本経済の崩壊を果たして喰い止め得るか、今後全力を挙げて努力すべき問題である。
夜、都留、稲葉に電話す。戦を通じて友情は養われる。

大来佐武郎氏三二歳。明治維新前夜の吉田松陰に勝るとも劣らない気迫である。大学を卒業して10年と言えば、いまの中央官庁では、課長補佐になり立てというところかも知れない。単独で総理に直接会うのはまず不可能に近い。戦後の混乱期とはいえ、こうした気概を持った役人が居たということは、記憶されて然るべきである。

しかし、大来氏の浪人生活は2ヶ月に過ぎなかった。1947（昭和22）年4月25日に新憲法下で初めての総選挙が行われ、吉田総理の自由党が敗れ、社会党が第一党となった。民主党と国民協同党との連立で片山内閣が成立し、和田博雄氏が経済安定本部総務長官になると、「戦後問題研究会」、「吉田総理昼食会」、「石炭小委員会」などの関係者が経済安定本部に集まった。大来氏は、このとき官房調査課長となり、その後経済審議庁および経済企画庁の要職を歴任して、経済企画庁を退官した後も、海外経済協力基金総裁や外務大

39 大来佐武郎追悼文集『志在千里』（中央公論事業出版 1994年）p145
40 小野善邦『わが志は千里に在り 評伝 大来佐武郎』p81

臣などを歴任して1993（平成5）年2月9日に死去したが、いまなお経済企画庁出身者の精神的支柱であり続けている。

6　沖縄問題との出会い

●1ドル・360円と沖縄の120B円

1971年8月15日（米国時間、日本は16日）、アメリカのニクソン大統領は、金ドル交換の停止等の緊急経済対策を発表するとともに主要国に対して平価の調整によって局面を打開することを要求した。いわゆる「ニクソン・ショック」である。その年の12月18日、米国ワシントンのスミソニアン会議で米国主導の多国間の通貨調整が行われ、円については対ドル為替レートが16・88％という先進国中最大の切り上げとなり、1ドルが308円になった。1949年4月25日に1ドル360円の為替レートが実施されてから22年7ヶ月あまりあとのことだった。

1ドル360円のレートが決まったのもアメリカ主導であった。昭和23（1948）年4月26日に、ドレーパー米国陸軍次官が、対日占領政策の転換を表明した。冷戦の兆候が著しくなり、日本を共産主義の浸透を食い止める防波堤にするために、経済復興を急ぐ方向へと政策転換を図ったのである。これを受けて5月に米国FRB調査統計局次長のライフ・ヤングを長とする「円レート政策に関する使節団」が来日し、6

月12日に報告書をとりまとめた。この「ヤング報告」は極秘文書として永く未公開であったが、国内には1972（昭和47）年8月に日銀の吉野俊彦氏によって明らかにされた。

「ヤング報告」では、①昭和23（1948）年10月1日までに単一の一般的な為替レートを設定すべきである、②設定されるべき為替レートは1ドル300円が適当であるが、報告とりまとめからレート設定までの情勢変化を考慮して、連合国軍最高司令官に上下30円の裁量を付した270〜330円の間で決定する権限を与える、というものであった。

GHQは、日本経済の状況が戦前水準を回復するに至っていないと判断していたので、生産や貿易が戦前の水準を回復するまで単一の為替レート設定を待つべきであると、勧告に拒絶反応を示した。これを反映して、米国のNAC（国際金融に関する国家諮問委員会、対外経済政策に関する最高審議機関）は、一応「ヤング勧告」を採択したが、実施のタイミングについては、「行政的に可能なかぎり」との表現にとどまり、実際に10月1日までにという目標は達成しなかった。

1949（昭和24）年2月「経済9原則」の実施のため来日したドッジは、1ドル330円の単一為替レート採用を日本政府に求めた。これに対して、NACは、ヤング勧告以降の日本のインフレの進行具合を見ると330円は円の実力の過大評価になっていると判断するとともに、イギリスのポンド切り下げの動きなどがあり、日本の国際収支の一層の悪化の懸念があったことなどを勘案して1ドル360円に変更するよう強く勧告するという決定を行った。結局GHQもドッジもこの勧告を受け入れ、1949（昭和24）年4

月25日から実施することとなった。[41]

1ドル360円のレートについての日本国民の受け止め方は、「円安」という感覚であった。既に執行されつつあった昭和24年度予算も1ドル330円で組まれていた。政府の受け止め方も「円安」に設定されたレートを歓迎していた。現に、1949（昭和24）年には1億9200万ドルの赤字だった貿易収支が、翌1950（昭和25）年には、輸出が伸びたために3800万ドルの黒字になっている。その直後に朝鮮戦争が勃発して、「朝鮮特需」に拠って日本経済は大きく成長し、昭和30年代の高度成長時代に突入するのだが、円安気味に設定されたレートのお陰で、輸出が伸張し、製造業が発展した。仮に、より円高に設定されていたら、経済復興は遅れ、高度経済成長も実現しなかっただろう。沖縄の例を見れば明らかだ。

●軍票B円とドルの交換レート

同じSCAP（連合国軍最高司令官）の下に占領政策が行われていた沖縄については、それからおよそ1年後の1950年4月9日に、1ドル120B円の単一為替レートが米国軍政本部令により「琉球列島における軍B円交換比率」として設定された。B円とは補助軍票B型円（Supplementary Type B Military Yen）のことで、沖縄を占領している米国軍政府により発行される軍票で、日銀券の円と等価であった。したがって、対外的には、沖縄のB円は日銀の発行する円の3倍の価値があったことになる。これが沖縄の経済復興の初期条件となり、沖縄の経済構造を決定づけて、今日まで沖縄の人々に絶大な影響を与え続けていると思われる。

琉球銀行調査部の『戦後沖縄経済史』によれば、冷戦の勃発後の日本占領政策の転換のための調査団団長のドレイパーにマッカーサーが語ったところによると、共産主義の防波堤として日本経済を復興させるためには、再軍備させないことが必要で、日本の防衛には、沖縄の米軍基地を拡充強化して、これにより日本の安全保障に当たらせることにするというのである。[42] その考え方を受けて1949年10月28日に沖縄に恒久基地を建設するため5800万ドルの予算を支出することをトルーマン大統領が決定したという。この時点のマッカーサーの考え方は他の資料では確認できないが、1950年6月25日に勃発した朝鮮戦争によって、日本全土に米軍基地を展開することの重要性が認識され、事態は一変する。日米安全保障条約によって、日本側からこれが容認されたあとでも、なお日本の米軍基地の7割が沖縄に存在し続けているのは事実である。

1ドル＝120B円の為替レート設定は、基地建設のために絶大な効果を発揮した。すなわち、第一に、基地建設労務者を1万5000人増加するために、賃金のアップが必要であったが、それまでの賃金の決定に用いられた為替レートは、1ドル＝50B円であり、米国の財務当局への予算要求の算定根拠も同じであったため、それよりB円安に設定されたレートをもとにすれば、賃金を2倍以上に引き上げることが可能になっ

41 吉野俊彦『戦後金融史の思い出』p204～206
42 琉球銀行調査部『戦後沖縄経済史』（1984年）p111～113

た。当時の基地労務者の賃金は、普通のサラリーマンに比べてかなり高額であった。このとき以来、基地依存の経済構造が定着する。

第二に、食糧をはじめとする大量の消費物資の輸入が可能となった。当時の沖縄は日本本土と同様に管理貿易下にあり、人々が直接自由に輸入することは出来なかった。賃金がB円で支払われるとそれに相当するドルが琉球軍司令官宛てに振り込まれ、貿易庁がそのドルを使って輸入した物資をB円で売り渡すという仕組みになっていた。そのような状況ではあったものの、単純に比較すれば、当時の日本人の3分の1の価格で輸入することが出来た。このときから、沖縄の輸入依存経済構造が出来上がったと見られる。

第三に、基地建設の資材や消費物資の輸入は、日本本土からの輸出に依存することが多かったので、日本の輸出産業の育成と外貨獲得に大きく貢献することになった。日本産業にとっては、「沖縄特需」ともいうべきものであった。

“Double use of dollar”という言葉に象徴されるように、沖縄基地建設に投下されるドルは、沖縄経済の復興に資するものであったが、同時に日本の輸出産業の育成にも貢献し、さらには、日本の軍備に要する費用の軽減にもつながり、のちの高度経済成長の基礎を作った。

●沖縄との出会い

筆者が初めて沖縄を訪れたのは、1992（平成4）年9月のことだった。経済企画庁調査局審議官のポストにあって、経済白書の説明会に出席するためであった。かねがね筆者は沖縄の地を訪れるときには、何をおいても、「ひめゆりの塔」にお参りしたいと思っていた。小学校6年生の時に見た映画で沖縄師範学校女子部と沖縄県立第一高等女学校の「ひめゆり学徒隊」の悲劇を知っていたからである。説明会の前日に沖縄入りをして、念願のお参りを果たすことが出来た。案内役をしてくれたのは、琉球銀行調査部長の牧野浩隆氏（のちに沖縄県副知事）であった。

牧野氏は、豊見城にある旧海軍司令部壕にも案内してくれた。そこには、司令官の大田実少将が自決する前の1945（昭和20）年6月6日に海軍次官宛てに出した訣別電報の全文の写真がパネルにして展示されていた。それは、「沖縄縣民ノ実情ニ関シテハ縣知事ヨリ報告セラルベキモ縣ニハ既ニ通信力ナク三二軍司令部又通信ノ余力ナシト認メラルルニ付本職縣知事ノ依頼ヲ受ケタルニ非ザレドモ現状ヲ看過スルニ忍ビズ之ニ代ッテ緊急御通知申上グ」という書き出しで、沖縄島に米軍が上陸して以来、県民が青壮年の全部を防衛招集に捧げ、若い婦人は看護婦、烹炊婦（筆者注：料理婦）はもとより砲弾運び、果ては挺身切込隊すら申し出る者があった実情を述べた後に、「沖縄縣民斯ク戦ヘリ　縣民ニ対シ後世特別ノ御高配ヲ賜ランコトヲ」で結んでいる。後世つまりいまを生きる日本国民に背負わされた責任の重さに粛然としたことを忘れることができない。

沖縄を去るとき、牧野氏は、空港まで送ってくれて、搭乗口で別れ際に、「お土産です」といって、A4版1437ページの大辞典のような琉球銀行調査部編『戦後沖縄経済史』を寄贈してくれた。牧野氏は、アメリカの国立公文書館に行って占領軍の沖縄統治政策の文献をあさっているうちに、1ドル120B円の決定にいたる文書を発見して驚愕し、「これを書き残しておかなくては」と思ったと語っていた。腕にズシリと重いその本を抱えて家に帰り着くなり、ページをめくっていたら、上記のようなB円とドルの交換レート決定の秘話の記述に接して衝撃を受けたのだった。『戦後沖縄経済史』の執筆者を代表して、牧野浩隆氏は、「はしがき」に次のように述べている。

「一ドル＝一二〇B円」という極端なB円高の為替レートの設定は、基地建設と沖縄の経済復興を両立させる文字通りの〝結節点〟であり、他方、沖縄経済をしてドル獲得は基地依存、物資供給は輸入依存という、まさに〝基地依存型輸入経済〟という構造形成を余儀なくさせた最大の経済政策であったのである。

これまで、「一ドル＝一二〇B円」レートが決定された理由についてふれた文献は皆無であるが、米国の統治政策を分析することにより、戦後沖縄経済の原型づくりとなった「一ドル＝一二〇B円」決定の真意を解明したことは本書の白眉の一つであるといってもよいであろう。

もとより、戦後復興の初期条件としてこうした枠組みがはめられたとはいえ、この期に展開された一連の復興政策は、混迷のまま放置されてきた沖縄経済にとって〝夜明け〟を画すものとなった。

沖縄のほとんどの人々にとって、このような記憶は遠いものになっているかも知れない。しかし、一部の知的リーダーの胸には、このことが特別な感情となってわだかまっているのは想像に難くない。すなわち、「日本は、沖縄に基地負担を押しつけることによって、安全保障と高度成長という2枚の切符を手に入れたのだ」との感情である。さらに言えば、1ドル120B円は、沖縄経済にとって、輸出産業としての製造業の発展を妨げることにつながった。いまに至るまで、沖縄に製造業が育っていないのは、この初期条件によるところが大きいと思う。この事実だけではなく、沖縄の人々が米軍基地に寄せる感情の拠って来たるところをすべての日本国民は十分知り、沖縄の人々の複雑な心境を理解することが必要であると思う。

のちに筆者は、第五次全国総合開発計画の策定に関わるようになって、沖縄の開発問題に向き合い、吉元副知事等沖縄県庁の人々と交流することになる。しかし、それは全国総合開発計画の策定が国土庁に移管されたあとのことである。

第二章

官庁エコノミストが
命を懸けた経済白書

政府刊行物で政治経済社会の実態と政策の概要を叙述したものを白書と呼んでいる。現在刊行されている白書は、経済白書、防災白書、犯罪白書、厚生労働白書、通商白書など50を超える。国民は誰でも努力さえすれば、これらによって、自らをとりまく政治経済社会の現状と政府の政策の概要をつかむことが可能である。白書は、民主主義を支える基本的なソフト・インフラといえる。その嚆矢が１９４７（昭和22）年７月４日に発表された「経済実相報告書」通称「経済白書」である。わが国の行政にこのような文書を導入した功績は計り知れない。

第１回経済白書は、Ｂ５版26ページ４００字詰め原稿用紙にしてわずか１１４枚の短いものであった。それ以後２０００（平成12）年度の第55回まで連綿と続いた。経済企画庁の機能が内閣府に移行してからは、「経済財政政策担当大臣報告」通称「経済財政白書」と名前を変えて現在も継続している。

時代の変遷とともに性格の変更があるのは当然のことではあるが、昔の経済白書を懐かしむ声を聞くこともある。たとえば、松原隆一郎東京大学教授は、小泉内閣時代の「経済財政白書」に関して次のように述べている。[1]

> かつて経済白書には、日本経済の実情をありのまま描写し、政策の有効性を検討しようとする経済企画庁の中立的な姿勢が示されていた。けれども現在内閣府が発表している『年次経済財政報告』は、副題に例年『改革なくして成長なし』と付けられているように、政府が策定した経済政策のプロパガンダ

の色合いが濃くなっている。

もっとも、副題については、昭和27年度の第6回経済白書の「独立日本の経済力」以後毎年付されていて、小泉内閣になってからというものではなく、時の政権の政策プロパガンダに近い副題がついた経済白書もなかったわけではない。

近くは、1995（平成7）年度経済白書で「改革が展望を切り開く」と、橋本龍太郎内閣の「六大改革」の旗印を副題にした例もある。1963（昭和38）年以来、経済白書その他指定した白書類は閣議了解を経ることが必要となり、時の政権の政策を後押しするようなテーマを取り上げ、それに即した副題を掲げる傾向もあったことは事実である。ちなみに、2016（平成28）年度経済財政報告では「リスクを越えて好循環の確立へ」と、比較的中立的な副題となっている。

「中立的姿勢がなくなり、政策のプロパガンダの色合いが濃くなった」というのは、経済企画庁と内閣府の政権中枢からの距離感の違いによるものであろう。内閣府は、内閣総理大臣の「知恵袋」という触れ込みのもとにつくられた役所で、いわば政権中枢そのものである。その刊行物が政権のプロパガンダを行うのはごく自然なことであるとも言える。

1　松原隆一郎『分断される経済』（NHKブックス　2005年）p17

第1回経済白書も、片山内閣の「緊急経済対策」の基礎になっている日本経済の実態を国民に周知させる狙いを持っていた。経済安定本部は、当時いまの内閣府同様政権の中枢にあった。その意味では、経済財政白書になって、先祖返りをしたと言えなくもない。

政府の政策のプロパガンダ色を薄め、日本経済の実情をありのままに描き、政策の有効性を客観的に分析することに重きを置くならば、比較的中立的な分析が許されていると思われる内閣府の付属機関である「経済社会総合研究所」で経済財政白書を作成し、その名において発表することを検討してはどうかと思う。その場合には、同研究所の経済分析部門を強化する必要がある。経済企画庁が内閣府に発展的に解消してから、いわゆる「官庁エコノミスト」が育ちにくくなったとの声があるが、省庁再編に当たって、旧経済企画庁経済研究所を拡充して経済社会総合研究所をつくった意味に鑑み、ここで経済財政白書を作成し、官庁エコノミストの育成の場にすることも一つの考え方である。

1　エコノミストのバイブル――第1回都留白書

50年余りに渡る経済白書の歴史を貫く精神は、第1回経済白書に籠められた「日本経済の実勢を出来るだけ客観的にわかりやすく国民に知らせる」ということにつきる。

●イギリスの経済白書に学ぶ

傾斜生産構想が吉田総理の「不逞の輩」発言により暗礁に乗り上げ、外務事務官を辞職して浪人していた大来佐武郎氏は、1947（昭和22）年4、5月だろうか、イギリスのアトリー労働党内閣がイギリス政府の最初の経済白書である「エコノミック・サーベイ」を発表（1947年2月）したというニュースに接したそうだ。大来氏は、著書において、次のように述べている。[2]

私は、さっそくこれを手に入れて読んだ。そこには経済情勢全般の分析と必要な政策の概要、予算編成の基本姿勢などが詳細に報告されていた。「日本でもこういうものができないものか」と思った。

そのころ、何かの会合で和田博雄氏、都留重人氏と同席し、イギリスの経済白書が話題になった。そして三人の間で「わが国でも、いずれこういう白書をつくるべきだろう」という話題になったことを記憶している。

浪人の身であった私は、いずれ訪れるであろう白書作成の秋《とき》を念頭において、ぼつぼつ資料作りをはじめた。わずか四カ月たらず後に、その機会が来ようとは思っていなかった。

2　大来佐武郎『東奔西走』p78

和田博雄経済安定本部総務長官の下に都留氏と大来氏が再び集まって、その時の会話が現実化した。大来氏の着想に魂を込めたのが都留氏であった。都留氏の「経済白書の必要性」という手書きのメモ[3]には、次のような言葉が記されている。

……ばらばらになった国民の足並みが再建という方向へ揃うための条件は民生日本（引用者注：国民本位に生まれ変わった日本という意味）において鞭の使用は許されず、窮迫せる現状から甘い人参もあり得ないとすれば、八千万国民の自発的総納得による協力以外にはない。国民の納得なくして、ヤミ取締をやり抜こうとすれば、国民一人について一人の経済警察を必要とするであろう。

納得は何から生まれるか、実状の把握より生ずる。

戦時中およびその前の長い期間あらゆる「実態」は我々国民の眼から遮断されていた。……八千万の総納得は、例えば国民経済を我々の家計と同程度に明確に把握することから生ずる。従って私は政府が実態を我々国民が判りやすくしかも正確に発表する努力をすべきだと考えるのである。それが計画経済の唯一の基盤となるであろう。

英国は戦前から政府白書を発表して国民に現下の重大の問題を解説していた。……本年初頭、国民に戦後経営の困難なことを報せるために発表せられた経済白書の冒頭において「いかに国家が難局にあろうとも国民に腹蔵なく事態を説明することは民主主義的政府の義務である」と述べている。

八千万総納得とそのための国民経済の自家の家計的把握、その前提として、政府白書の継続的発表を促す所以である。

●一国の経済をまとまった有機体として

この文書は、おそらく経済白書を作成・公表するために幹部を説得する資料だったと思われるが、実際筆を執って第1回経済白書の総論とむすびを執筆した都留氏は、別の著書で次のように述べている。[4]

次官の資格で私が導入した新基軸の一つは、日本経済の主要側面について国民にたいし出来得るかぎり詳しい情報を提供することを意図した『経済白書』の起草を提案し、その執筆にあたって指導的役割を演ずるということであった。この『白書』発表の意義は同時に、インフレーションの悪循環を断ち切って縮小再生産の方向に向かって低迷していた日本経済を逆転させようとする政府の政策に国民一般の支持を得ようとしたものである。……この白書の一般的論調やそこで使われた分析道具は、従来の官庁の文書におけるそれとは著しく異なっていて、そこには、アメリカでの私のプラグマティズム的志向をもっ

3　小野善邦『わが志は千里に在り　評伝　大来佐武郎』p90
4　都留重人『科学的ヒューマニズムを求めて』（新日本出版社　1998年）p30、31

た経済学者としての訓練が明瞭に反映されていたのである。

都留氏が筆を執った総論は、20節から成り、国の経済を家計にたとえるなどして分かり易く日本経済の実勢を説明して、なぜ緊急経済対策をとらなければならないかを説明している。

要するに、経済を構成する政府部門と企業部門と家計部門が全て赤字の状態をこれ以上続けると、経済は縮小再生産を続け、国の資産は減少し、国土の手入れも出来なくなり、洪水の被害は頻発し、企業設備の老朽化は進み、戦前の3分の1ないし2分の1に落ち込んだ労働生産性を回復することが出来なくなる。また、ヤミ利潤を圧縮することが賃金と物価の悪循環を断ちきる唯一の効果的な方法であり、勤労の成果がそのまま働くものをうるおす体制を作り上げることが当面の課題である。そして、最後に、「一国の経済という有機体はこのまとまった有機体として診断し、把握することが肝要である」と結んでいる。この最後の一節を含め第1回経済白書の総論は、その後経済白書を執筆する者のバイブルとなった。

都留氏や大来氏など過去の経済白書執筆者のOBの会を「賢人会」と称して、毎年、経済白書の原案がほぼまとまった頃に開かれる慣例があった。筆者は、内国調査課時代はまだ下っ端だったので、その会に出席したことはなかった。当時の宮崎勇内国調査課長が、「また都留さんから厳しい批評をされるのでいやだなあ」と言っていたことを思い出す。

2　「もはや戦後ではない」——後藤白書の意味するもの

経済白書をベストセラーにまで高めたのは後藤誉之助氏の功績である。第2回から第5回までは大来佐武郎氏、第6回から第8回までは後藤誉之助氏、後藤氏の海外出張のため、第9回は向坂正男氏と矢野智雄氏が執筆責任者を務めた。第10回から第12回まではまた後藤氏が責任を持って執筆することになる。

1956（昭和31）年7月17日に発表された第10回経済白書は、「もはや戦後ではない」のキャッチフレーズがマスメディアでもてはやされ、経済白書をすっかり時代の寵児にしてしまった。その前の大来白書は、次第に整備されてきた統計数値を駆使し、実証分析をもとに淡々と経済実相を叙述した比較的地味なもので、売れ行きはせいぜい3000部であったが、後藤白書は、数万部、一説では、最盛期は8万部にもなり、大蔵省印刷局（当時）の「ドル箱」と言われていた。

この「もはや戦後ではない」というキャッチコピーは、色々に解釈されて来た。マスメディアは、この経済白書が対象とした1955（昭和30）年を、戦後の貧しさから脱却した年として、その後も使い続けて来た。高度成長期を経験したあとのわれわれの眼には、確かに昭和30年は、「飢餓の時代」と「飽食の時代」の分水嶺だったとするのにそれほど違和感はない。しかし、執筆者の後藤氏の意図は、まったく違った。これまでは、深い谷から這い上がる過程だったので、経済政策としては浮揚力を利用することが出来た。むしろこれからの方が大変なのだ、と言っていたのである。

経済白書が発表された日の朝日新聞に載った花森安治氏の批評も完全にこの経済白書の意図を読み違えていた。花森氏は、「ばかにしなさんな」という見出しで、経済白書を読んだ（？）感想を次のように書いている。「『もはや戦後でない』といった例の太陽族みたいな言葉が出て来るが、そのくせ、国民の住いは、まだ足りないと書いてある。国民が、戦争のおかげで、したくもない間借り暮しからぬけられないのに、『経済』だけが、どうして『もはや戦後でない』のか、分らない[5]」。

しかし、経済白書の意図はその真逆だったのである。昭和31年度経済白書の「結語」は、多分後藤誉之助氏本人の筆になるものだろうが、これを読めば明らかである。全文を読めとは言わない。せめて前後の2〜3行を読めば、戦後の貧しさから脱却して「太陽族みたいな」生活が出来る時代になったことを謳歌しているのではないことは、すぐに分かるはずだった。「結語」は次のようになっている。

戦後日本経済の回復の速かさには誠に万人の意表外にでるものがあった。それは日本国民の勤勉な努力によって培われ、世界情勢の好都合な発展によって育まれた。

しかし敗戦によって落ち込んだ谷が深かったという事実そのものが、その谷からはい上がるスピードを速からしめたという事実も忘れることはできない。経済の浮揚力には事欠かなかった。経済政策としては、ただ浮き揚がる過程で国際収支の悪化やインフレの壁に突き当るのを避けることに努めれば良かった。消費者は常にもっと多く物を買おうと心掛け、企業者は常にもっと多く投資しようと待ち構えていた。今や経済の回復による浮揚力はほぼ使い尽くされた。なるほど、貧乏な日本のこと故、世界の他の国々にくらべれば、消費や投資の潜在需要はまだ高いかもしれないが、戦後の一時期にくらべれば、その欲望の熾烈さは明らかに減少した。もはや「戦後」ではない。われわれはいまや異なった事態に当面しようとしている。回復を通じての成長は終わった。今後の成長は近代化によって支えられる。そして近代化の進歩も速やかにしてかつ安定的な経済の成長によって初めて可能となるのである。

1956（昭和31）年度経済白書では、「戦後」を深い谷からはい上がる時期という意味に使っている。「戦後ではない」のは、戦後の貧しさから脱却したというのとはまったく違って、谷からの回復が「浮揚力」にならない時代に入ったので、いままでの経済政策では通用しないのだ、ということを言っている。今後の成長力は、回復力ではなく、近代化をしようとする意欲なのだ、と述べている。そして、最後に、「幸運のめぐり合わせによる数量景気に酔うことなく、世界技術革新の波に乗って、日本の新しい国造りに出発することが当面の必要事項ではないであろうか」と結ぶ。この経済白書は、別の箇所で、今後の成長率を維持するのは、技術革新（イノベーション）である、と言っている。

ヨーゼフ・アロイス・シュンペーター（1883年～1950年）は、「イノベーション」を「資源の新しい結合」

5　1956（昭和31）年7月17日付け朝日新聞朝刊

と定義して、五つの態様を含むと言う。[6] すなわち、一つは、新しい財貨、二つは新しい生産力、三つは新しい販路の開拓、四つは原料あるいは半製品の供給源の獲得、そして五つは新しい組織の実現、である。

この経済白書が「イノベーション」を「技術革新」と訳したのは、シュンペーターの「新しい生産力」に関連する分野に限られていて、少し狭すぎるように思うが、当時の日本経済を論ずる言葉としては極めて適切であった。当時は、欧米からの新技術に裏打ちされた設備投資の盛り上がりが経済発展の原動力だった。その後の高度成長が生産技術の革新によって支えられたことを思うと、極めて的確な指摘だった。

3　大型合併は日本経済の活力を殺ぐか――昭和43年度白書

筆者が経済白書とかかわったのは、1968（昭和43）年4月に内国調査課に配属になってからである。課長は宮崎勇氏、課長補佐は横溝雅夫氏であった。横溝氏は、間もなく菅野和太郎経済企画庁長官の秘書官になって、守屋友一[7]氏と交代した。課長や課長補佐は、経済学の素養のない筆者を、早く慣れさせようと、最初から経済白書の議論に参加させてくれた。

●企業からの出向者もエコノミスト

その年の4月17日、昭和43年度経済白書の作業のために、当時作業場にしていた渋谷の会議所に集まった時、その日の毎日新聞を前に鳩首会議をしている面々の深刻な顔を今でもはっきり覚えている。新聞の一面トップに、「八幡・富士鉄 合併へ」の見出しが躍っていた。世紀のスクープである。その後近代経済学者等がこの合併に反対声明を出して大議論になった。

内国調査課に物価班というチームがあって、その班長は加藤雅氏[8]であった。物価班の分析では、過去に企業合併などによって産業の集中度（業種別上位3者生産集中度）が高まると卸売物価の下方硬直性が強まるという分析結果をグラフによって示した。課内会議で、それが大議論になった。

内国調査課には、産業班があって、そこは合併賛成派であり、物価班は反対派であった。内国調査課には、経済安定本部時代からの伝統で、企業から給与企業持ちの出向者が大勢いた。彼らは、「経済安定本部員」を略して「部員」と呼ばれた呼称をそのまま引き継いでいた。たまたま、物価班には八幡製鉄から、産業班には富士製鉄からの部員がいた。

課内会議では、八幡製鉄からの出向者が産業集中度の高まりによって卸売物価が下がりにくくなるという分析結果を示し、八幡、富士の合併には物価の観点から反対せざるを得ないと報告した。産業班からは反論が出されて大議論になった。その時、誰かが、「こんな分析をすると会社へ戻れなくなるんじゃないの」と

6　シュンペーター著、塩野谷祐一・中山伊知郎・東畑精一訳『経済発展の理論』（上　岩波文庫　1977年）p182、183
7　故人、のちに経済企画庁経済研究所長、日立総合研究所長を歴任
8　故人、のちに国民生活局長、経済企画審議官、東京経済大学教授を歴任

いうヤジを飛ばした。彼は、キッとなって「私はエコノミストの良心に従ってこの分析をしたのであって、会社とは関係ありません」と応じた。その場にいた者は、皆彼の毅然とした態度に深く感動したことを覚えている。あとになってこのヤジを飛ばしたのは、富士製鉄からの出向者であるという噂が飛んだが、筆者が当の富士製鉄からの出向者に確認すると、「まったくそのようなことを言った覚えはない」ということだ。彼とはいまでも交流があるが、彼の人柄からして、そのようなヤジを飛ばすことはまったく考えられない。

ともかく、当時の内国調査課は、論客が多く、自由な雰囲気があったので、しょっちゅう口角泡を飛ばして議論したものである。課長も調査官もなく、誰彼皆平等の意識で議論した。後に衆議院議員になり、閣僚を務めることになるある課員が、当時官庁エコノミストとしてかなり有名になっていた調査官の高橋毅夫氏[9]に向かって、「全面資本自由化に賛成するとは、あなたは『国賊』だ！」などと言う場面もあったが、言われた方はニコニコして諄々とその理由を説明するのだった。

●省庁間でも徹夜の議論

経済白書は閣議に報告して、その了承を得てから公表される。成案になる前に、各省折衝の関門を通らなければならない。この年は、大型合併の議論の最中であったので、この物価班の分析に通産省がかみついた。筆者は通産省の窓口担当を命ぜられて、通産省から来た修正意見に対する対応案をまとめて、通産省へ届けに行った。ところが、その対応案に対して各局の担当者が入れ替わり立ち替わりやって来て再反論するのである。深夜になっても帰らないので、課で心配して、応援部隊が派遣されたが、益々議論が沸騰して、とうとう夜が明けるまで通産省の一室に缶詰になったことがある。筆者は若かったので、まったくこたえなかった。そのまま役所へ出勤したことを覚えている。翌日通産省の担当課長が宮崎内国調査課長のところへ「食事も出さず失礼しました」と謝罪に来た。

その20年ほど後に、筆者が通産省の商政課長に出向した時には、通産省と郵政省との権限争議に通産省の利益を主張して郵政省の一室で明け方を迎えることになることなど知るよしもなかった。役人とは、妙な職業であるとつくづく思う。

大型合併に関する議論は、経済企画庁の幹部会でも行われた。通産省重工業局長出身の赤澤璋一調整局長と矢野智雄調査局長の間で激しい応酬が繰り返された。矢野局長は、大型合併は、企業の競争を阻害し、日本経済の活力を殺いでしまうという議論を展開した。最後には、集中度と物価の下方硬直性の関係を示すグラフを残すかどうかという点に絞られ、大臣の決裁を仰ぐということになった。経済企画庁長官は、宮澤喜一氏であった。宮澤大臣は、あっさり「私はどちらかというと合併賛成の立場だが、この分析は事実なのだから、そのまま残したらどうかね」と言われた。1ヶ月近くに及ぶ論争はようやく決着したが、その間に、経済白書の記述は大幅に書き直され、合併に関する分析はあらかた削除されて、この「生産集中度と卸売物

9　故人、のちに総合計画局審議官、法政大学教授、連合総研所長を歴任

価」のグラフが1枚残っただけだった。しかし、たった1枚のグラフを残すために幾晩も徹夜してそれこそ命を懸けるエコノミスト達の執念に感動を覚えた。この論争を通じて、筆者は、「日本経済の実勢を出来るだけ客観的にわかりやすく国民に知らせる」という第1回経済白書の精神が経済企画庁のエコノミストの間に脈々と受け継がれていることを知った。

1970（昭和45）年3月に八幡製鉄と富士製鉄の合併は、公正取引委員会の審決を経て認められ、新日本製鉄が誕生した。その4ヶ月後に戦後最長の「いざなぎ景気」が終了して、日本の高度成長期が終焉を告げた。大型合併との因果関係があるのかどうかは分からない。それを実証した研究にはお目にかかっていない。恐らく、公害問題など成長阻害要因が多発するとともに、企業を含む国民全般の成長意欲が衰えたことが要因だろう。大型合併が成長意欲の減退になにがしかの寄与をしているという意味では、まったく無関係ではないのだろう。

あの時の議論の当事者の宮澤喜一氏、矢野智雄氏、赤澤璋一氏、宮崎勇氏、加藤雅氏などは皆鬼籍に入ってしまった。昭和43年度経済白書の206ページには、第72図として「生産集中度と卸売物価」のグラフが載っている。筆者の目には、そのグラフが光を放っているように見える。

4　豊かさへの挑戦——宮崎白書の警告

1969（昭和44）年度経済白書は、「豊かさへの挑戦」という副題のもとで、第2部で、成長経済の中身の問題を扱った。経済の総規模で先進国に追いついた日本経済にとって考えるべき課題は、経済全体の生産性を高め、さらに経済的・社会的なアンバランスを解消することであるという問題意識に立っている。

●経済生産性の低さとその要因

まず、経済的アンバランスとして、産業別に生産性の格差が大きく、低生産性部門の割合が高いために、全体の生産性を引き下げていることを指摘する。わが国は、西欧先進国より1世紀遅れて近代工業へ離陸したあと、一貫して高い成長をしてきた。昭和40年代に入っても10％を上回る成長が続いた。そのことを「日本経済には高い成長力が基調として定着しているといった方が自然である」と言っている。この部分は、筆者の担当で、原案は、「今や日本経済に高度成長は定着した」と断定していた。その原案を、課長補佐の守屋友一氏が、上記のように修正した。歴史的に見ると、その翌年から成長率が下がり、1970（昭和45）年を境に10％を上回る高成長率を記録することはなくなった。しかし、なおしばらくの間は、5～6％の比較的高い成長が続いたことを考えると、守屋氏の修正文の方に軍配が挙がる。

ともかく、当時は国民総生産の規模で見れば、西ドイツを抜いて自由世界第2位の位置を占めた。しかしながら、人口1人当たりの国民所得で見ると、1110ドル（約40万円）で、OECD加盟国中で20位前後であった。その基本的要因は、わが国の1人当たりの生産性が低いことによる。産業別の生産性を、アメリカと比較してみると、農林水産業は、アメリカの2割、サービス産業では、アメリカの3割に満たない。製造業でも、特に中小企業において、アメリカに比べて労働生産性が極めて低い。

農業の生産性が低い要因を、この経済白書では三つ挙げている。

一つは、高度成長の過程で、農村から人口が流出して、農業が兼業農家によって支えられていることである。農業全体に占める兼業農家の割合は、1955（昭和30）年に65％であったが、1965（昭和40）年には、80％近くになっている。

二つは零細な経営規模の中で技術が立ち遅れたことである。農業における技術は一貫した機械体系をなしておらず、手労働が重要な役割を果たしている。

三つは、農業保護の制度が農業近代化の立ち遅れをもたらしたことである。この点については、「農産物貿易の制限は国際収支や国内資源の有効利用等の観点からそれなりの役割を果たしてきた。しかし、それが結果的に農業近代化に対する刺激を弱め、農業近代化へのモメンタムを阻害している面もあることは否めない。また、農地法による農地の権利移動等の統制が硬直的になっていること、あるいは、『生産費及び所得補償方式』により米価が連年引き上げられたこともその背景となった。諸条件が大きく変わった現在では、農業の零細な生産性構造を存続する結果をもたらしている」と、かなり率直な制度批判を書いている。

●農業の制度に対する率直な批判

筆者は、「総括班」に所属していて、この箇所のとりまとめ担当であった。別に「農業班」や「中小企業班」があって、ベテランの調査マンが班長に君臨していた。中小企業班の班長は、矢島不二男氏で、経済安定本部以来内国調査課のヌシのような存在だった。中小企業班が書いた文章を勝手に直すな、とよく叱られた。その矢島氏も最近亡くなってしまった。

それぞれの班が原案メモを書くのだが、それを総括班でとりまとめ、文章にする。確か、先の農業に関する記述は、原案にかなり修正を加えたように記憶している。先ず農業班からの批判をクリアーしたあと、農林省と折衝しなければならない。農林省からの第1次意見は、「この部分全文削除」だったように記憶している。何度も書き直して、最終的に農林省の了解が得られないと経済白書として公にならない。「農産物貿易の制限は……それなりの役割を果たしてきた」という文章の挿入は、明らかに、農林省との妥協の産物である。

しかし、いま読んでも、当時の農林省が、よくぞこの程度の文章を挿入するだけで、あれだけの制度批判を残すことに同意したものよと感心する。少し後に、筆者の母校の高校出身で霞ヶ関界隈にいる者の同窓会のような会合で、現職の農林事務次官の大口駿一氏（故人、のちに大日本水産会会長）に会った時、経済白書の記述を巡って農林省と激論したことを話すと、大口氏は「今年の経済白書は、農業に冷たいという評判だよ」と言った。大口氏は、経済白書をあまり読んでいないのかな、と思ったものである。農業の箇所をよく読めば、なんとか農業を近代化するためのきっかけになればという書き手の気持が伝わったはずである。

経済白書は、これに続き、農業の近代化が遅れた基本的要因は、「後進性の悪循環」にあると分析する。「高度成長の過程で農業近代化の遅れが見られ、後進性が温存されたが、このことが再び経済的アンバランスを助長するという事態がおこりつつある」と指摘し、その例として生産者米価が政策的に引き上げられ、零細農家が温存されたことを挙げている。

これを、産業連関表を使って、物的生産性の上昇がないのに、米価の引き上げによって名目付加価値額が増えていることを実証した。この点は、当時調査官だった赤羽隆夫氏（のちに経済企画事務次官）に教えてもらった。この箇所を、農林省の米価担当の人に納得してもらうのに大変苦労したことを覚えている。先ず、産業連関表とはどういうものかということから説明しなければならなかった。最終的に、担当官も事実の前には沈黙するしかなかった。

●農業の可能性も示す

そのように農業の近代化の遅れを指摘したあとで、「農業近代化の新しい芽」として、田植え機械が開発されたことを挙げている。この情報は農業班からもたらされ、矢野智雄調査局長とともに、完成したばかりの東名高速道路に車を走らせて平塚の農事試験場へ田植え機械の試作品の実験を見に行った。初めて見る田植機械に感動を覚えた。局長もいたく感心して、是非経済白書に書くようにと強く指示した。経済白書では、次のように記述している。[10]

近代的農業へ転換するための可能性として、第一に、農業の一貫機械化体系の整備をあげることができる。従来米作における機械化体系の穴は、田植機と刈取機が開発されていなかったことである。しかし、神奈川県平塚農事試験場の結果によると、開発された手押し一条田植機でも従来の人力による田植と比較して労働時間が四分の一に減少する。しかも育苗器まで含んだ一揃いの田植機が、わずか一二万円程度で購入でき、これまでの田植費用にくらべると、四分の一の支出ですむ。最近になると、動力付田植機が開発され、全国的にも普及されようとしており、この場合にはこれまでにくらべさらに田植労働時間は六分の一に減少する。また、三二万円程度で購入できる刈取機による刈取時間は、人力による場合の一〇分の一ですみ、支出は七分の一に低下する。なお、刈取機による刈取から脱穀までの時間も慣行のものにくらべ四分の一に低下する。……田植機と刈取機の出現によって、トラクター―田植機―防除機―刈取機―脱穀・もみすり・乾燥機という日本的な機械体系が整えられ、米作における機械化体系の穴がうずめられる試みが出てきたわけである。

10　昭和44年度年次経済報告「豊かさへの挑戦」1969年7月15日　p181

「試み」は急速に実施に移された。いまでは、全国どこへ行っても田んぼにうなりをあげる田植機が初夏の風物になっている。筆者の茨城県守谷の自宅の裏手は、小貝川の堤防まで、構造改善事業によって大型圃場が整備された美田が続いているのだが、5月のゴールデンウイークになると、夫婦連れらしい2人がやって来て、田植機械を巧みに操って見る間に田植えを済ませる。夜になると蛙の声が天にこだまして響く。斎藤茂吉の「死に近き母に添い寝のしんしんと遠田のかはず天に聞こゆる」という和歌を思い出して、「ああ田植えが済んだな」と分かる。5月の終わり頃に散歩がてら覗いて見ると、一面の青田に変わっている。多分除草剤をまくのだろう。夏に雑草を抜く姿を見たことはない。秋の敬老の日の連休になると、また夫婦連れでやって来て刈取機を操って、見る間に稲が刈り取られ、一面の苅田に変身する。夫はどこかへ勤務しているのだろう。

わずか2人の兼業農家で、仮に10反歩の田を持っているとすれば、1畝1俵として100俵の収穫となる。農水省発表の2016年の全銘柄平均価格は、玄米60キログラム（1俵）が約1万4000円ということだから、この農家は、年間の労働時間は数日にして140万円ほどの副収入を得ることになる。田植機械等の減価償却費を含む経費を差し引くと、手許に残るのはそれほど多くはないかもしれない。経済白書の農業近代化の可能性にもかかわらず、相変わらず農業だけで家計を維持するのは容易ではなさそうだ。瑞穂の国日本の原風景である青田をいつまでも残して置きたいとは思えども、難しい問題である。農業のことを考えると、いつも経済白書の文章を巡って議論をした農林省の担当官の顔が浮かぶ。

●平凡ではない制度慣行の変革

「豊かさへの挑戦」と銘打った経済白書は、内国調査課長の宮崎勇氏が実際に筆を執って書いた「むすび」で次のように述べている。[11]

……先進国水準に近づいた今日、他国の経験に学ぶことはできても単なる模倣はできなくなってきたし、また、経済力が高まったといっても、解決すべき問題はなお多く、ある目標の達成のためには他の目標を犠牲にしなければならないという選択の問題はいぜんとして残っている。この困難を乗りこえるに必要なことは、これまで経済政策上で通念化された思考や制度慣行を再検討し、新らしい時代にふさわしいものに変革していくことである。戦後のいくつかの制度改革がその後の繁栄の枠組みを与えたことからもわかるように、人々の思考や社会の制度慣行が経済社会の進歩に与える影響はきわめて大きい。戦後作られた制度慣行のなかには、今なお積極的な役割を果たしているものも多いが、制定当時の目標や意義を失ったものや、その効力が薄らぎかえって発展の阻害になっているものも少なくない。

11　昭和44年度年次経済報告p295、296

……歴史的に成立してきた通念や制度慣行は決して動かすことのできないものではない。新らしい経済社会には、新らしい思考と新らしい制度慣行が必要であって、それを通じて初めて〝豊かさへの挑戦〟が可能となろう。

窓に背を向けて座っている課長のすぐ前に直角に「総括班」の机が2列に3つずつ並んでいた。その一番課長よりに課長補佐の守屋氏が座り、その向かいに筆者は座っていた。コピー用の薄紙の原稿用箋に鉛筆を走らせている宮崎課長の姿が記憶に残っている。原案があらかた出来て、最後の課内会議が開かれた時、誰かが、「むすびが制度慣行の変革というのでは平凡すぎやしませんか」と質問した。温厚で怒った顔をみたことがない宮崎氏がその時ばかりは、少し怖い顔つきになって、「制度慣行の変革がそんなに平凡なことですかね。これが出来れば、日本経済の問題は概ね解決するのです」と言ったことが印象に残っている。

その直後から、いわゆる「円の切上げ」が問題となったが、戦後に出来た最も重要な制度の一つである360円レートの変革を拒んだ揚げ句の果てに、日本経済に過剰流動性をもたらし、石油ショックと相まって「狂乱物価」を招いた歴史的事実を忘れるわけにはいかない。また、「護送船団方式」と言われた金融行政の制度慣行や政・官・財の「鉄のトライアングル」と言われた制度慣行が、1980年代には、「バブル」を招き、その崩壊の後遺症からいまなお完全に脱却出来ずにいることも、記憶に新しいところだ。いずれも、この経済白書の結びにあるような警告を一顧だにせず、制度慣行の変革を怠ったつけを払わされたようなものなのだろう。

5　涙を飲んで円切上げ問題を封印した内野白書

これに続く経済白書は、1970（昭和45）年7月17日に発表された。その1年1ヶ月後にニクソンショックが起こったが、経済白書には為替レートの調整問題をはっきり予測させる記述はない。昭和45年という年は、あとから考えると、戦後最大、最長の「いざなぎ景気」が終わった年であり、同時に10％を上回る高度成長と別れを告げた年でもある。さらに、その翌年には、戦後の国際経済の枠組みであったブレトン・ウッズ体制の終焉を迎える。したがって、副題の「日本経済の新しい次元」は、誠に時宜を得たものであった。しかし、円の切上げ問題が封印されていたので、政策へのインパクトはあまりなかった。

筆者は、貿易班長の職にあって、国際収支の過剰な黒字の要因を分析して、その経済政策的な含意を摘出し、適切な政策運営を促すのを務めとしていた。年初の課内会議に、「貿易班としては、円の切上げ問題を取り上げたい」と提案したところ、内国調査課長の内野達郎氏[12]に、「そのような分析結果を公表できると思っ

12　故人、経済研究所長、経済企画審議官、上智大学教授を歴任

ているのか。結局大蔵省の反対にあって、公表できないことになるからやめた方が良い」と強く言われて、やむをえず断念した。しかし、諦めきれずに、経済研究所の計量経済モデルを使って、円を切り上げた場合に日本経済はどういうことになるのかのシミュレーション（試行実験）分析を密かに行ってもらった。主任研究官の星野進保氏の話では、これまで経験したことがないケースのインパクトを分析するには、計量モデルを使うのは余り適当でないが、円を少し切り上げれば、当面の日本経済の諸問題はほぼ解消するという結論だった。もちろんその試行実験は、経済白書には採用できなかった。のちに、内野課長は、著書で次のように書いている。[13]

この白書公表のときに、日本経済の新しい次元を強調しながら、なぜ円切上げに触れないのかという批判があった。私は心底で新しい次元を画する政策としては円切上げは不可避であり、そのうえで日本が対外的に閉鎖的経済システムを打破していく方策が重要だと思考していた。残存輸入制限の撤廃や制度の自由化、日本経済の国際化を行えば、円切上げをしなくてすむとは毛頭考えてもいなかった。この白書が出る数カ月前に、課のなかで一〇％程度の円切上げを実行したら、マクロ的、ミクロ的にどのような影響が生じるかについて、超極秘の作業をしたことがあった。その結論では、円切上げによって物価騰勢はおさまり、中期的には産業構造高度化が促される一方、国際競争力を失った軽工業、中小企業の地盤沈下への対策が必要となる、ということであった。しかし、経済白書が閣議報告の政府文書として内閣の責任で公表される性格のものである以上は、事務次官会議でのチェックや政府部内での合意をえた範囲以外のことはとりあげることができず、まして為替レート変更のようなトップ・シークレットな内外にわたる大問題ともなると、なおさらであった。円切上げにふれられなかっただけに、経済白書の新次元論が歯切れの悪いものとなったことは否定できない。

貿易班としては、円切上げという表現は封印したが、1ドル360円の為替レートがすでに割安になっていることについて事実をもって示すことに力点を置くこととした。日本の工業品の輸出の総合比較優位指数というものを合成して、主要国の中で、日本がずば抜けて高く、また、輸出額全体に占める比較優位性の高い品目の割合がきわめて高く、世界のどの市場向けにも日本品の輸出の伸びが高いことも実証した。さらに、輸入の伸びが低い要因として、残存輸入制限の存在、関税の高さなどを指摘し、輸入自由化と関税率引き下げの効果分析を通じ、残存輸入制限の撤廃と関税率の引き下げによって輸入の促進を図ることの必要性を強調した。

輸入自由化の影響の分析は、筆者が簡単な回帰式を作って、輸入自由化なかりし場合の輸入額を推計して、実績との比較によって、1961（昭和36）年から1969（昭和44）年までの間に自由化と関税引き下げによっ

13　内野達郎「円切り上げの時代」（金森久雄編集代表『戦後経済の軌跡』中央経済社　1990年　所収）p155、156

て輸入が累積約１０５億ドル増えたことを試算した。当時経済研究所に大型コンピューターが導入されていたが、入力はパンチカードによっていた。慣れない手つきでパンチカードを作る姿を見るに見かねて経済研究所の同僚が手伝ってくれた。経済企画庁に籍を置いていた間に大型コンピューターを使ったのは、後にも先にもこの時が初めてで最後であった。

この分析に大蔵省関税局がかみついて、担当官との間で激しい議論になった。当時関税局企画課にいた武藤敏郎氏が中に入って調停してくれて、輸入自由化の影響の図表は生き残った。[14] いまなお現役で活躍している武藤氏のあざやかな調停ぶりが鮮明に記憶に残っている。

国際経済市場の中で、日本だけが一人勝ちの状態を長く続けることは許されるものではない。一人勝ちの理由は、円レートが割安過ぎるからだ。そこまで書かなくとも、読む人は、円切上げが間近に迫っていることを感じたに違いない。しかし、政策への影響力は皆無だったようだ。

14　昭和45年度年次経済報告　p129

第四章

市場経済下の経済計画

戦後15の経済計画が作成された。法律（経済企画庁設置法）の根拠に基づいて作成されたものとしては、「経済自立5ヶ年計画」（1955（昭和30）年12月）が最初で、経済企画庁時代最後の経済計画「経済社会のあるべき姿と経済新生の政策方針」までを含め14の長期経済計画が閣議決定されている。

しかし、戦後間もない頃に、経済安定本部が経済界、官僚、研究者などを動員して膨大な作業の末に原案を作成したものの、時の総理大臣の裁可が得られずに発表を見送られてお蔵入りになった経済計画があった。「経済復興5ヶ年計画」がそれであり、吉田総理の鶴の一声で幻に終わった経済計画と言われることがある。

1　幻の「経済復興計画」

戦後3年ほどの間、日本経済の先行きを考える上での最大の課題は、アメリカに対する賠償問題だった。先述の「戦後問題研究会」の第1回会合（1945（昭和20）年8月16日）で委員の大内兵衛氏は、「日本としては、まず賠償問題を勉強しておくことが必要があるだろう」と発言したと伝えられている。[1] 第一次世界大戦後のワイマール時代のドイツに私費留学して、ドイツが過酷な賠償を支払うのにいかに苦労したか、その実態を見聞している大内氏の発言だっただけに、説得力があっただろう。その見通しは正しかった。

間もなく、トルーマン大統領は、石油採掘で巨万の富を蓄え民主党の会計責任者を務めたエドウィン・ポーレーを特使として日本へ送り、早くも1945（昭和20）年12月7日には、連合国の対日賠償使節団の中間報告「ポーレー案」が発表された。それによると、生産物による賠償は、かえって日本の生産力を高めて、再び日本を再軍備させることにもなりかねないので、現存設備の撤去により行うというものであったことは先述した。1000余りの工場が指定されたが、その中には工廠などの軍需関連工場のほか、火力発電所の半分、ほとんどの造船工場などが含まれていた。これが実施に移されれば、日本は重工業の基盤を失い、明治維新前の農業を中心とした自給自足経済国に没落しかねなかった。

大来佐武郎氏等によってとりまとめられた「日本経済再建の基本問題」は、この「ポーレー案」に対して、日本国民の生活水準が戦前（1930（昭和5）年~1934（昭和9）年平均）水準に復旧するためには、食糧や原料の輸入をまかなう外貨を稼ぐために輸出品を生産する重工業を復活させることが不可欠であることを、経済的な根拠のある日本側の主張として述べた最初のレポートだったと言える。

●稲葉秀三氏の考え方

「戦後問題研究会」のメンバーでもあった稲葉秀三氏も、戦後直ちに「国民経済研究協会」を作って、日本経済再建の構想作りに意欲を燃やしていたが、この「ポーレー案」に対して大きな危惧を抱き、これに対抗して日本経済の長期計画の作成の必要性を感じていた一人であった。

1　大来佐武郎『東奔西走』p56

稲葉秀三氏は、自ら経歴を語っている。[2] 筆者なりに要約すると次のようになる。

中学時代からトルストイに感化を受けて、……また、キリスト教なかんずく内村鑑三に惹かれて、人生論を勉強するために京都大学哲学科に入った。そこで河上肇の影響を受け、昭和初期の金融恐慌の時代に学生運動に走り逮捕、田辺元京都帝国大学教授から、「あなたは卒業はさせてあげるけれど学校には残れません」と言われ、経済や社会を勉強しようということになって、東京帝国大学へ学士入学すると同時に、吉田茂[3]という人を頼って、「協調会」のアルバイトをさせてもらった。埼玉県川口に二年半ほどいて、鋳物工場など中小企業の勉強をして、社会や労働の問題を自分なりにとけるようになった。昭和九年に東京帝大を卒業して、昭和一二年に日本の国策を研究する「企画庁」が創設された時、中小企業の専門家として入庁した。その直後の七月に盧溝橋事件が起こり、日華事変が始まって、企画庁と資源局が一緒になって、準戦時的な役所として「企画院」ができ、そこで物動計画や生産力拡充計画の総合調整の仕事をするようになった。昭和一五年五月に、上部からの命令で、仮に太平洋戦争みたいなことになったら経済力が持つか持たないか調べてみよ、と言う仕事をやらされたことがあり、「持ちません」という結論を出した。それから間もなく治安維持法違反で起訴された。いわゆる「企画院事件」である。治安維持法違反の原因は、友人である和田博雄が内閣調査局時代に調査した農業政策が左翼的だったということによるらしかった。三年半ほど拘留されたあと保釈になり無罪になった。和田は、農林省農政局長に返り咲いたが、私には帰るところがなかったので、昭和二〇年に国民経済研究協会をつくって、戦争中の経済の歴史を調べる仕事を始めた。そして、日本の将来のために物資供給力測定作業を通じて、将来の日本の経済力の勉強をしてみようと思うようになった。

そこへポーレー賠償使節団一行が来日して、厳しい賠償案を突きつけたのだから、稲葉氏の闘争心をかき立てずにはいられなかったに違いない。さらに稲葉氏の証言を聞こう。[4]

ポーレー中間賠償計画などがアメリカ側でつくられ、日本をもはや戦争ができぬような形に経済を縮小しておこうというふうにも話しが進んでいこうとしていました。もっとはっきり言えば、普通鋼鋼材は未来永劫年一八〇万トン以上はつくれません。アルミニュウム、マグネシウムは一切やらせません。化学工業も一切やらせません。それから、日本は島国であることを認めるけれども、造船業をやってはいけません。三〇万トンの修理能力しか認めません。それから工作機械産業を日本はやってはいけませ

2　経済企画庁『戦後経済復興と経済安定本部』p43
3　1885年~1954年　岡田内閣の書記官長、米内内閣の厚生大臣、大原孫三郎がつくった労働科学研究所の理事長などを歴任した。総理大臣の吉田茂とは同姓同名の別人。
4　経済企画庁『戦後経済復興と経済安定本部』中の稲葉氏の証言　p58、59

ん。その他いろいろなことをやって、シビアな形で日本経済を縮小しようとしたのです。

他方、僕らが大来さんなんかと一緒にやっていましたのは、民主主義を基本に日本で平和の経済をやっていくためには、それに必要な最小限の経済規模というのがなければなりません。裏をかえして言えば、戦前の生活水準を人口増加を賄っていけるほどのものにならねばなりません。しかも日本は、すぐではなくてもアメリカの厄介にならずに自立してやっていけるようになっていかねばなりません――そういうことを主張しようとしていたわけです。だから、両方（引用者注：ポーレー案と稲葉氏達の考え方）は明らかに矛盾しているわけですね。

それをどういうふうにするかと言うことを考えねばならないといっているところへ、たまたま昭和22年の九月頃に、総司令部で別個に日本経済をどうしていくかという作業をやっているということを安藤（竜一）君が漏れ聞いてきた。しかもその原文を借りてきた。それを急いで写しを取って、これは大変なことになるから日本側でも対案を早くつくらねばならないということになって、それで大臣（和田博雄経済安定本部総務長官）の特命で経済計画室というのがつくられた。そして僕が計画室長になって、ごく限られた人間で、昭和二二年の暮れから二三年の初めにかけて、第一次の経済復興計画をつくっていこうということになった。その計画は昭和五―九年ベースで、大来さんの報告[5]に準じてやっていく為には日本はどういうことをしなくちゃならないか、こういうことをまとめたものでした。

ポーレー案は、1946（昭和21）年11月に最終案となったが、マッカーサーおよびアメリカ政府は、その案に不同意だったようで、翌年1月には、陸軍省からクリフォード・ストライクを団長とする賠償調査団が派遣された。ストライクは2月18日に東京で記者会見を行ったのだが、そこでは、①日本にとって工業製品の輸出が必要なこと、②農業による人口吸収力は限界があり、工業で人口を吸収する必要があること、③産業の水準について1930年以降のデータが参考にされるべきこと、などが明らかにされている。[6] 明らかに「日本経済再建の基本問題」以来、大来氏、稲葉氏などが主張してきたことが影響を与えていたに違いない。

賠償問題は、その後冷戦の進展の中で、ドレーパー陸軍次官を団長とする使節団のジョンストン報告などにより、大幅に縮小されることになり、日本経済の将来にとっての桎梏となる事態は避けられることになる。これも既述（第一章）通りである。

●政府の正式な経済計画として検討開始

一方、日本政府は片山内閣の和田博雄経済安定本部総務長官のもとに、稲葉秀三氏が官房次長に就任し、大臣の特命で計画室長となり、また、長期計画幹事会がつくられて、本格的な経済計画作業が始まった。さ

5　大来佐武郎「日本の賠償能力に関する一研究――国際収支より見たる今後の日本経済」を指すものと思われる。
6　星野進保『政治としての経済計画』（日本経済評論社　2003年）p83

らに、1948（昭和23）年5月に経済復興計画委員会が発足し、経済復興計画が政府の正式な経済計画として検討されていく。片山内閣の退陣のあとを受けた芦田内閣においては、経済界を総動員した壮大な経済復興計画委員会を作って検討した。

しかし、芦田内閣は、昭和電工疑獄事件もあって退陣し、代わった第2次吉田内閣も内閣不信任を受けて解散。総選挙を経て、1949（昭和24）年2月に過半数を大きく上回る民自党単独政権の第3次吉田内閣が登場する。ところが、経済復興計画案が経済復興計画委員会に提出されたのは、1949（昭和24）年5月30日のことで、すでにドッジ公使は来日して、いわゆる「ドッジ・ライン」は始まっており、同年4月25日から1ドル360円の単一為替レートが実施されていた。賠償案もほとんど日本経済の桎梏にならないほど縮小していた。したがって、経済計画の検討作業は、「ドッジ・ラインとの調整作業に七転八倒していく」[7]。

第3次吉田内閣の中心課題は、ドッジ・ラインによる経済安定と経済復興および平和条約の締結による日本の独立であり、経済復興計画が政権中枢に顧みられる余地はほとんどなかったと言える。三章からなる膨大な最終報告が決定され、7月30日に発表予定であったが、7月28日、吉田総理から、再検討、公表中止の意見が出され、「遂に日の目を見るに至らず、闇から闇に葬られる悲運に際会した[8]。」吉田総理がなぜ再検討を命じたかについては、1949（昭和24）年11月1日の参議院本会議における横井康雄議員の「経済復興5ヶ年計画発表中止に関する緊急質問」に対する答弁で明らかにしている。

何となれば私は五ヶ年計画を立てると言うこと自身がおかしいと思うのであります。たとえ何千人の人を動員しようが、その考察それ自身について私は疑を持つのであります。何となれば、国家あるいは政府が計画を立てるとなれば、先ず今年度の計画、或は再来年度の計画程度は立て得るかも知れないのでありますが、五ヶ年計画という計画を私はどうして立てるのかと思うのであります。この変転極まりない時点に当たって何を土台として、こういう計画を立てるのか。……五ヶ年計画をおかしいと思うゆえんは、先ず第一に日本の政府の統計というものが甚だあやしいと思うのであります。……私はこの戦時中以来、日本の政府の統計が甚だよろしくないと思う。故に統計の正確を期する為に、政府の統計事業については一層注意を要するがよいというので、新たに統計局を安定本部内に作って、現に大内博士等が従事しておられるのであります。私はこの結果を待って更に正確なる計画を立てるがよいと言うのが私の趣意である。

計画の再検討の理由に、統計の不備をあげたのは、極めて巧妙と言わねばならない。吉田総理のたっての要請で大内兵衛氏を統計委員会の委員長に据えて統計の整備を政策として行うという手を打ってあるのだから、これは口先だけの答弁とはならない。あるいは、吉田総理の念頭には、アメリカと無謀な戦争を始めた

7　星野進保『政治としての経済計画』p 88
8　林雄二郎他『新版　日本の経済計画』（日本経済評論社　1997年）p 77

のも、日本の統計の不備で彼我の国力の差を十分に認識できなかったことが大きな理由であった、という意識があったのかも知れない。

しかし、統計の問題は古くて新しい問題であり、現に安倍内閣でも国民所得統計の見直しが大きな課題になっているところから見ても、終わりのない問題である。統計の整備を待って計画を作れというのは、結局計画は作れないということと同じであろう。吉田総理は、そもそも経済計画自体無用の長物だと思っていたので、次第に本音が表れて来る。吉田総理の答弁の続きを見よう。

それから更にもうしたいと思いますことは、今日は計画経済ではなくして、むしろ国民の自由なる活動ということを期待すべきであるのに、然るに経済計画の思想は戦時いらい植え付けられた思想でありますこの思想が日本の経済を阻害しやしないか、故に五ヶ年計画において為された計画を再検討するのがよい、こう申したのであります。

●自由市場経済と経済計画

「自由市場経済を前提とする日本において経済計画は必要なりや」という問題と統計の整備を含む計画策定手法の改善の問題は、その後、経済企画庁のエコノミストとプランナーを悩ます大きな問題であった。この問題を解くために苦闘した揚げ句考え出したのが「指示的計画（indicative plan）」であり、計画策定手法としての「計量モデル」による経済計画策定であった。これらによって、自由主義経済下において政策体系モデルを提示する経済計画は、経済政策の中に重要な位置を占め、これを担当する経済企画庁の命脈も保たれていたということが出来る。

筆者も、総合計画局計画課の課長補佐の時に、「日本計画行政学会」の機関誌の創刊号の論文[9]で、経済政策の領域における経済計画の存在意義について、人々の信頼性を支えるものとして重要な次の諸点について考察している。

経済計画の信頼性の条件としては、第一に、計画で想定した事態や計画の目標の実現可能性が高いことである。自由市場下での経済計画には、強制的要素が少ない。しかし、「昭和50年代前期経済計画」にみる「推進報告」のように、計画で想定した路線に現実の経済を適合させるために当面講ずべき施策の方向についての提案が行われ、現実の施策にかなりの影響を及ぼすこととなったように、「計画をつくりっぱなしにしない工夫」が積み重ねられている点に注目している。政府が計画において示した自らの施策を実行するという姿勢を明らかにすることが計画の信頼性を高める第一歩である、と言っている。

第二は、計画の決定プロセスに対する信頼性である。計画の民主的策定のために、「参加」をどう考えればよいか、という問題である。この点については、一つには、議会との関係で、計画の目的、内容、手続き

9　塩谷隆英「経済政策における経済計画の信頼性」（日本計画行政学会『計画行政』創刊号所収）

等を法定化することと計画を国会の承認に関わらしめることについて、今後検討する価値がある、としている。二つには、審議会等を最大限に活用して、できる限り多くの利害関係者に参加の機会を設けることである。三つには、地方公共団体との不断の意見交換を図ることである。

第三に、経済社会の変化に対して、経済計画がいかに適応し得るかという点である。この点に関しては、種々の予測情報を前提に、政策との対応関係を明らかにした一つないしいくつかの中期的な〝シナリオ〟といったようなものをあきらかにする、不断に計画改定を行って、現実との乖離を最小にとどめる、一つの計画の中に絶えず実態の変化に即応させていくメカニズムを持たせる「ローリング・システム」を導入する、などの方法を組み合わせていくことを提案している。

日本計画行政学会は、1977（昭和52）年8月に設立された。初代会長の中山伊知郎氏に頼まれて、筆者は、当時慶応大学経済学部の助教授だった鵜野公郎氏とともに会則を作成し、如水会館での設立総会で説明したことがあった。設立の趣旨は、「計画行政を一つの学問体系として確立すると共に、この分野にたずさわる研究者、行政担当者、実務者に広くその成果の発表の場を提供し、一層のその成果の評価を高からしめるため、あわせて専門家としての評価を確立するため」だった。設立総会で、中山伊知郎氏からアッピールを行ったが、それは次のように格調の高いものであった。

計画は行政によって実現される。そして社会は無数の計画と行政によって動いている。しかし、残念なことには、計画と行政との関係は十分に満足すべき状態にはない。計画の源泉には思想と科学があり、行政の基盤には組織と技術があって、それらが相互にからみ合っているからである。（後略）

会則の中に、「会費を3年以上滞納した場合には会員資格を失う」という規定を置いた。筆者は、オリジナルメンバーであったが、1990年代の初めだったか、仕事にかまけて会費の納入を3年以上怠っていたら、会則通り会員名簿から削除されていた。自分の作った法によって官憲の追及を逃れることが出来なかった秦の商鞅の故事を思い出して苦笑せざるを得なかった。それ以来会員に復帰はしていない。いまは、一般財団法人になり、会員数も増えて益々活発な活動をしているようだ。

2　「経済自立5ヶ年計画」

1951（昭和26）年9月8日、48ヵ国の調印を得てサンフランシスコ講和条約が成立した。同時に日米安全保障条約が結ばれ、占領終結後も米軍が日本に駐留することになった。

●経済安定本部への風当たり

独立を控え、占領中に実施された諸改革と法規の見直しが行われた。行政機構としては、経済安定本部を廃止して経済審議庁が創立された。1951（昭和26）年5月に通産省から経済安定本部へ出向し、4年間に官房長から副長官を歴任したあと機構改革で経済審議庁次長を経験した平井富三郎氏は次のように語っている[10]。

この四年間は政治的には講和条約の成立、経済的にはドッジラインの実施を中心として、インフレ経済から安定経済へ占領経済から自主経済へまた統制経済から自由経済への転換期であった。従ってまたその行政面に於ても、安定本部として大きな変動を免れなかったのも当然の結果であったろう。特に安定本部が占領軍の管理政策の一環として生れ、戦後の欠乏経済を乗り切る為と統制本部としての性格から、その改組に当っては、各省との間に色々の思惑乃至感情もあったことも事実であろうし又安定本部の業績に対する評価もまちまちであったであろう。安定本部に対する風当りは相当にきびしく、一時は、安定本部を廃止し、経済審議会に編成替、これに若干の事務局を附置するという構想が閣議で決定された。審議会制度というものは政府の運用如何で強くもなり、弱くもなり又通常の行政機関とちがって自由にふるまえる利点はあるが、本質は提言機関であり、閣内にあってその思う所を強力に主張し得る機関ではない。言う迄も無く経済の発展及びその対策は人為的な各省の組織分担にかかわりなく綜合性を内包しまた要求するものである。政府施策の綜合調整を目的とする行政機構として国務大臣がこれを主宰し、その意見なり企画なりを各省に強力に主張し或はまた国民に訴え得る機構は自由経済下にあっても必要とするのではあるまいかという観点から本部側としては政府与党に対し、東奔西走の復活運動が展開され漸く各方面の理解を得て、さきの閣議決定を変更し、まがりなりにも経済審議庁という形で存続することになった。まことに悪戦苦闘の連続であった。

「安定本部に対する風当りは相当にきびしく」という指摘は、経済安定本部が、おそらくＧＨＱの威光を笠に着て各省に対して相当無理難題を突きつけたり、強引な調整をしたりしたのではないかと推察される。総合調整官庁の宿命なのだろうか。

●経済審議庁が出来る

新たに出来た経済審議庁は、経済安定本部から、経済政策の企画、調整および調査の分野を引き継いだ。閣議決定をひっくり返して経済企画庁の核となる行政機関がともかくも残ることになったのは、先人のこうした努力があったおかげだ。記して感謝したい。

筆者も、経済企画庁が消滅に向かった中央省庁再編成の時期に、同じような立場で、同じ苦労を経験した。あの頃は「行政改革会議」のような必ずしも行政に通暁しているとは限らない学識経験者が多数委員となっ

10　経済企画庁『経済企画庁20年小史』中の平井富三郎氏の回想文　p119、200

ている会議が改革の推進母体であり、そのリーダー格の人が、経済企画庁を廃止して、その受け皿となる内閣総理大臣の経済関係補佐機関は、数十人規模でよいなどという意見を強力に主張して、経済界などでもこれを支持するような機運が高まったことがあった。

筆者は、経済企画庁が果たしている重要な機能を何らかの形で残すべきであると要所を説得に走り回って悪戦苦闘の日々を過ごした。しかし、一役人の力の及ぶところではなく、政治の大きな流れの中で、事態が推移して、経済企画庁という名前は消滅した。

吉田内閣は、国会において西村栄一議員の質問に対して「バカヤロウ」とつぶやいた点をとがめられて、野党から内閣不信任を突きつけられた。自由党内でも鳩山一郎派の22名が自由党を離党し、不信任案に賛成した。吉田総理は解散に打って出て、何とか内閣を維持した。しかし、次第に政権の求心力を失っていき、1954（昭和29）年12月7日に総辞職せざるを得ない事態となった。戦後通算7年に及んだ内閣のあとを襲ったのは、反吉田勢力を結集した日本民主党総裁の鳩山一郎であった。

鳩山内閣の中心政策は、経済計画とそれを推進する行政機構をつくることであった。経済安定本部から経済審議庁に移り、計画部長のポストにあり、後に衆議院議員になった佐々木義武氏（1909年〜1986年）は、次のように語っている[11]。

（昭和）二九年の末近くになり第一次の欧米原子力視察に小生も調査団の一員として出発することに

なり楽しみにしておった。その折も折、内閣が鳩山一郎首班となり、高碕達之助氏が経済企画庁の（引用者注：その時点はまだ経済審議庁）長官になって来られたのである。そして翌年一月に総選挙をやるので、それまでに至急、経済自立計画の概略を立案し、これをもって選挙をやりたいと言うので、佐々木君は外国出張をとりやめ、これに専念せよとの厳命で実に参って仕舞った。止むを得ず暮れの一二月末まで部員の皆々様に大変迷惑をかけたが自立計画の概要をまとめ、急拠、調査団の後を追って欧州に旅立った。欧州を廻ってワシントンに着いたら高碕長官から急ぎ帰国せよの電報で、一人で一行に先立って帰国致したが、何んのことはない、サンフランシスコに着いたら選挙は済んで高碕長官は大阪から当選しておった。後で聞いたのだが選挙対策にはこの概案が大変役立って鳩山内閣が大勝したとの事であった。

爾後一年かかって経済自立五ヶ年計画を作成し、三〇年暮れ、正力松太郎国務大臣に呼ばれ原子力局長をやれと言われ、後事は大来佐武郎氏にお任せして、経済企画庁を離れたと言う次第である。

１９５５（昭和30）年1月22日に鳩山総理は、施政方針演説で次のように述べている。

……経済の自立再建は国家の独立のため最も必要な事であることは言うをまたないところであります。

11　経済企画庁『経済企画庁20年小史』中の佐々木義武氏の回想文　p220、224

もとより狭小な領土に膨大な人口を擁するわが国経済の自立再建をはかる事は容易ならざるところであります。これを実現するためには、国民経済に対し長期の見通しを持つ総合的な計画を示し、国民に希望を持たせることが必要であります。政府が自由企業の原則に立って総合経済六ヶ年計画を樹立し、広く国民の理解を求めようとするのはまったくこの趣旨にほかならぬものであります。

総合経済六ヶ年計画は、鳩山内閣の経済政策綱領ともいうべきものだった。いまで言う「マニフェスト」である。佐々木義武氏の証言にあるように、昭和30年1月の総選挙用に急遽作成したものであった。その後経済審議会で検討が進められて、その年の12月23日に「経済自立5ヶ年計画」として閣議決定された。昭和30年度を初年度として昭和36年度を目標年次にした6ヶ年計画として検討が始められたが、検討が終わった時には、年度も半ばを過ぎていたので、昭和31年度を初年度として目標年次を変えずに5ヶ年計画としたものである。昭和31年度予算は、この計画を指針として編成された。これ以後歴代内閣の多くが経済運営のための指針として経済計画を用いるようになる。

この計画の目標は、米国援助や特需に依存しない「国際収支の均衡」と、今後急速に増加していく生産年齢人口に対する「雇用の増大」であった。アメリカの援助は1951（昭和26）年半ばに打ち切られていた。また朝鮮戦争は1953（昭和28）年7月27日に休戦協定が調印されており、国際収支均衡をいわゆる「朝鮮特需」には期待出来ない状態であった。なお、経済審議会への諮問は、「経済自立と完全雇用達成のための長期経済計画」について行われた。しかし、経団連など経済界を中心に、計画期間中に完全雇用を達成するのは到底不可能であるとの意見が出て、目標にはそのまま「完全雇用の達成」を掲げながら、計画の方向の書き方は「雇用の増大」としている。[12]

計画のタイトルになっている「経済自立」とは、宮崎勇氏によれば、「広義には経済が安定し均衡し、かつ発展的である状態（勿論外国の援助からは自由である）をいい、狭義には国際収支の点からみて、外国の援助なしに均衡が保たれている状態を指すが、わが国の経済計画の場合には「経済自立」ということは実質的には狭義の場合の自立を意味していた場合が多かった。[13]」

●コルム方式と成長率

計画期間中の実質経済成長率は、年5％を想定した。その算定方式は、ドイツ生まれのアメリカの経済学者ゲルハルト・コルム（1897年〜1968年）が開発した方式により算出した。先ず、労働力人口の増加率と労働生産性上昇率からGNP成長率を決め、これを経済の各セクターへ下ろしていく手順がとられた。つまり、GNP（国民総生産）は国民総支出に等しいから、例えば民間投資主導型、財政支出主導型などい

12　星野進保『政治としての経済計画』p239

13　林雄二郎他『新版　日本の経済計画』p228　注(5)

くつかの支出パターンを想定し、それぞれに輸入需要、輸出可能量を計算することにより生産構造へつなげ、適当なパターンを選択するという方法である。

しかし、生産要素を労働のみとするこの方法を当時の日本経済に適用したことには決定的な無理があったという批判がある。なぜなら、成長率の限界は相対的に少ない資源に制約されるという考え方からは、当時の日本では資本が労働に対して相対的に過小であったのだから、労働力不足で先進国として経済的な安定状態にあったアメリカで使われたこの手法を直接導入することは問題とされるべきだからである。

実際、自立計画は、戦前の労働生産性上昇率の実績である3％を想定して、これに労働力増加率を考慮して、5％の実質成長率を予測したが、大幅な過小予測となった。[14] 高度経済成長の始まる前の当時の日本には、農村に膨大な潜在失業者を抱えた状態で、労働力は有り余っており、成長の制約要因ではなかった。当時のプランナー達の目には、昭和30年代の設備投資ブームはまだ見えていなかったのである。

なお、計画決定の約3ヶ月前の1955（昭和30）年9月6日に開かれた経済審議会総合部会小委員会（中山伊知郎委員長）での議論では、大多数の委員がこの5％でも高すぎるという意見であった。その理由としては、第一に、戦前の国民所得の年平均増加率は約4％であったが、この程度の成長率でもなお且つ戦争やインフレや領土の拡張に支えられ、しかも国際収支の恒常的赤字の下ではじめて可能だったのである。今後の日本経済が戦前を上回る発展率（引用者注：当時は成長率のことをこう表現していた）を示すことは考えられない。

第二に、戦前の財政は公債の発行も多額にのぼり、インフレ的傾向があったが、今後均衡財政を建前として戦前を超える発展率を示すということは考えられない。

第三に、計画は最近における経済の一時的好況を反映しすぎてはいないか。これは恐らく最近における経済の好転と輸出の好調、豊作等の一時的現象を反映し過ぎているためであって、このような好調が6ヶ年間つづくかどうかは大いに疑問がある、というようなものだった。[15]

果たして、後に判明した実質経済成長率は、1956（昭和31）年以降8％を上回り、1966（昭和41）年以後の4年間は10％を上回る経済成長を続けたのである。

経済自立5ヶ年計画決定後わずか2年後の1957（昭和32）年12月17日には、政府は、新しい経済計画として「新長期経済計画」を閣議決定することになる。主として成長率の想定と実績との乖離が計画改定の理由であった。これ以後、経済計画の中心課題は「経済成長率」となった。1984（昭和59）年から始まった自由国民社の「流行語大賞」がこの頃存在していれば、「経済成長率」が大賞候補であったろう。

14　経済企画庁『戦後日本経済の軌跡　経済企画庁50年史』p111

15　星野進保『政治としての経済計画』p243、244

3　経済企画庁の設立

経済計画を推進する行政機構として、１９５５（昭和30）年7月20日に経済審議庁を改組して経済企画庁が設立された。

経済審議庁から変わった点としては、以下の点がある。

第一に、任務として長期経済計画の策定に「推進」が加わった。

第二に、新たな権限として、「長期経済計画を策定し、並びに長期経済計画に関する重要な政策及び計画について、関係機関の事務の総合調整を行うこと」が付加された。

第三に、調整部の事務に、「長期経済計画に関する関係行政機関の重要な政策及び計画の実施に関する総合調整に関すること」が追加された。

第四に、計画部の事務に、「長期経済計画に関する関係行政機関の重要な政策及び計画の立案に関する総合調整に関すること」が追加された。

第五に、経済企画庁の長は、国務大臣をもって充てる点に変化はないが、次の二つの権限が追加された。すなわち、一つは、「長官は、長期経済計画の策定及び推進のため必要があるときは、関係行政機関の長に対し、必要な資料の提出及び説明を求めることができる」ことになった。二つは、「長官は、長期経済計画の推進のため特に必要があるときは、関係行政機関の長に対し、長期経済計画に関する関係行政機関の重要な政策及び計画の立案について勧告することができる」ことになった。

この改正に併せて庁の内部部局が整備され、計画部から国土総合開発関係の事務が分離され、あらたに開発部が設置された。また、総務部が長官官房に改称され、長官官房に経済協力室が置かれた。

その後、1957（昭和32）年8月1日に、経済企画庁の各部は局に昇格して、それぞれ、調整局、総合計画局、総合開発局および調査局となった。これは、国家行政組織法の改正により、国務大臣を長官とする外局の庁（経済企画庁は総理府の外局として設置されている）に局を置くことができるようになったのに伴うものである。組織や権限に変更はなかった。

その後、1958（昭和33）年7月には付属機関として「経済研究所」が置かれた。

1962（昭和37）年5月には水資源局ができた。戦後の国土総合開発は、水資源開発を中心に始まった。昭和20年代から30年代前半まで、国土総合開発法に基づいて特定地域総合開発計画による開発が行われたが、このほとんどが多目的ダム建設を中心とする河川開発であった。高度経済成長が続き、工業用水と水道用水の需要が著しく増加すると、一層水資源開発が必要になった。1962（昭和37）年に、水資源開発促進法および水資源開発公団法が制定されるとともに、経済企画庁に水資源の開発と水質の保全を担当する「水資源局」が設置されたのだった。

水資源局は、水資源開発促進法に基づいて木曽川、吉野川、筑後川水系を指定水系に指定するとともに、利根川、淀川、吉野川、筑後川の4水系の基本計画を決定して水資源の開発を促進した。1967（昭和42）年6月に、各省庁一局削減に伴う組織改正により水資源局は廃止され、水資源課および管理課は総合開発局に、水質保全課と水質調査課は国民生活局に移された。[16] 局として存在したのはわずか5年であった。

この行政簡素化の政策は、宮澤喜一経済企画庁長官の発案による「財政硬直化是正策」の一環であった。各省は、しぶしぶ局を部に格下げするなどしてその場をしのいだ所も多かった。そうした中で、宮澤長官を戴く経済企画庁だけは、一局を廃止した。内部的には不満も多かったに違いない。この組織改正の起案文書の決裁をしてもらうために持ってまわったのは、入庁したての長官官房企画課事務官の筆者であった。廃止される水資源局の総括課長であった水資源課長に決裁文書を差し出すと、課長は、「自分達の局をつぶすのは反対だが、仕方がないね」といいながら、印鑑を逆さに押した。ささやかな抗議の意思表示であった。その3年後に筆者が水質保全課あらため水質公害課に配属になるとはまったく予想もしていなかった。

4 高度経済成長を演出した「国民所得倍増計画」

「国民所得倍増計画」は、戦後に作られた経済計画の中での白眉である。勃興期にある日本経済の成長力を的確に見定め、企業の設備投資意欲を引き出す役割を果たし、高度経済成長を演出した経済計画だったと思う。また、日米安全保障条約の改訂が国論を二分し、社会不安が蔓延して重苦しい雰囲気を一気に吹き飛ばした政治的効果抜群の経済計画でもあった。

●所得倍増計画の発案者？

国民の目からは、岸内閣が池田内閣に変わった途端に、まるで芝居の回り舞台のように、一瞬にして世の中は、政治の季節から経済の季節へ早変わりしたように見えただろう。総理大臣のキャラクターにもよるが、のちに総理大臣となる大平正芳氏と宮澤喜一氏が秘書官として「寛容と忍耐」や「経済の池田」を入念に演出したことも大きかった。「宏池会」と呼ばれる自民党の大派閥が池田内閣の経済政策を強力にバックアップした。

しかし、新しい経済政策がトランプの札を裏返すように突如現れたわけではない。次の演説は国会における内閣総理大臣の施政方針演説だが、総理大臣の名前を言い当てることができるだろうか。

顧みまするに、終戦後ここに十数年、この間、わが国の経済はたゆまざる国民の努力と英知とによって飛躍的な発展を遂げて参りました。すなわち、最近十年間の経済成長率は戦前の実績を上回り、欧米先進国に比しおよそ二倍の速度を示しており、それとともに国民生活も向上し、最近では、国民一人当

16　経済企画庁『現代日本経済の展開　経済企画庁30年史』p352

たりの消費水準は戦前に比し三割強の上昇を示しております。

このような情勢のもとにおける今後の経済運営の基本的態度としては、経済の安定と均衡を堅持し、着実な経済成長を実現して参ることにありますが、なお、さらに長期的な観点から、今後おおむね十年間に国民所得を倍増し、もって雇用を改善し、国民経済と国民生活の均衡ある発展をはかるため、新しい経済計画の策定について現在準備を進めております。


「国民所得を倍増」という言葉があるから池田勇人総理大臣の施政方針演説だと考える人が多いと思うが、さにあらず。実は、これは、1960（昭和35）年2月の第34回国会における岸信介総理大臣の施政方針演説の一節である。

その年の5月岸総理は福田赳夫幹事長と中村梅吉政調会長に、「今後十年間で国民経済規模を二倍にすることを目標とする、少なくとも前期五年内に国民経済を約四割拡大したい。さらに五年間の財政計画をたて、予算規模、事業内容、減税等の長期見通しをつけてから、明年度の予算編成に入りたい。また国際収支に関する五年計画を持ちたい。とくにこの計画のなかには、東南アジアを中心に、対外経済協力の拡大を織り込んでほしい」という構想をもとに国民所得倍増計画の立案を指示した。この構想は、閣議で正式に決定され、経済企画庁でその作業を担当することになり、自民党の政調会にも青木一男氏を会長とする経済調査会が新しく設置され、両者緊密に連繫をとりながら作業を進めることとなった[17]。

それに先立つ1959（昭和34）年2月に、広島市立袋町小学校講堂で開かれた時局講演会で池田勇人氏はこう演説した。「みなさん。お忙しいでしょうが、私の話をちょっと聞いてください。みなさんの月給が二倍になるという話しをいたします……。」[18]国民の努力と政策の如何によって生産性が上がり、国民生産、国民所得が増え月給が2倍にも3倍にもなるという話しだ。当時池田氏は、岸総理と対立し、岸内閣の無任所国務大臣を辞めたばかりであった。池田氏の秘書官だった宮澤喜一氏が参議院2期目の選挙（広島県選挙区）の年に当たっていた。その応援をかねての演説だったとすれば、恐らく宮澤氏が演説の草稿づくりに関わっていたかも知れない。

●中山伊知郎氏の影響力

政権の地位を狙うライバルの池田氏のこのような発言が岸総理の発想を刺激したことは十分考えられる。もっとも、この「月給2倍論」は池田氏の独創ではなかった。

1959（昭和34）年1月3日の読売新聞に一橋大学教授の中山伊知郎氏が、貧しい経済から福祉国家を目指す手段として、「賃金2倍論」を提唱した。中山氏は、「二倍の賃金という目標は、まず労使の共同目標

17　星野進保『政治としての経済計画』p254
18　「20世紀日本の経済人特集『池田勇人』」（1999年2月8日付　日本経済新聞社朝刊）

として、やがては国の政策目標として」提案したのであるが、池田氏の演説は、これにヒントを得たものである。この論文の中では、「ここで賃金というのは、広い意味での所得のことであって、単に雇用労働者の賃金のみを意味するのではない」と断っている。後に、宮澤喜一氏は、「『月給』という言葉はサラリーマンだけを連想させる」として、もっと幅広いものにすることを池田氏に進言し、これを容れて、「所得倍増論」と呼称を変えたという。[19] 学者の大御所の発言は影響力が大きい。

また、池田氏の演説の直後の1959（昭和34）年4月には、大来佐武郎総合計画局長のイニシアティヴで経済審議会は長期経済展望部会を設け、東畑清一氏を部会長に、有澤広巳、中山伊知郎、内田俊一、小汀利得の4氏を委員とし、その下部機構に多くの学識経験者を委嘱して大がかりな作業を始めていた。これが、後に国民所得倍増計画の基礎資料となった。

1960（昭和35）年度版「国民生活白書」[20]は、この頃の世相を次のように伝えている。

第一に、生活の面では、家事労働節約的な商品の購入がふえていることである。食生活における、缶詰類やハム、ソーセージなどの加工食品の増大、さらに最近では即席カレーやスープ、ラーメンなどのいわゆるインスタント食品の台頭、あるいは外食やてんやものの注文の増加等がそれである。衣生活においても、婦人、子供服などにおける既製服購入の増大、家で普段着の洋風化は自家で裁縫する機会を少なくする傾向にある。またつぎに述べる耐久消費財の普及と関連する洗濯機や掃除機、電気釜、冷蔵庫などの導入による家事労働節約の効果も著しい。

第二の特徴的な傾向は、耐久消費財の急激な普及である。戦前は相当裕福な家庭でも所持している家庭用耐久消費財といえば、ラジオ、ミシン、扇風機ぐらいのものであった。ところが現在では、前述したとおり、都市世帯においては、テレビ、カメラ、洗濯機などを既に二世帯に一台の割りで持っており、電気冷蔵庫や掃除機も逐次普及しつつある。さらに第三の傾向としては、最近におけるレジャー（余暇）消費の増大があげられよう。テレビの普及もこの表れであるが、最近では家庭内においての余暇消費が減少し、家庭外におけるレクリエーション、旅行やスポーツが盛んとなる傾向にある。

●下村治氏の登場

月給が上がれば、生活が日に見えて豊かになるという実感があった。月給が2倍になったら、夢が現実になる。人々の向上意欲はかき立てられた。

企業の成長意欲も例外ではなかった。この機運を、いち早くつかんで「日本経済は勃興期にある」と喝破

19　宮澤喜一『戦後政治の証言』（読売新聞社　1991年）p108
20　発表は1960（昭和35）年12月20日、副題は「職業別に見た国民生活の現状と生活革新の進行」　閣議報告はされていない。

したのは、下村治氏（1910年〜1989年）であった。下村氏は、1934（昭和9）年東京帝国大学経済学部を卒業して大蔵省に入省して、日本銀行政策委員などを歴任した。若い頃経済安定本部に出向して価格政策課長兼生計費課長を務めたことがある。その際第1回経済白書の各論の物価・賃金・生計費の章を担当したが、とりまとめ責任者の都留重人氏（当時経済安定本部総合調整委員会副委員長）に全部ボツにされたという逸話が残っている。都留氏がその経緯を語っている珍しい記録があるので紹介しておこう。[21]

私は、各論が出来あがるごとに、草稿に目を通し、場合によっては注文を付けたのだが、特に「物価、賃金、生計費」の章（下村治価格政策課長兼生計費課長担当）については、かなり大幅の書き換えを提案した。それには、それなりの理由があった。というのは、私は、安本の職に就く前の一年余りを、司令部内の経済科学局顧問として、同局内の専門家と日常的に意見や情報の交換をしており、彼らの考え方や関心事項の内容を詳らかにしていたからである。殊に物価問題にかんしては、司令部内では、公定価格とヤミ価格を加重平均した「実効価格」という概念を打ち出し、その推計に非常な努力を払っていたのだが、そのための協力を日本政府側に求めたおり、当時大蔵省にいた下村氏は、同氏独特の理論を展開して、その作業には十分の協力をしてくれなかった。そして、同氏は安本に席を移したあと、『白書』の中の物価・賃金・生計費の章を執筆するにあたり、自説を曲げようとしない。氏は、経済学者としても先見性のあるすぐれた理論家で、原案の部分的な手直しには同意せず、そのままでは、司令部に『白書』原案をもっていったとき、先方の担当者が修正を要求するであろうことが、私には目に見えていたので、結局、その章の大幅書き換えを私があえてすることにしたのであった。

下村氏は、1959（昭和34）年2月16日と23日の「金融財政事情」誌上で、前々年の12月に閣議決定された「新長期経済計画」の年率6・5％成長は、日本経済の成長力を過小評価していると批判した。まず、計画が昭和31年度と32年度GNPの伸びは異常で過大であるという認識から、基準年次の昭和31年度を相当低いところから出発している点が誤りだと指摘した。そして、「日本経済の成長力が、二〜三年の間に飛躍的に強化されつつあるという事実をあらためて確認する必要がある」とした。

これに対して、「新長期経済計画」を経済企画庁総合計画局長としてとりまとめた大来佐武郎氏は、当然反論した。当時の第一級の経済学者やエコノミストを巻き込んだ有名な「下村、大来論争」である。

下村氏は、ハロッド・ドーマーの成長理論といった経済理論を熟知した上で、それらがどの程度現実の生きた経済には適用できるのかという疑問を呈し、むしろ現在ある科学的知見を頼りに試行鑑別するという「達観」こそ重要であるという考えを持っていた。そして、日本経済が、「勃興期」にあることの理由として次

21　金森久雄編集代表『戦後経済の軌跡』中の「序章　都留重人『経済白書』第一号についての回想」（中央経済社1990年）p3

の4点を指摘している。[22] 第一に、企業家の間にみなぎっている強い合理化、近代化意欲がある。第二に、労働の余裕も十分にある。第三に、生産設備の増強速度が、特に合理化、近代化の設備投資において著しく大きい。第四に、高い有効需要圧力がある。

「国民所得倍増計画」は、1960（昭和35）年11月1日に経済審議会から答申された。経済審議会に諮問したのは岸内閣であったが、受け取ったのは池田内閣であった。

答申に先立って、経済企画庁総合計画局長の大来佐武郎氏が池田総理に説明したが、総理の機嫌は余りよくなかったという。自伝「東奔西走」の中で、「政治的には安保騒動後のイメージ転換を図らねばならなかったろうし、下村氏の高度成長論を取っていた池田首相からみると、一〇年倍増という原案では小さすぎる、もっと高度成長が可能なはずだ、ということであった」と書いている。

経済審議会の答申を受けて、これを閣議決定する過程で、与党との調整が必要となる。与党自民党の主流は「宏池会」である。その宏池会の政策研究の場として「木曜会」があった。その有力メンバーには日本開発銀行設備投資研究所所長になっていた下村治氏がいた。自民党政調会で激論が闘わされたことは容易に想像できる。

自民党の主張は二つあった。一つは、計画の想定成長率7・2％は低すぎるので、もっと高めの成長率を想定すべきだという点である。二つは、本書第六章で述べるように、後進地域の議員を中心とする、「太平洋岸ベルト地帯構想」と農業問題に対する反発である。大来局長らが必死に調整努力をした結果、ようやく妥協が成立し、原案に1枚紙の但し書きを付けて計画は12月27日に閣議決定された。その但し書きの前半の成長率に関しては、「少なくとも当初の3年間は、9％程度の成長を目途とする」と書かれた。後半は、農業と中小企業の近代化の推進、後進地域の開発促進のため全国総合開発計画を策定することなどが盛り込まれた。

当初3年間の経済成長率の実績は、1961（昭和36）年11・8％、1962年8・6％、1963年8・7％であった（いずれも1990（平成2）年価格の実質成長率）。その後も高度成長は続き、「40年不況」の影響で、1965（昭和40）年に5・7％となった以外は、1970（昭和45）年まで、10％を超える高度成長が続いたのである（1990（平成2）年基準による実質GNPの対前年増加率）。

●経済計画の性格、政府の役割

「国民所得倍増計画」では、第一部の総説の第一章「計画作成の基本的態度」の中で、わが国の経済計画の性格が述べられている。まず、自由市場を基調とする体制の下での経済計画であるという前提に立って、経済活動の分野を二つに分けている。一つは、国が直接の実現手段を有する政府公共部門である。二つは、

22　金融財政事情研究会編『日本経済の成長力』中の下村治「日本経済の成長力と成長理論――各氏の批判に対する総括的反論」p104、105

基本的にその活動を企業の創意工夫に期待する民間部門である。そして、政府公共部門に関しては、できる限り具体的で実行可能性のある計画をつくる。一方、民間部門については、予測的なものに止め、必要な限りにおいてのぞましい方向へ誘導する政策を検討した、としている。

第二部「政府公共部門の計画」では、第一章「計画における政府の役割」として次の4点をあげる。第一は、社会資本の充足である。道路、港湾、鉄道、空港等の輸送施設、電信電話等の通信施設、工業用地、用水などの産業基盤の強化をはじめ、住宅、上下水道、病院、厚生福祉施設等の社会諸施設の整備と拡充、さらに国土保全施設の強化を図ることを掲げ、これら分野への計画期間中の投資額16兆1300億円（昭和35年度価格）を提示した。これ以降、道路5ヶ年計画、港湾整備5ヶ年計画などの事業別の5ヶ年計画がつくられるようになり、経済計画において、部門別の事業費が配分され、これに基づいて事業別の5ヶ年計画の事業費が決まる仕組みとなった。この枠組みを基準に、毎年度の公共事業予算が要求されるので、経済計画の中で最も注目されたのが、この事業別の事業費配分であった。この表は、大平内閣の「新経済社会7ヵ年計画」まで掲載されていたが、それ以後の計画では、この表が示されなくなった。それとともに、経済計画の注目度が薄れたと言えよう。

第二は、教育訓練等による人的能力の向上および科学技術の振興である。工業高校の定員増や訓練のための体制整備とともに、理工系大学の定員の早急な増加計画や国内における独創的研究開発の推進のための研究投資総額を昭和33年度の4倍にすることが計画された。科学技術立国の始まりである。

第三は、社会保障の充実と社会福祉の向上である。年金、健康保険、社会福祉など一層の制度の充実を図るとともに産業間の激しい労働力移動に対応できるよう失業保険の整備を図ることとしている。

第四は、民間産業の誘導である。政府は、企業活動の環境を整備しつつ、これを好ましい方向に誘導する立場に立つという基本的態度の上で、市場経済の機構に対する補正として、企業活動に介入を必要とする分野として二つをあげている。一つは、電力、ガス、運輸、金融の業種である。公益事業的観点から介入を是認したものであろう。これが「護送船団方式」と言われる保護行政によってバブルの温床を形成したことは記憶に新しいところだ。二つは、外国為替貿易については、自由化を積極的に進めることとした。しかし、手放しで自由化するのではなく、これに対応するために「国際競争力を培養し、工業高度化を達成するための新しい産業秩序の形成を忘れてはならない」としている。計画としては、こちらの方に重点が置かれていた。

●自由化が宿命づけられている中で

政府は、これより先、1960(昭和35)年1月に「貿易・為替自由化計画大綱」を決定していた。1960年4月現在商品貿易自由化率40%を3年以内に80%に、為替自由化について経常取引の2年以内原則自由化を掲げた。しかし、資本取引については、国内経済の健全な発展に悪影響のないよう留意しつつ、逐次、規制を緩和するという方向だけが示され、具体化は約束されなかった。

1952(昭和27)年8月14日にIMF協定に加盟し、また、1955(昭和30)年9月10日にGATT(関税及び貿易に関する一般協定）に加盟したときから、自由化の方向は宿命づけられていた。国民所得倍増計画の自由化戦略は、資本自由化は後回しにして、まず貿易為替の自由化を段階的に進めるものであった。その間に「工業高度化」すなわち、付加価値の高い産業の国際競争力を増大することに重点を置いた。これらの産業については、世界的な自由化の進展により、世界の所得の増大に応じて輸出を伸ばし、これが国内産業の労働生産性を引き上げ、国際競争力を強化させていった。この時期の日本経済は、世界貿易の自由化の恩恵を最も大きく享受したといえよう。それが、日本の商品貿易の自由化率の引き上げに寄与した。なお、資本取引の自由化のための戦略が重点になったのは１９６７（昭和42）年３月に閣議決定された「経済社会発展計画」であった。

国民所得倍増計画は、確かに高度経済成長を牽引したが、所得倍増政策の結果には光と影の部分がつきまとっている。

光の部分は、ほぼ完全雇用を達成したこと、また、所得格差が縮小し、いわゆる「中流階級」が国民のマジョリティになったことである。ちょうど薪・炭から石油へとエネルギー革命が起こったこともあって、社会の様相をまったく変貌させたのもこの政策の効果であった。

一方、影の部分としては、「高度成長のひずみ」と言われたいくつかの現象があった。その第一は、消費者物価の上昇である。国民所得倍増計画では、特に物価の変動については想定していなかった。総供給と総需要が最終的に均衡して長期的には物価が安定的に推移すると考えていた。しかし、現実は、消費者物価の騰勢は著しかった。1961（昭和36）～1963年平均で6・5％上昇したあと、1964（昭和39）年には3・9％と落ち着きを見せたが、1965（昭和40）年には、いわゆる「昭和40年不況」にもかかわらず、6・7％と再び上昇した。その要因は、高度成長がきっかけとなり、労働需給が逼迫して、農業や中小企業など低生産性部門の物価が上昇したためである。当時これは、「生産性格差インフレ」と呼ばれ、低生産性部門の構造対策が大きな課題となった。

ちょうど筆者が経済企画庁に入庁した頃のことである。経済企画庁長官は藤山愛一郎氏であった。藤山大臣は、物価上昇率7％を段階的に5％から3％へと低下させる「七五三」対策を提唱していた。大臣の私的諮問会議として「物価問題懇談会」（「物懇」と呼ばれ、中山伊知郎氏が座長であった）を設立して、寡占価格の引き下げや当時消費者物価指数の中で大きなウエイトを占めていた米価の引き下げなどに関しての提言をとりまとめ、記者会見で中山座長が厳しく対策の主張をしたが、消費者物価の騰勢は収まる気配を見せなかった。

第二は、生活環境の悪化である。国民所得倍増計画では、大気汚染や水質汚濁などの公害がふえることを予見して、その防除対策の必要性を指摘してはいた。しかし、企業にとって公害防止施設を増強することはコストアップにつながるため、設備投資に当たっても、能力増強が優先される傾向にあった。また、政府の公害対策も後手に回っていた。こうしたことが1970（昭和45）年ごろに公害問題が一気に爆発する要因になったことは第五章で述べる。

5　日本型福祉社会を目指した「新経済社会7ヵ年計画」

「国民所得倍増計画」のあと、佐藤内閣で「中期経済計画」（1964（昭和39）年11月閣議決定）、「経済社会発展計画」（1967（昭和42）年3月同）および「新経済社会発展計画」（1970（昭和45）年4月同）が策定され、田中内閣で「経済社会基本計画」（1973（昭和48）年2月同）、三木内閣で「昭和50年代前期経済計画」（1976（昭和51）年5月同）、そして大平内閣で1979（昭和54）年8月に「新経済社会7ヵ年計画」がそれぞれ策定された。19年間に6つの経済計画がつくられたわけである。計画の平均寿命は約3年だった。長期政権の佐藤内閣以後、同じ自民党であったが、内閣が頻繁に交代した。内閣の政策を体系的に示す手段として、経済計画が用いられたので、内閣が替わる度に計画が改訂された。

三木内閣においては、経済政策は、副総理兼経済企画庁長官に任命された福田赳夫氏に任されていた。「昭和50年代前期経済計画」の策定も福田赳夫氏が仕切った。第一次石油ショック後に日本経済を襲った戦後初の「スタグフレーション」（不況とインフレの同時進行）を福田氏は「全治3年」と診断して、第七章で述べるような強力な金融・財政引き締め策と「日本型所得政策」によってみごとに終息させた。その後の安定的な経済発展と充実した国民生活の姿を描こうとしたのが「安定した社会を目指して」という副題の「昭和50年代前期経済計画」であった。三木内閣のあと政権を担った福田赳夫氏は、自前の経済計画をつくることに意欲を燃やした。

●「昭和50年代前期経済計画の推進報告」

筆者は、1976（昭和51）年7月に国土庁計画・調整局総務課長補佐から経済企画庁総合計画局計画課長補佐に異動した。経済企画庁長官は、副総理兼任の福田赳夫氏だった。庁内には、緊張感がピーンと張り詰めていた。福田赳夫長官の下で作業がなされた「昭和50年代前期経済計画」は、既に5月に閣議決定されていた。その計画は、計画期間（昭和51〜55年）中の平均実質経済成長率6％強のもとで、計画期間を3段階に分けて経済の推移を想定していた。

すなわち、1976（昭和51）年度においては、景気の着実な回復を図り、計画の前半の1978（昭和53）年頃まではやや高めの成長を維持し、経済の各種のバランスの改善を図り、後半には安定成長路線の定着を図ることを経済政策運営の基本方向としていた。そして、その基本方向に沿って政策運営がなされて、計画の実があがっているかどうかを、経済審議会が毎年検討して、その後の政策運営のあり方を政府に報告することとされていた。これは、「推進報告」と称して、経済審議会の事務局を務めている総合計画局が原案をつくり、経済企画庁各局および関係各省と調整して、経済審議会総合部会に提出し、そこで審議の上政府に報告することになっていた。

筆者は、昭和51年度の「推進報告」の原案作りの担当になった。推進報告では、計画の「経済の各種バランスの改善」に着目して、マクロの需給バランス、物価、雇用バランス、国際収支バランス、財政バランスなどに関する状況を点検した。

経済審議会総合部会に、原案を提出したところ、経済学者の内田忠夫氏（1923年〜1986年）が立ち上がって、「私はこの推進報告には反対です。なぜなら、財政バランスを物価、雇用、国際収支などと同列にしているからです。財政は、手段であって、物価、雇用バランス、国際収支バランスなどの改善は政策の目的です。手段と目的を同列に扱うのには違和感を持ちますので、意見として申し上げておきます」とだけ述べて、用事を理由に退席した。その後もいろいろな意見が出て活発な議論が交わされたが、最後に、総合部会長の石原周夫氏が何事もなかったように、「本案を経済審議会の報告として政府に提出します」と宣言して原案通りになった。

財政バランスの改善は、「昭和50年代前期経済計画」の重要な柱であった。石油ショックと狂乱物価による戦後初めての「スタグフレーション」から脱却する過程で、財政出動を余儀なくされたことがしばしばであった。1975（昭和50）年度の補正予算では、1965（昭和40）年度以来の特例国債の発行が始まり、建設国債も増発された。1975（昭和50）年度には9・4％だった一般会計歳出（当初予算）に占める国債依存度は、1979（昭和54）年度には39・6％にまで高まるのであった。財政バランスの改善は、政府として重大な関心事項であり、計画期間中に特例国債依存からの脱却を図ることを目標にしていた。財政赤字がどんなに拡大しても、他の政策目的を達成するための手段だから放置してよいとは言い切れない。もちろん、後の1997（平成9）年ごろの橋本内閣の失敗例に見るように、他の政策目標をまったく無視して財政目標のみの改善を目指してもうまく行かないことがある。内田忠夫氏は、「財政バランス改善至上主義」の考え方に警鐘を鳴らしたのかも知れない。

結局、1977（昭和52）年1月11日に閣議報告された「51年度推進報告」では、需給面、雇用面などの経済バランスの改善がやや遅れているものの、昭和51年度経済は、総体としては、ほぼ計画の見込みどおりに進展していると結論付けた。

しかし、1977（昭和52）年度に入ると、計画の想定と実績が相当かけ離れる傾向が出て来た。1977（昭和52）年度「推進報告」（1977（昭和52）年12月21日閣議報告）の原案も筆者が担当した。そこにおいては、想定と実績との間に「かなりの乖離」があるとし、また、「民間投資が計画で想定した55年度の水準にまで盛り上がることを期待することは困難であろう」と指摘し、「政府投資を中心とする内需拡大策と安定成長下の経済構造への転換を図るための構造政策の重要性について提言した。

さらに、1978（昭和53）年1月30日に経済審議会企画委員会（谷村裕委員長）から公表された「昭和55年度経済の暫定試算」では、民間設備投資などの需要項目の伸びが鈍く、「特例国債からの脱却は昭和57（1982）年度までずれ込む」ことになると想定した。

ここに至って、計画で示した「安定成長路線への移行」というシナリオが破綻しつつあることが明らかになった。新しい経済計画の策定準備作業を始めなければならない時期にさしかかっていた。三木内閣は退陣し、替わって福田赳夫氏が内閣総理大臣になっていた。筆者は、総合計画局の総括課である計画課の次席の課長補佐であった。総括課長補佐の土志田征一[23]氏と相談して、新しい計画作りの準備を始める必要性をペーパーにまとめ、総合計画局長の喜多村治雄氏に随行して大臣室へ行った。経済企画庁長官は宮澤喜一氏であった。宮澤氏は過去2回経済企画庁長官を務め、この時は事実上の副総理で、次期総理の呼び声も高かった。総合計画局の考え方は、「昭和50年代前期経済計画」は、まだ石油ショック後の経済的混乱が収まらない時期につくられたし、その後の推移が計画の想定とかなり乖離してきたので、指針としての機能を失っている。石油ショック後の新たな安定成長路線へのシナリオを示す必要性は明白だ、というものだった。宮澤大臣も当然ゴーサインを出すものと考えていた。

ところが、いつもと同じく快活に、「よしきた。やりましょう」という返事を期待していたわれわれは、あっさり裏切られた。宮澤氏は、片手を頬に当てて首をかしげたまま考え込んでしまった。宮澤氏の頭脳は、フル回転していたに違いない。考慮の要素には、世界経済の先行き、石油価格の動向などの他に、自分が政権の座に就くまで待たせるという選択肢もあったかも知れない。ややあって、「一年先の事もよく分からない今の情勢で、5年、7年先のことを考えることができるだろうか。君たちは若いねえ。僕などとてもその気にならないよ」と言い、しばらく自分に預からしてくれ、と判断を留保した。局員は失業状態になった。

●はじめてアメリカの地を踏む

筆者は、たまたま、マンスフィールド駐日アメリカ大使から、アメリカ国務省のビジター・プログラムとして、1978年中の好きな時期に、1ヶ月間米国の好きなところへ行っていいという誠に結構な招待を受けていた。この時をおいてその招待を受ける機会はないと思い、おそるおそる計画課長の岩崎隆氏（故人）に申し出た。アメリカでは、大統領府に「経済計画庁」を設置して経済計画の立案と運営に当たるという条項を中核にした「ハンフリー・ジャビッツ法案」を修正した「ハンフリー・ホーキンズ法案（1978年完全雇用・均衡成長法案）」が議会において審議中で、アメリカにも経済計画を導入する必要性の是非が議論になっていた。[24] この帰趨を調査することを主目的に、費用アメリカ国務省持ちの米国出張を願い出たのである。課長は局長と相談の上、あっさり出張を認めてくれた。

筆者が、ハンフリー・ホーキンズ法案の存在を知ったのは、それより2年ほど前、経済企画庁30周年記念式典における中山伊知郎氏の講演だった。中山氏は、ダニエル・ベルの〝The Cultural Contradictions of Capitalism〟という書物を引用しながら、戦後の日本経済において、経済領域の原理である能率に対して、政治と文化の領域の原理たる公正と自己実現の要求がいかに挑戦的課題として表れてきたかを語り、所得の平等や文化的な問題を経済計画や経済運営の中に取り込む必要性を説いた。これに関連して、純粋資本主義

23　1940年〜2007年　のちに経済企画庁調整局長、日本経済研究センター理事長、専修大学教授を歴任
24　塩谷隆英「アメリカ版『経済計画』のゆくえ――ハンフリー・ホーキンズ法案をめぐって」（社団法人経済企画協会編集『ＥＳＰ』1978年7月号所収）

のアメリカでも、失業というもっとも公正を阻害する問題を解決するために、経済計画を導入しようとする動きがある点に注目すべきことを示唆し、ハンフリー・ホーキンズ法案の名を挙げたのである。

筆者にとってアメリカの土を踏むのは初めてだった。羽田空港を先方指定のノースウエスト航空機で出発し、アンカレッジ、セントポールなどを経由して、20時間ぐらいかかってワシントンに到着した。ワシントンのマサチューセッツ・アヴェニューにあるホテルに着いたときは、ふらふらで、ベッドに倒れ込み、翌朝まで泥のように眠った。翌日ブルッキングス研究所近くのプログラム受入事務所に行って1ヶ月の行程を相談した。会いたい人がいればできるだけ会わせる。見たいところがあればできるだけ見せる。目一杯希望を述べよという。

アメリカに経済計画を導入すべきだと主張する旗頭はワシリー・レオンチェフ（1905年～1999年）ニューヨーク大学教授（元ハーバード大学教授）だった。MITのレスター・サロー（Lester Thurow 1938年～2016年）教授もそれに共鳴していた。サロー氏は、その前年に東京のアメリカンセンターで講演したので、氏の意見の大体は知っていた。その時、筆者は、日本の経済計画が想定成長率より実績が大きく上回って3年ぐらいで改訂せざるを得ない実情を話して、市場経済体制のもとでは計画をつくってもすぐ実績と乖離してしまう。それでも計画をつくる意味はあるのか質問してみた。彼は、「実績が計画を上回るなんて『ハレルヤだ！』素晴らしいことじゃないか。問題にすることではない。市場経済でも、企業にとってマクロ経済の指針は必要だ」と大仰な手振りで応えてくれた。

他方、アメリカに経済計画は要らないという議論の頭目は、連銀理事のヘンリー・ウオーリック氏とセントルイスにあるワシントン大学のワイデンボーム教授（Murray Weidenbaum　1927年〜　のちに大統領経済諮問委員長）だった。その4人にまず会いたいと言うと、すぐにアポイントメントを取ってくれた。

また、アメリカの自然に触れてみたいと思ったので、昔ディズニーの映画で見たフロリダのエバーグレイズ国立公園とグランド・キャニオン国立公園を見たいと希望した。そのほか、ワシントンではホワイトハウスを見たいと言うと、「大統領には会えないだろうが、執務室が空いていれば見せよう。大統領が机の上に足を載せて仕事をしているかも知れないぞ」などと冗談を言って、それも計画に加えてくれた。当時のカーター大統領は、そんなにお行儀が悪いとも思えなかったが、オーバル・ルームと言われる執務室をのぞいてみる機会があればありがたいと思った。ロスアンジェルスでは、ボーイングの航空機製造工場とレモンかグレープフルーツの畑も見てみたいと言った。2日後には、それらの希望を全て盛り込んだ旅程をつくってくれた。

休日にはディズニーランド見物も入れてあった。日本人の通訳も同道してくれることになった。彼は、行く先々でレンタカーを借りて運転までしてくれた。初めてのアメリカがまったく予想外の大名旅行になった。

筆者は、鎌倉で育ったので、戦時中の空襲被害を知らないし、大学に入学した時には安保闘争は収束していたので、上の世代の一部のようにアメリカに対する屈折した感情を持っていたわけではない。しかし、この体験によって、いっぺんに「親米派」になった。行く先々で、ボランティアの人々が空港とホテルの送迎や市内見物を世話してくれた。セントルイスでは、パン屋のおやじさんがブッシュ球場でカーディナルスの練習風景を見せてくれた。この経験は、のちに国民生活局審議官の時、ボランティア活動に関する国民生活審議会報告をまとめる時におおいに参考になった。これが元になって、議員提案のNPO法人法案ができた。エバーグレイズ国立公園では、レンジャーがモーターボートでマングローブの森を案内して、珍しい動植物を見せてくれた。グランドキャニオンでは谷を縫うようにして飛ぶ遊覧飛行機に乗せてくれた。

●アメリカの計画経済論争

レオンチェフ教授は、気さくなおじいさんで、ニューヨークのワシントン・スクエア近くの研究室を訪ねると、「近くにおいしいイタリアン・レストランがあるから昼食をご馳走しよう」とリトル・イタリア街に案内してくれた。途中道ばたの花売りから花を買って、それをウエイトレスにプレゼントして「ここに居ればマフィアに襲われる心配はないんだ」などと冗談を言っては、まわりの人々を笑わせていた。

アメリカに経済計画が必要な理由を彼は巧みな比喩を使って快活に語った。「どこかへ行こうとする時には、地図を見てどの道を通れば早く目的地に着くかをあらかじめ検討するだろう？　経済計画は、地図のようなものなんだ。アメリカ経済にも地図が必要なんだ。経済計画を示せば、どの経路をたどれば、早く、安全に国民の幸せという目的地の方向に向かって行けるかを人々に知らせることができるだろう？」また、こんなことも言った。「スエーデンの大蔵大臣は、私のハーバード時代の教え子だが、私の言いつけを守って経済計画を導入してうまく経済運営をした。アメリカの教え子達は私の教えを守らないので困る。」

レオンチェフ氏の考える経済計画とは、決してソ連のような計画経済を意味していない。競争原理と利潤動機は、一国の経済という船を前進させる風のようなものである。この風が船を動かすためには、自由企業体制という帆を上げていなければならない。しかし、船が望ましい目的地に向かって進むためには、舵がなければならない。この舵の役割を果たすのが政府の経済計画であるというのである。この経済計画を導入するにあたって、まず行わなければならないのは、諸官庁の政策の調整であり、そのためには、各省が同じデータ、同じモデルを使って、いくつもの代替案を作ることから始めるべきである。ちょうど4人の人間が車に乗ってある目的地へ旅行する場合、一つの地図を基に議論をするのと似ている。そのことによって、どの道を通って行けば最も効果的に目的地へ到達できるかの選択が可能になる。違った地図を使ったのでは、いつまで経っても議論が果てないで、意思決定ができないだろう。どの道を行くかは政治的決断が必要だが、どの道がフィージビリティ（可能性）が高いかは、政府の計画によって提示できる、と言う。しかし、いま議会で審議されているハンフリー・ホーキンズ法案は、「失業者を非生産的な仕事でもいいから雇えという考え方に立脚している。根本思想はケインズ的なものであり、結局財政支出を増大させ、労働のミスアロケーションをもたらし、アメリカ経済の能率を下げることにつながる」と手厳しかった。

連銀理事のウオーリック氏は、「ハンフリー・ホーキンズ法案は、政治的なゼスチュアに過ぎません。抜け穴だらけの法案です。この法案は通過するでしょう。しかし、大統領がそれほど熱心に実施するとは思えません。アメリカで経済計画を行えば、政治家がこれを利用して、色々な約束をし過ぎ、必ずインフレを引き起こします。投資が促進されずに、消費が助長されてしまうのです。つまり資源が無駄に使われ過ぎてしまうのです」と言いきった。

筆者は、「経済計画で投資を誘導することだってできるのではないでしょうか」と、わが国の「国民所得倍増計画」が投資促進にかなりの役割を果たした例を引いて質問すると、「日本には経済計画がうまく機能する基盤があります。ホモジーニアス（同質的）な社会ですし、規律の国です。公のことでも私的な面でも、闘争や競争よりも、コンセンサスを通ずる集団的な意思決定の仕方を好みます。このやり方は、他国者には、しばしばスローでグズに見えますし、何も決めないという印象を与えます。しかし、一旦、皆がある決定に同意したならば、全員が行動し、しかも強力です。それにひきかえ、アメリカの公的意思決定の方式は、競争と対決です。一方が何とか51パーセントの賛成を得れば、全ての勝利を得るのです。このような国でこのような時に、経済計画を提案するのは誤りです。日本ですら最近経済計画通りに投資が起こらないということではないですか。ましてアメリカの環境では、戦時を除いては、市場機構の方が計画よりもはるかにすぐれていると思います」と、市場機構のメリットを説いてよどみがなかった。

サロー教授は、机の引き出しを引っ張り出して、それに大きな足を載せて親しげに対応してくれた。東京のアメリカン・センターで筆者が質問したことは覚えていなかった。彼は、日本経済のことをよく知っていて日本経済における経済計画の役割を評価しているようだった。

ワイデンボーム教授は、大学の食堂で同僚教授と一緒に会食しながらインタビューに応じてくれた。同僚教授は中国問題の専門家で、ひとしきり中国経済の話に花が咲いたあと、計画の話になった。彼は、どの企業にも経営計画がある。これで十分だ。そのほかに経済計画を作る意味はないと断言した。後に大統領経済諮問委員長を務めることになるのだが、市場経済に全幅の信頼を置いているように感じた。

余談であるが、筆者は、幼いころからアメリカに行くことがあったら、何より訪ねたい場所があった。それは、3歳で死別した母のたけが1933年から34年まで留学していたコロンビア大学であった。母は、旧姓を四宮と言って、聖路加看護専門学校を卒業したあと同校研究科（いまの大学院）の第一期生として公衆衛生学を学びロックフェラー奨学生としてコロンビア大学教育学部で看護教育を学んだらしい。帰国後は、聖路加看護専門学校から1935（昭和10）年1月に出来た「東京市特別衛生地区保健館」に派遣され、保健指導と国の公衆衛生技術官の養成訓練に携わっていたらしい。いまで言う保健師の養成をしていたようだ。なおこの保健館は1944（昭和19）年に東京都立中央保健所となって、今でも存続している。家庭に入ってからは、戦時中だったこともあり、アメリカ留学のことはほとんどしゃべらなかったらしい。ワシントンのプログラム事務所で母の留学の痕跡を確認したいと希望を述べるとそれも叶えてくれることになった。コロンビア大学に行ってみると、母がいた教育学部のウイッターホールという寮は改装されて名前も変わっていたが、事務局のドクターの称号を持つ男性が親切に案内してくれて、「ここがあなたのお母さんが昔住んでいたところです」と部屋まで見せてくれた。母がどんな科目を履修したのかを知りたいと言うと、ＯＫ

と言って、すぐマイクロフィルムを検索して母の成績表をコピーしてくれた。40年以上前の、しかも日本からの一留学生の成績表が保存されているアメリカのすごさに度肝を抜かれた。

●福田首相の下での経済計画

羽田空港から出国して、帰国したときは、開港したばかりの成田空港に着陸した。役所に出ると、筆者の机には3年後輩の平野正宜氏が座っていた。土志田征一氏が次の大臣の秘書官待機となり、筆者が土志田氏のあとの計画課総括課長補佐で、平野氏が次席の課長補佐になるということだった。間もなく、宮澤大臣から、計画をつくるかどうかについて、一度参与の皆さんの意見を聞いてみよう、ということになった。経済企画庁には参与という特別職があり、円城寺次郎、大来佐武郎、有澤広巳、中山伊知郎などの大御所が委嘱されていた。参与会議は、普段は月いっぺん開かれ、月例経済報告について審議し、大所高所からの意見を拝聴する会議であった。その時の臨時参与会では、円城寺参与が「このような混迷の時代だからこそ日本経済の進むべき方向を示す指針のようなものが必要だ。新しい経済計画を作る必要がある」と主張し、他の参与もこれに同調した。宮澤経済企画庁長官が計画策定作業の開始を許可したのはその少しあとだった。計画策定作業の段取りをつけるのは総括課長補佐の仕事である。机の上にうず高く積んである資料を片付けて臨戦態勢に入った。

1978（昭和53）年5月19日に経済審議会企画委員会の中にワーキンググループを設置して、計画の基本的課題の検討を開始した。メンバーは、内田忠夫、宇沢弘文、安場保吉、伊東光晴、石弘光、辻村江太郎などの経済学者にお願いした。総合研究開発機構（ＮＩＲＡ）に同じメンバーの研究会を作ってもらい、土曜日の朝から午後まで、集中的に議論を重ねた。

議論の中心は、１９８５（昭和60）年度までを対象期間として、①中期的な貯蓄投資バランスと需給バランスの確保の方向、②中期的な対外均衡の目標と方向、③中期的な労働需給の動向と完全雇用の確保、④中期的な物価安定の方向、など新計画の基本的な課題となる中期的なマクロ経済バランスについてであった。7回の会合で、８月末には、中期的な政策運営のシナリオと経済フレームが固まった。「経済の構造変化を踏まえて経済各分野のバランスがとれ、中程度の成長が持続する安定成長型経済と構造政策の重要性」が提言された。これが新しい計画の基本的考え方になった。

一方、総合計画局においても、７人の計画官とそのスタッフを総動員して、産業構造の中期的方向と労働需給と設備投資の動向などの検討を行った。その作業を見極め、計画のおぼろげな姿が浮かび上がったところで、１９７８（昭和53）年9月2日に経済対策閣僚会議において、新しい経済計画の検討に着手することが決定された。

9月25日には、経済審議会が開催され、福田赳夫総理大臣から、「国際経済社会におけるわが国の新しい役割を踏まえ、経済各面における長期的構造変化に対応しつつ、わが国経済の安定的発展を図り、充実した国民生活を実現するための長期経済計画いかん」との諮問が行われた。

その諮問文を最終的に相談するために、喜多村総合計画局長に随行して総理官邸の福田総理の部屋を訪ねた。福田総理は、世界貿易の伸びをどのくらいに想定したかを尋ねた。大体5％強に想定していたと思う。その答えに、福田総理は「きみ、そりゃ楽観的すぎるぞ」と慎重な見方をするようにと指示した。この指摘は、核心をついていた。第一次石油ショックが欧米諸国に与えた影響は大きく、その後遺症で世界経済の成長は鈍く、1978年7月のボンサミット以降、アメリカ、西ドイツとともにわが国が「機関車」となって、世界経済を牽引しなければならなくなっていたのである。

念願の自前の経済計画をつくることができるということで、福田総理は上機嫌であった。「総理のおっしゃることはよく分かりました。慎重に検討します」と総理室を退出しようとすると、「ちょっと見ていけよ。日本棋院から名誉八段をもらったよ」と言って、桐の箱に収められた認定書をわれわれに見せてくれた。何でも当時の政界で最高位とのことだった。

この経済計画は、策定作業を開始してから、状況が大きく変わり、受難の計画となった。最初の試練は、その秋の自民党の総裁選挙で、福田赳夫氏が大平正芳氏に敗れたことであった。「天の声にも時には変な声もある」との名言を吐いて福田総理は退陣して、1978（昭和53）年12月7日に大平内閣が成立した。経済企画庁長官は、宮澤喜一氏から小坂徳三郎氏に替わった。福田総理が経済審議会に諮問した経済計画の作業は終わりに近づいており「概案」を企画委員会にかけて公表する手はずが整っていた。

過去の経済計画でも、国民所得倍増計画は、岸内閣で経済審議会に諮問し、池田内閣になって答申がなされた。また、中期経済計画は、池田内閣で諮問、佐藤内閣になって答申が行われたように、諮問したときと答申が行われ閣議決定された内閣が違う例はあった。しかし、このときのように、ほぼ完成間近に内閣が替わった例はなかった。

●大平首相の「田園都市国家」

まず、大平総理の政権構想がよく分からなかった。大平氏は、かねてより、「田園都市国家」が国家の究極的理念だと言っていた。大平氏が過去に色々な雑誌に書いた「田園都市国家構想」に関連すると思われる断片をちりばめて、とにかく福田色からの軌道修正を図った。12月30日の企画委員会の審議を経て公表した「計画の基本構想」にはこんな一節があった。「都市の持つ高い生産性、良質な情報と民族の苗代ともいうべき田園の持つ豊かな自然、潤いのある人間関係とを結合させ、健康でゆとりのある田園都市づくりの構想を進める。」あわてて文案を作って局内に回すと「苗代《なわしろ》」を「なえだい」とは何かね、というような質問が出る笑い話もあった。この一節は、翌年1月に行われた大平総理の施政方針演説にもそのまま引用された。それより前、1977（昭和52）年11月4日には、国土庁計画・調整局長の下河辺淳氏が中心となってとりまとめられた第三次全国総合開発計画（三全総）が閣議決定されていた。その基本的なコンセプトは、全国を水系中心に300ほどの「定住圏」に分けて定住の条件を明らかにしたことである。

大平氏は、後に、「田園都市構想は、今後相当長期間にわたって、国づくり、社会づくりの道標となるべき理念である。個々の政策はすべて、この理念に照らして吟味され、その配列が決められていく」という趣旨の発言をしている。また、「三全総の『定住圏構想』よりも、より広い理念的なもので、人間の内面的なものに関心を持つ質的色彩のより濃いものである」とも言っている。[25] 大平総理の意図を確かめる時間も、十分な検討時間もなかったので、計画に大平総理の哲学を十分盛り込めなかったのは残念であった。とにかく急場しのぎの総論を付け、福田総理時代に作った「概案」を「基本構想」という表題にして「昭和54年度経済見通し」および予算編成との調整を図ることとした。

1979（昭和54）年1月22日の企画委員会において、1月6日の公共投資小委員会（吉国二郎委員長）で決定された、公共投資を昭和54～60年度の7年間で累積240兆円支出する案を含む計画の中間答申案「新経済社会7ヵ年計画――ゆとりと生きがいのある社会を求めて――」が了承された。成長率の想定は、平均5.8％になっていた。自民党の河本敏夫政調会長は「6％台にしなければ経済計画を作る意味はない」と高度成長路線を主張していたが、大平総理からは「機械から出た通りにしなさい」という指示が伝えられていた。中期多部門モデルのシミュレーション結果を尊重せよとの指示と受け止めた。

この中間答申の案を大平総理に了承してもらうため、喜多村局長に随行して総理官邸に行った。初めて大平総理の謦咳に接したのだが、大平氏の風貌は、大哲学者のように重厚な感じがした。

この案は、累積240兆円の公共投資を行って社会資本を充実させることが柱になっていた。それは、部門別の配分表を伴っていたが、これも事務局案通り総理の了承を得た。構成比で見ると、「道路」が全体の

19・2%、下水道廃棄物処理施設、都市公園などの「環境衛生」が14・0%、学校施設などの「文教」が8・7%、「国土保全」が7・4%であった。このシェアは、昭和40年代とほとんど変わっていない。航空機の時代が到来していたので、喜多村局長の指示で何とか「航空」のシェアを上げようと努力したが、シェアを0・1%上げて1・1%にするのがやっとだった。公共投資の世界も既得権益によってがんじがらめに縛られてしまっていることを強く感じた。なお、公共投資の配分表が計画に掲載されるのは、この計画が最後だった。公共投資関係省庁との調整は経済企画庁の手に余るものになってきたのであるが、基本的には、財政が逼迫してきて、5年先までの公共投資の計画を立てる余裕がなくなってきたからであろう。

説明の最後に、副題について、事務局から三つの案を示して総理に選んでもらうと、「ゆとりと生きがいのある社会を求めて」という最初に並べてある案を選んだ。その時の、はにかんだ少年のような顔が忘れられない。こういう場合、事務局案は、最もふさわしいと事務局が考えるものを最初に並べることが多い。大平総理は、多分事務局の意図を忖度して、これを選んだような気がした。はにかんだような顔つきに「もっといい案がありそうだが、事務局がいいならこれにするか」というような心の内が読み取れた。なお、この副題は、第二次石油ショック後の見直しによって削除された。その時も総理にお伺いを立てると、やはりはにかんだような顔で、「もう『ゆとり』でもあるまい」と言った。鶴の一声で、本計画には副題を付けない

25 「田園都市構想研究グループ」（座長：梅棹忠夫）の第1回会合における大平総理の発言の趣旨

ことになった。この見直しで成長率も、0・1％下げて5・7％の想定になった。

●第二次石油ショックと東京サミット

1979（昭和54）年1月16日にイランのパーレビ国王がエジプトへ出国し、替わって2月1日にホメイニがイランに帰国して、2月11日にイランのイスラム革命が成功する、という激震が走った。OPECは、石油価格を段階的に引き上げることを決定していたので、火に油を注いだごとくに勢いを増し、東京サミット（6月28、29日）に合わせてOPEC総会を開き、石油価格の大幅引き上げの構えをみせていた。第二次石油ショックである。先進国は、これに対抗して、石油輸入量の削減を企図して、東京サミットの宣言の中に、1985年における国別石油輸入目標量が盛り込まれることになった。

東京サミットは、対OPEC戦略を議論する場になった。2日目の会議が始まる前の早朝、筆者は、経済企画庁調整局長の宮崎勇氏から電話をもらった。宮崎氏は、経済企画庁を代表して大平総理の補佐役としてサミットの会議をフォローしていた。あとで聞いた話だが、首脳だけの会議の席上で、ジスカールデスタン仏大統領が自ら鉛筆をとり、各国の石油輸入割当量を書く場面があったそうだ。日本は、日量600万バーレル程度に輸入を抑えるべきだ、と書いたらしい。

宮崎勇氏の電話は、経済計画の作業では、日本の石油輸入量をどの程度に見込んでいるかという質問であった。その時までに経済計画の作業はほとんど終了していた。経済フレームの基礎として石油の輸入量は、日量690万バーレルと想定してあった。これだけの石油輸入量がないと、日本経済は成り立たないことになっていた。その旨を答えると、宮崎氏はすぐ大平総理に伝えたようだ。宮崎氏からの連絡で、計画のエネルギー部門を担当している通産省出身の高木電源開発官が、数字をもってサミットが開かれている赤坂迎賓館へ急いだ。

このあたりの事情の正確なところは明らかになっていない。宮崎氏は著書[26]の中で次のように述べている。

たまたま企画庁で中期計画をつくっていて、石油の需要計画では七〇〇万バレルだった。ところが首脳が議論していると、日本がそんなに使ったら困るということで、六〇〇万バレルという数字がジスカールから出てきたんですね。やはりホスト役の大平正芳首相が会場を出たり入ったりされていました。エネルギー担当は橋本利一通商局長だった。サミットは迎賓館でやっているんですが、迎賓館の横に仮設住宅をつくり、われわれ事務方はそこに待機していたんですが、大平さんがときどき入ってきて、どうなっているとかこうやっているという話がありました。一日目から石油問題で揉めましたから、あとで大平さんは食事も喉を通らなかったと言っておられました。「七〇〇万を通そうと思うけれど、他のメンバーもみんなジスカールの六〇〇万に近い低い数字だ、どうしようか」と言っていた。

26　宮崎勇『証言　戦後日本経済』p216、217

田中六助官房長官も仮設住宅の事務局に詰めていたんですが、「宮崎君、どうだ」と言われるから、「計画の七〇〇万ができないと日本経済は困ります」と言ったら、「そうかそうか、総理に強く言う」と言って、総理が来られても、「計画がひっくり返りますから、総理、七〇〇万で頑張って」と言われた。総理もそれでやっているし、橋本さんはエネルギー担当の各国の担当官とやっているわけです。そこでも埒があかない、会議でも揉める。

最後に大平さんが出てきて、田中さんが「総理に頑張ってもらわないと困る、宮崎局長も言っている」と言ったら、大平さんが「宮崎君の数字はいつもサバを読んでいるから」と言う。「そんなことありませんよ」と言ったんですけれど、結局大平さんは妥協されました。結果として大平さんが正しかったんです。それは石油節約が予想以上に日本で実行されて、七〇〇万バレルもいらなくなったからです。そのときには大平さんに冷やかされました。

われわれが伝えた数字は確かに690万バーレルだったが、宮崎氏は、それを四捨五入して丸い数字にしたのか、「サバ」を読んだのか、いまとなっては確認のしようがない。

結局、わが国の1985（昭和60）年の輸入石油の目標に付いては、「1日当たり630万バーレルから690万バーレル（年間約3・65億kl～4億klに相当）の間の範囲を超えない水準を採用する。日本はこの目標を定期的に検討し、かつ、時々の進展及び成長見通しに照らしてこれを一層明確なものとし、またより低い数値に近づくために、節約、利用の合理化及び代替エネルギー源の熱心な開発を通じて、石油輸入を削減するよう最善を尽くす」とされた。

小坂徳三郎経済企画庁長官は、記者会見で「宮崎はよくやってくれた。宮崎が日本を救った」と言ったそうだ。[27] ジスカールデスタン大統領が600万バーレルを主張してそれが決まりそうだというニュースが飛び込んで来たとき、総合計画局内は、この計画の命運も尽きたので作業を中断しようかという雰囲気だった。しかし、検討中のエネルギー見通しが採用されたというニュースに、局の雰囲気は一転し、「救国の計画だ」などと言い出す人もいた。

しかしながら、日本経済の省エネルギー努力は驚くべきものがあった。計画の目標年次であった1985（昭和60）年における石油輸入量の実績は、1・98億キロリットルで、われわれの想定のちょうど半分であった。日本経済の適応能力のすばらしさを誇るべきであろう。

東京サミットの合意等を踏まえて、7月3日の閣議において、新計画について所要の再点検を行う旨の方針が了承された。そこで、経済審議会にエネルギーの専門家7名で「エネルギー需給見通し検討グループ」（座長：上野幸七関西電力相談役）を臨時に設置して、石油輸入量の縮減の可能性などについて精力的な検討がなされた。また、7月19日には経済審議会および総合部会の合同懇談会が開かれ、広く各界の意見を聞いた。

27　宮崎勇『証言　戦後日本経済』p217

以上の再点検作業を経て7月27日に企画委員会において新計画の答申案がまとまり、8月3日の総合部会において円城寺次郎経済審議会会長から大平総理に対して「新経済社会7ヵ年計画」が答申された。政府は、8月10日にこれを閣議決定した。

●「新経済社会7ヵ年計画」の内容

「新経済社会7ヵ年計画」における、経済運営の基本方向は、①経済各部門の不均衡の是正、②産業構造の転換とエネルギー制約の克服、③新しい日本型福祉社会の実現、の三つである。経済各部門の不均衡の是正として最も重点を置いたのは、雇用バランスの回復、すなわち完全雇用の達成である。昭和30年代から40年代前半にかけての高度経済成長の結果、ほぼ完全雇用は達成されたものと考えられた。しかし、第1次石油ショックと成長率の屈折により、雇用情勢は一変した。1975（昭和50）年度には完全失業率は2・0％になった。

「昭和50年代前期経済計画」においては、「完全失業率が計画期間末（1980（昭和55）年度末）には、1・3％台に低下するよう努める」となっている。しかし、今後は、家庭の主婦の職業意識が高まり労働市場にとどまる傾向があること、産業・職業構造の転換が進む過程で、過渡的に失業が生ずる可能性があることなどから、計画の目標としての完全失業率を「1・7％程度以下」とした。これを達成するための雇用に関する具体的な施策としては、特に①中高年齢者に対する雇用対策、②知識集約化、サービス経済化の方向に対応した雇用機会の拡大・創出、③労働時間の短縮、週休2日制の一般化、をあげた。

財政不均衡の是正に関しては、間接税に焦点を置いた直間比率の見直しによって対処しようとした。第二次石油ショックによってもたらされた不況は、第一次石油ショックほどではなかったが、それでも政府は、大規模な財政拡張政策の発動を余儀なくされた。これによって悪化した財政の立て直しが大きな課題であった。そのため、国民所得に対する税負担率を１９７８（昭和53）年度の19・９％から１９８５（昭和60）年度に26・５％程度にまで引き上げることを見込んだ。

わが国の税制は、シャウプ税制以来直接税に重点が置かれてきた。間接税負担率は、欧米主要国に比較してもかなり低く、しかも、長期にわたって一貫して低下してきた。当時の物品税のような個別の間接税をあげていくことにすると、収入面で限界があるばかりでなく、経済に対する中立性を著しく害するおそれもある。このため、「一般消費税（仮称）を昭和55年度中に実現できるよう、諸般の準備を進める」こととした。これを前提に7年間に累積２４０兆円の公共投資を行い、社会資本を整備するとともに、輸出中心でなく、国民の価値観の多様化に対応した内需中心の経済成長を目指すこととした。

その結果想定される成長率は、１９７８（昭和53）年度価格で、年平均5・8％（のちにエネルギー制約を考慮して5・7％に修正）とした。「国民所得倍増計画」以来、累次の経済計画では、経済成長率は、実現を目指すべき目標に近かった。しかし、この計画では、諸般の政策を実施した結果として想定される数値と観念された。したがって、計画の本文中には成長率の数字は記載されず、参考資料1「昭和60年度経済の展望」

の中に示されているだけであった。

高度成長に慣れた当時の経済常識から見れば、5・7％成長というのは、低成長に見えたが、戦前の水準あるいは先進諸国の水準と比較すれば、相当な高成長であったことは確かだ。計画の認識では、「中成長」だった。

この程度の成長では、社会福祉の充実に十分な資源を回すことが困難だと考えられた。そこで、家族や近隣地域社会の機能を見直し、公的福祉とバランスをとって国民生活の安定と充実を図ることを考えた。これを計画では「日本型福祉社会」と呼んだ。総合計画局審議官の高橋毅夫氏の発想だった。総合計画局内に、高橋審議官をヘッドとする自発的な「第三の道研究会」が出来て、ヨーロッパ型の福祉国家の道でも、アメリカ型の民間中心の小さな政府型国家の道でもない「第三の道」を模索した。つまり、中成長のもとで、「中負担中福祉」を追求しようとした。

計画の原案を閣議決定する前に与党自民党の政策調整審議会での議論があった。一般消費税導入に関して、主として中曽根派に属すると見られた議員から、大平総理糾弾ともとれる質問が続出して議論は紛糾した。喜多村総合計画局長が答弁に立とうとするのを遮って、司会していた河本政調会長が「これは経済企画庁では答えにくいでしょうから、私が答えましょう」と、一般消費税導入の必要性を蕩々と述べた。午前10時に開会して、昼を過ぎて午後2時ごろになっても会議が終わらず、心配した官房長の山口光秀氏（故人、のちに大蔵事務次官）が駆けつけてきたという一幕もあった。

1979（昭和54）年秋に行われた総選挙では、一般消費税の導入が争点となり、天候悪化による投票率の低さもあって、自民党が大敗した。筆者は、ニューヨークの地で、計画の命運がどうなるのか心配していたところ、1980（昭和55）年1月26日の経済審議会において、経済計画についての見直しの報告書が出され、平均成長率は5・5％になり、一般消費税導入は白紙撤回された。

日本経済は、二度の石油ショックによって戦後初のスタグフレーションに陥り、経済各部門のバランスが著しく悪化した。「新経済社会7ヵ年計画」は、そのような日本経済について、成長の中身を内需中心のものに転換しつつ中成長軌道に乗せることを日指した。また、直接税に偏した税制に対して一般消費税の導入によって国民負担の在り方を見直し、家庭や近隣地域社会の機能をも重視した「中負担中福祉」の「日本型福祉社会」を作ろうとした。しかし、計画策定直後の総選挙で自民党が敗北し、その政治状況を挽回しようとした総選挙の最中の1980（昭和55）年6月12日に大平総理が急死したことによって、理念としても政治的マニフェストとしても画期的な「新経済社会7ヵ年計画」は、敢えなく瓦解した。

第五章

行政の先駆け役を果たした国民生活局

1965（昭和40）年6月1日に経済企画庁に国民生活局が設置された。国民生活局は、日本の中央省庁の行政機構としては、極めてユニークな存在だった。多くの先駆的行政実績を残して、経済企画庁が消滅したあとも内閣府にそのまま移管された。他の「調整局」、「総合計画局」、「物価局」および「調査局」の名称は弊履のごとく打ち捨て去られたが、「国民生活局」の名前を廃止するのは、国民の目が光っていて躊躇されたのだろう。国民生活局は、その後消費者庁に拡大改組されて、いまなお消費者行政の中心として存在している。以下では、『国民生活行政20年のあゆみ』[1]と筆者の体験等によりながら、国民生活局設置の背景とその行政が果たした役割を見てみよう。

1　国民生活局の設置の背景

●必ずしも国民生活向上につながらない経済成長

昭和30年代は、高度経済成長の時代だった。イノベーションによる産業の近代化によって、ほぼ完全雇用が達成された。昭和39年度版国民生活白書によれば、「昭和38年の一人あたり国民所得は、公定レートで526ドル、購買力平価（同じ品質の財を同量買える円とドルの比率を考慮した為替レート）で747ドルとなり、西欧先進国の一角に追いついた」と記されている。しかし、高度経済成長は、必ずしも生活の向上にはつながっていないという認識が強まった。

それは、主として、次の点に表れていた。第一に、生活環境施設の整備が十分でない。食料品や衣服などは豊富に出回り、衣食に関しては戦前の水準を凌駕した。また、家庭電化製品などの耐久消費財の普及は欧米諸国と遜色はない。しかし、住宅と下水道、市街道路、都市公園などの生活環境施設は、依然として貧弱のままである。同じ国民生活白書によれば、「住宅は、アメリカを100として、日本と同じように壊滅的戦争被害を蒙った西ドイツの58に対して日本は29である。さらに、下水道、道路などの社会資本の水準は、西ドイツが28であるのに対して日本は19である」という。

第二に、大量生産大量消費の時代になって、多種多様な商品が出回ったが、中には欠陥商品によって、消費者の身体、生命の安全が脅かされる例も多くなった。例えば1955（昭和30）年に起きた森永ドライミルク事件である。乳児用粉ミルクにヒ素が混じっていた事件で、正確な統計はないが、約1万2000人の被害者が出て約130人が亡くなったと言われている。[2] また、1962（昭和37）年にはサリドマイド事件があった。これは、妊婦が飲んだ睡眠剤・鎮静剤に、ドイツでは既に被害が出て販売中止になっているサリドマイドが含まれていて、奇形児が生まれたという事件である。被害者は約1300人、亡くなった人は約300人と言われている。[3]

1　経済企画庁国民生活局編集『国民生活行政20年のあゆみ』（大蔵省印刷局　1985年）
2　及川昭伍・田口義明『消費者事件　歴史の証言』（民事法研究会　2015年）p2
3　及川昭伍・田口義明『消費者事件　歴史の証言』p3

第三に、1960年代になって、消費者物価が上昇してきた。高度経済成長によってほぼ完全雇用のもとで雇用者の賃金水準も上昇してきたが、農業や伝統的中小企業、サービス業などでは、賃金の上昇を生産性の上昇でカバーしきれずに、賃金コストの上昇を価格に転嫁せざるを得なかったのである。特に生鮮食料品価格やサービス料金の上昇率が高かった。

こうした問題に行政的に対応するため、例えば、1961（昭和36）年には東京都に「消費経済課」が、1962（昭和37）年には経済企画庁の所管する国民生活の諸問題を調査研究する特殊法人「国民生活研究所」[4]ができ、1963（昭和38）年には農林省に、1964（昭和39）年には通産省に、それぞれ「消費経済課」が発足した。このように消費者行政が活発化するにつれて、各省の施策を調整し、その整合性を確保する必要性が高まって来た。これが国民生活局設置の機運を盛り上げた背景の一つである。

●「国民生活向上審議会」の設置

高度経済成長のひずみに対応するという名目で、1961（昭和36）年5月に経済企画庁長官の諮問機関として「国民生活向上審議会」が設置された。会長は、1960（昭和35）年～1963年が東畑精一氏、1964（昭和39）年～1965年が大原総一郎氏である。なお、1965（昭和40）年6月1日から「国民生活審議会」と名称が変わったが、1968（昭和43）年まで引き続き大原総一郎氏が会長を務めた。この審議会の1963（昭和38）年6月の二つの答申がさらに国民生活局の設置を促した。

答申の第一は、生活環境施設についてであった。住宅、下水道、公園緑地、通勤輸送、公害等を取り上げ、生活環境施設整備の基本的方向として、①日常生活圏の整備を中核とした地域社会計画の確立、②生活環境施設整備の効果を高めるための総合調整の必要性、③整備基準の設定等生活環境改善のための実効的手段の確保、④人口の過度集中の抑制等施設整備を図る前提条件の改善等が指摘されている。

第二は、消費者保護についてである。まず、国民のすべてを含む消費者は、国民経済における最大の集団であるにもかかわらず、行政全体が生産中心に傾き、消費者ほど保護されていない集団はないと言い、消費者の自覚、行政の認識の高まりの中で、国民経済全体のためにも消費者行政を充実すべき時期に来ていると、消費者保護の問題を意義づけている。次いで、消費者は、基本的には、商品・サービスを自由に選択する権利があるが、これを保証するものとして、①商品・サービスが適正な品質、内容をもち、安全であること、②価格、取引条件が自由・公正な競争によるものであること、③表示・広告が適正なものであること、という三つの具体的前提条件を示している。この時期の審議会としては、かなりはっきりものを言っている。

そして、現行の消費者保護行政には、統一性が不十分、新しい事態への対処が不十分など種々問題点があり、これらを解決するために、第一に、消費者保護行政を強化するため、法律の整備、被害者救済措置の整備、法施行機関の整備強化、消費者意向の行政への反映、消費者組織の自主的活動の促進、消費者教育の推

4　国民生活センターの前身。1970（昭和45）年5月、これを改組して特殊法人「国民生活センター」が設立された。

進、研究機関の整備が必要であるとする。第二に、消費者保護行政専管機構の拡充強化、消費者委員会の設置などにつき検討するとともに、さしあたり、関係各省の担当機構の強化拡充と統一的見地からの総合調整機関の新設、拡充強化が必要である、と言う。このように、この答申で初めて消費者保護を目的とする行政機構の新設が意識された。

●ケネディ大統領の「消費者の権利保護特別教書」

また、この時期の前後に国民生活局の新設を促進した動きがあった。一つは、1962年3月のケネディ大統領による「消費者の権利保護に関する大統領特別教書」である。この中で、アメリカ連邦政府は、消費者の利益を増進させる特別な義務を負っているとし、消費者は、①安全を求める権利、②知らされる権利、③選ぶ権利、④意見を反映される権利という四つの権利を持っていることを宣言した。そして、これらの権利の完全な実現を促進するためには、現在の政府の施策を強化し、行政組織を改善し、ある分野においては新しい法令を制定すべきであることを訴えた。ケネディ大統領が凶弾に倒れた後を継いだジョンソン大統領は、この教書を受けて1964年2月に議会に特別教書を送り、消費者問題担当大統領補佐官の任命と消費者利益に関する大統領諮問委員会の設置を報告するとともに、いくつかの新立法を議会に勧告した。

二つは、1964（昭和39）年9月29日の臨時行政調査会（第一次臨調　佐藤喜一郎会長）の「消費者行政の改革に関する意見」である。この意見は、Ⅰ消費者行政の意義とその必要性、Ⅱ消費者行政の現状、Ⅲ消費者行政の確立と強化、Ⅳ勧告の4章から成っているが、勧告には次のような意見が盛り込まれていた。

①各省の消費者行政を統一的見地から総合調整するため、経済企画庁に消費者局を設ける必要がある。

②学識経験者、消費者代表および各省代表よりなる消費者行政評議会を経済企画庁に付置し、内閣総理大臣ならびに関係大臣の諮問に応ずると共に、積極的に消費者の意見を反映させることが必要である。

③地方公共団体においても必要に応じ、消費者行政専管の担当課を設けて関係部局の総合調整を行い、中央行政機構と歩調を合わせて消費者行政の強力な推進を図り得るよう指導することが必要である。

『国民生活行政20年のあゆみ』の中で、「臨時行政調査会は各省庁の統廃合を含め、行政の簡素化を図るために設置された委員会であるが、新たに機構の設置を勧告したことはまったく異例のことと考えられる」というコメントを残している。消費者行政の総合調整部局を新設することがいかに緊要だったかが窺われる。

三つは、1964(昭和39)年11月に発足した佐藤内閣が「社会開発」を政権の旗印として掲げたことである。国民所得倍増計画を引っさげて登場し、高度経済成長を演出した池田内閣の後継の佐藤内閣としては、ライバル池田への対抗心もあってか、高度経済成長のひずみ是正をテーマに掲げて政権を運営しようとしたと思われる。首班指名を受けた第47回臨時国会において、佐藤総理は、所信表明演説で、「経済の成長発展は、社会開発を伴うことによって国民の福祉と結びつき、真に安定し、調和のとれた社会をつくり出すことが可能であります」と述べている。

「社会開発」とは、１９５０年代から国連などで使われていたSocial development のことである。経済開発（Economic development）と社会開発との適正な均衡という概念は、１９６１年12月19日にケネディ大統領が開発途上国の問題に本格的に取り組むことを訴えた「国連開発10年」の決議に結実した。[5]『国民生活行政20年のあゆみ』の中では、「『健康にして文化的な生活』を国民が営むことのできるよう、国民経済の成長と人間としての向上発展との調和を図るため、長期的な展望のもとに経済開発と均衡のとれた諸施策（社会開発）を積極的に推進するということである」と解説している。

●宮崎勇氏の回顧から

１９６５（昭和40）年2月2日に国民生活局設置を内容とする経済企画庁設置法の一部改正案が閣議決定された。臨調の「消費者局」でなく、「国民生活局」としたのは、狭義の消費者保護のみでなく、国民生活の理想像を想定し、その実現のため、各種施策の果たすべき役割と位置づけを行うこととしているので、その業務内容にふさわしい名称としたとされる。[6]「消費者」という言葉には、「生産者」に対抗するニュアンスが含まれている。高度経済成長の渦中にあった当時は、各省庁も与党自民党も生産者優先思想が主流派だった。支援官庁を持たない消費者団体は、政府中枢から見ると、何かというとオシャモジを掲げてデモをする反対勢力に見えたのだろう。そのような雰囲気の中で、体制にたてつく「消費者」を保護する局という名前は抵抗が大きかったように想像する。当時の立案者の苦衷が窺える。いまや、堂々と「消費者庁」と名乗りを挙げて、政府の中枢で重要な仕事をしているのを見ると、今昔の感に堪えない。

国民生活局を設置するための経済企画庁設置法の改正案作りや予算要求の作業は、長官官房に置かれた国民生活局準備室で行われた。室長はアメリカ駐在日本大使館参事官から帰任した矢野智雄氏だった。宮崎勇氏が実質上の室長代理、室員には白井和徳氏[7]、海野恒男氏[8]などがいた。宮崎勇氏は、その頃のことを次のように回顧している[9]。長くなるが当時の微妙な雰囲気を伝える証言なので引用しておく。

> 例えば福祉の問題は当然厚生省にも関わりがある。厚生省の権限はこれこれだから、社会保障について、こういうところは入れてはとか、言ってくる。
> それから消費者行政をやる場合、一番気にしていたのは同じような仕事をやっていた通産省です。こ

5　星野進保『政治としての経済計画』p323に引用された舘稔「社会開発についての解説」（人口問題研究所研究資料163号　1965年）
6　『国民生活行政20年のあゆみ』p11
7　故人、のちに総合計画局長、国土庁計画・調整局長などを歴任
8　故人、のちに物価局長、総合計画局長、経済企画審議官などを歴任
9　宮崎勇『証言　戦後日本経済』p170～172

れも通俗的な言い方をすれば、通産省の消費者行政はどちらかと言えば生産者側に立っていて、消費者から苦情を言ってきたり問題があっても、生産者の側に立って問題を解決するという考え方が強かった。それから物価に関しては公共料金の問題が中心でしたから、例えば鉄道料金を所管している運輸省との交渉ですね。ほかに電気・ガス料金、郵便料金等々、各省が、調査権限はどうだとか、規制はどうやるかと色々言ってきて、先方は自分たちの権限は守りたいから、その権限調整が非常に大きな仕事でした。

しかし全体としては、時代が時代ですから、各省ともそれはけしからん、とまったく否定的にはならなかった。

その際、予算をつくるわけですが、非常に力になってくれたのは、当時企画庁官房長の村上孝太郎[10]さんです。この人は非常にやり手の大蔵省の主計官でした。有名な話ですが、防衛庁が出してきた予算を見ながら、食事の材料をこういうふうに用意するという要求があったので、それがどの程度調達できるか、みずから朝早く市場に行って予算要求書とチェックして、これは無理だとか合っているとかやったという話です。それから予算要求が気にくわなかったらテーブルをひっくり返して、「もう帰っちゃえ」と言うような荒法師で有名だった人です。

その村上さんは生活局の新設にはたいへん積極的で、法制局にも話をしてくれる。予算要求のときには、自分の後輩の主計官にどんどん要求してくれる。

その中には、基本的な消費者物価や製品の普及率などを総合化して——私たちは生活連関表と呼んでいたんですが——ちょうど産業連関表と同じような、生活に関連する総合的な指標をつくろうというものもありました。それはアイディアとしては面白かったたし、ぜひやらなくてはいけなかったんですが、理論付けが非常に難しい。どういう統計を組み合わせると生活の実態を反映出来るかという問題は非常に難しかった。本来なら、それを理論化する統計を二〜三年試行錯誤でつくった上で、予算をください、とやるわけですが、そこを省略して、こういうものをつくりたいと、予算要求書を出した。その中には、よその国、特に北欧諸国が進んでいるだろうから、調査団を北欧中心に何カ国かに出すというような経費まで盛り込んだのです。

大蔵省に持ち込んだときには、村上さんは大蔵省に戻られて官房長になっておられた。「こういう予算が出てくるからよく見てやれ」と官房長が主計局長、主計官に言っている。それでびっくりした主計官がよく検討してみたけれど、生活連関表なんてよくわからない。こんなものできるかどうかわからない。普通なら、こんなもの駄目だと主査か主計官の段階でゼロ査定になると覚悟していたんですが、亘理彰さんという私と同年次の主計官がやって来て、「宮崎さん、こういう予算が出ているんだけれど、これは何に使いますか」と聞くので、「こういうふうに使うんだ」と細かく説明しました。そうしたら「あ

10　1916年〜1971年　のちに大蔵省官房長、同主計局長、大蔵事務次官、参議院議員などを歴任

あそうですか」と言う。結局彼もよくわからなかったと思うのですが、「宮崎さんがそう言うなら、官房長からも言われているし」ということで、百パーセント満額回答をくれました。大蔵省はその点では非常にバックアップしてくれました。

もちろん大蔵省としても多少は省益がある。公共料金はあちこちで上げろという話があります。先ほど言った交通料金も、ある程度大蔵省も面倒を見なければいけない。それから米や麦の値上げのときにも面倒を見なければいけない。それを抑えるためには生活局を強力につくらなければいけない。そういうことで共通の利害関係があったと思うんですが、結果として非常にスムーズに行ったということがあります。そして物価政策課では大蔵省から課長を迎えるということになった。大蔵省はその物価政策をテコにして、公共料金を抑えたと思います。

2　消費者の側に立つ行政

●中西一郎氏の回顧から

国会における審議は順調に進み、国民生活局は呱々の声をあげた。

農林省官房長から初代国民生活局長になった中西一郎氏は、のちに出身地神戸を地盤に参議院議員となった。1985（昭和60）年当時次のように回顧している。[11]

着任して驚いたのは、先ず、国民生活局に与えられた部屋のことであった。当時の経済企画庁は、今の大蔵省の建物のなかにはいっていたが、その三階の数十坪。家主の大蔵省もそうであるが、大蔵省内にあった経済企画庁首脳も、随分と〝国民生活局を重要視し好遇していますよ〟という気持ちを具体的に表そうとしたように思われる。

着任して挨拶をすませて局長室に入ると、壁も塗り直してあるし、調度も簡素ながら新品揃いである。この配慮にも感謝したが、中央のデスクに沢山のきれいな盛花が所せましとばかり飾られていたのである。今でこそ、大抵の役所の局長室には花が飾られていないところはないと思うが、当時としては花の歓迎に息をのむ思いをしたのである。如何なる人からの好意かと思ったら、その花々の中央にオシャモジが入っていて、「主婦連合会」と達筆な文字で墨書してあった。奥むめおさんが会長であったが、参事官（後の審議官）一名と国民生活、消費者行政、物価政策の三課からなる新しい国民生活局には、この主婦連合会だけでなく、数多くの婦人団体が大きな期待を寄せていたことを想い出す。物価統制令が生きていて、物価閣僚懇談会があって、わが物価政策課を通過しない物価、料金の値上げは一切出来なかったし、消費者行政課では、あの有名なケネディの消費者の四つの権利〝安全を求める権利・知らさ

---

11 『国民生活行政20年のあゆみ』の中の中西一郎氏の「思い出の記」より　p49

れる権利・選ぶ権利・意見をきいてもらう権利〟を錦の御旗にした新しい行政分野、国民生活局では、経済をともすれば生産サイド、流通サイドから見がちであったのを、生活者のサイドから点検するという、これも新しい行政分野というべきものであったから、国民生活局は発足するや直ちに時代の寵児になったかの感があった。

……………………

私が国民生活局長として仕えた大臣は高橋衛、藤山愛一郎、宮澤喜一、政務次官は伊東隆治、鴨田宗一、金子一平の各先生方、事務次官は松村敬一、中野正一、川出千速各氏の時代であった。何れも温かく条理を尽くして、御指導いただいたし、参事官や各課長をはじめ局員の方々からいただいた御厚誼にここにあらためて御礼を申し上げておく。

最後に、あのとき私が国民生活局長になるのを断っていたらと考えないでもないが、私にとっては望外の経験をさせていただいた天運にいまもって感謝している。

国民生活局は、望ましい生活水準の策定、消費者保護、生活基盤の整備その他日常生活の改善のための政策、物価安定のための政策に関する企画立案および総合調整ならびに国民生活白書の作成を主要な所掌事務にして発足した。課としては、国民生活課、消費者行政課および物価政策課の3課によって構成された。局長、参事官を含めて定員は44名、1965（昭和40）年度の予算は5800万円であった。

●矢野智雄氏の回顧から

初代の国民生活局参事官（現在の審議官）は矢野智雄氏であった。矢野氏は、戦時中に三井物産に入社して、しいたけの買い付けなどを担当したが、戦後できたばかりの経済安定本部に転じ、一貫して経済審議庁から経済企画庁に籍を置いた。後藤誉之助氏の後任の在ワシントン日本大使館参事官（景気観測官）、調査局長、国民生活局長、総合計画局長、経済企画事務次官を歴任した。役所を退官したあと、再び三井物産の常務取締役に迎えられた。同期に入社した人々は、まだ役員にもなっていなかったので、居心地が余りよくなかったと聞いたことがある。矢野氏の回想によって、基礎づくりの時期の国民生活局を垣間見てみよう[12]。

昭和三九年二月初め頃、ワシントンの大使館に勤務していたが、経済企画庁から「近く新設される国民生活局の参事官に予定しているので、四月一日までに帰国せよ」とのお達しを受け、一カ月ほど欧米の消費者行政を視察しながら、予定通り帰国した。しかしその年は、料金認可などの物価行政が厳しくなることを懸念した運輸業界の抵抗もあって、設置法案が国会を通らず、宮崎勇君や海野恒男君らとともに生活局準備室で待機せざるをえなかった。そうして四十年六月一日ようやく生活局が発足してその

12 『国民生活行政20年のあゆみ』の中の矢野智雄「生活局の思い出」より p155

参事官になった次第である。

初代局長には、生活局の発足が遅れたため、当初予定の江上フジ氏（故人、当時ＮＨＫ考査室次長）に代わって中西一郎氏（当時農林省官房長）が就任した。もともと判断力と政治力に定評があった中西局長の指導と、大原総一郎国民生活審議会長や中山伊知郎物価問題懇談会長の叱咤激励によって、生活局は初めから使命感に燃えていた。そうして、経済は生活に奉仕すべきであるという理論構成を築く傍ら、個別対策の推進にも全力投球した。官製カルテルの疑いがある牛乳の指導価格を廃止させるとか、ほぼ決まっていた生産者米価の値上げを撤回させるなど、当時の生活局はかなり強引なこともやったが、それも基礎作りの一つだったわけである。

思えば、ナンバー・ツーとして新設部局の運営に当たったのは、経済研究所についでこれが二度目だったが、それまでは調査研究部門ばかり歩いていただけに、生活局参事官としての約2年間はたいへんいい経験になった。

その後いったん生活局を離れて二年半ほど経った四四年一二月、局長として再び生活局に戻ってきた。この時はわずか七カ月の在任で、国会開会中だけのピンチヒッターみたいなものだった。当時、全官庁を通じて最も国会滞在時間の長い局長だと言われていたようだが、とにかく朝から晩まで国会のなかを走り回っていたことは確かである。なにしろその頃の生活局は、生活と物価のほか水質保全まで所管するようになっていた。しかも二つの法案（国民生活センター法と水質保全法改正法）を出していたのである。

まず物価だが、たまたま消費者物価が急騰していたため、国会からの質問が連日二、三〇問を下らなかった。さらに厄介なのは水質保全で、それもちょうど「公害国会」と呼ばれる時期（引用者注：後に「公害国会」と呼ばれる臨時国会は、一九七〇（昭和四五）年一一月二四日から二五日間開かれた第64回国会のこと。その頃の国民生活局長は宮崎仁氏であった。それ以前から国会は公害問題一色だったことは確かである）にぶつかっていた。特に水質汚濁問題が洞海湾を皮切りとしてにわかにクローズアップされ、これまた連日、質問攻めに遭った。生活や物価問題だと、どんな質問でも最後は一般論で逃げられるが、水質問題はそうはいかない。「○○川で魚が浮き上がった。どうする積もりだ」と追及されると、問題が特定され、すぐ具体策に結びついてしまう。テレビカメラを意識していきり立つ野党議員の度重なる質問に、同じ回答を七回繰り返して切り抜けたこともあったが、忍耐の要る仕事である。それでも質疑応答だけならどうということもないが、法案の審議に絡んでくると、そうはいかない。

国会というのは面白いところで、同じ省庁の同じ局が出している二つの法案を、別々の委員会で同じ日の同じ時刻に審議するなど、いっこうに頓着しない。両方に同時に出席できるはずもないが、「あちらに出席するからこちらには出られない」とは口が裂けてもいえないのが辛い。「こっちの方はどうでもいいんだな」といびられるに決まっているからだ。結局三〇分刻みぐらいで行ったり来たりするほかはない。そうすれば、内心では掛け持ちを承知の委員会側も、当方の誠意を汲んで説明員（引用者注：当時国会と関係が多くなりそうな局長は、あらかじめ衆参両院の議長の了承を得て内閣から任命された政府委員になることが多く、それ以外の主として課長クラスが委員長の許可を得て国会に出席する場合にはこう呼んでいた）による繋ぎを黙認してくれた。

こうして在任中はほとんど国会に詰め切り、局長室に戻るのは午後7時過ぎることが多かった。そんな調子だから、国会関係以外の仕事については余り記憶がない。強いていえば、仕事といえるかどうか、愛媛からハマチとエビを冷凍トラックに載せてきて、役所の玄関口で直売したことがある。始めは銀座の歩行者天国でもと思ったが、血の雨が降ると脅かされて場所を変えた。それでも翌日、山口シズエ政務次官のところへ、選挙区の魚やさんが大挙押し掛けて来るというハプニングがあった。新聞では「士族の商法」とかいって冷やかされたが、流通コストが無駄だとか、産直をやる手続き上の障害など、実地に体験してみたかったのである。

ところで、法案の方は、佐藤一郎長官の尽力と、岩田幸基国民生活課長や白井和徳水質保全課長らの補佐によって、二つとも無事に可決され、間もなく国会が終了すると同時に、総合計画局へ移った。体力と忍耐力の勝負の国会から解放され、こんどは多少知的なこともというわけでもないが、早速、計画の手法を生活優先に切り替えるべく、学者諸氏の協力をえながらＮＮＷ（引用者注：Net National Welfare ＝国民福祉指標のこと。ＧＮＰによって評価されていない市場で購入できない財貨・サービス等による人々のニーズや公害等のマイナス面を貨幣で計測してこれを加除することによって、国民福祉の指標にしようとする試みだった。一九七一（昭和四六）年五月に経済審議会にＮＮＷ開発委員会（委員長篠原三代平一橋大教授）

を発足させて検討が進められた。世間からは、かしら文字をもじって「なにが・なんだか・わからない」などとからかわれたこともある）と国民選好度調査を手掛けることにした。生活局時代の余韻が残っていたせいでもあろう。

3　公害対策先進国をリードした水質汚濁防止法

●水質公害課への異動

１９７０（昭和45）年7月に筆者は、経済企画庁国民生活局水質公害課（旧水質保全課）に配属された。当時経済企画庁は大蔵省のビルに居を構えていた。その北側2階の大部屋に水質公害課と水質調査課が机を並べていた。この二つの課は、「水質二課」と呼ばれていた。水質公害課の陣容は、課長が白井和徳氏、課長補佐が農林省から出向の西川俊幸氏、係長クラスには自治省、建設省、通産省から出向してきた一騎当千の精鋭がそろっていた。経済企画庁のプロパーは、筆者と入庁2年目の小林勇造氏[13]のほか庶務担当者が2名いただけだった。

西川課長補佐は、頭の回転の速い法律知識の豊富な事務官であった。役所の文章の言い回しにも習熟して

13　故人、国土庁計画・調整局長、内閣府政策統括官などを歴任

いて起案文書などはいつも真っ赤になるほど修正された。しかし、修正された箇所は一々納得でき、教えられることが多かった。自治省出身の野口氏には、大分県への出張のお供をさせてもらった。経済企画庁へ出向する前は大分県財政課長をしていたとかで、行く先々で大もてだった。決して尊大ぶらず、部下に優しかった。法案作成に際して、地方自治体への権限委譲を熱っぽく語った。

　建設省出身の牛島氏は、他の事務官が法案作業に忙殺されているとき、水域指定の作業を一手に引き受け、地道な努力を続けていた。通産省から出向していたのは、筆者と大学時代男声合唱団仲間で1年先輩だった米村紀幸氏だった。音楽のセンスは抜群で、男声合唱団では学生指揮者を務めた。筆者とは気心が知れていて仕事がし易かった。白井課長の人柄もあって課内の結束力は固かった。毎晩夜中過ぎまで仕事をしたが、寸暇を惜しんで遊びもした。

　白井課長は、筆者と経済企画庁との縁をとりもってくれた恩人だった。上級職（現在は第一種）は、まず国家公務員試験に合格し、各省庁の面接の洗礼を受けなければならない。当時は公務員試験の2次試験の発表があると、一斉に各省庁を回って、今で言う「就活」を行う。各省庁は、まだ公務員試験に合格するかどうか分からない学生の面接をして、独自の基準で採用の内定を行う。筆者が大蔵省の友人の推奨で経済企画庁を訪れたとき、白井氏は長官官房の調査官というポストにあって採用担当官だった。面接後5分もたたないうちに腕をつかまんばかりにして官房長の澄田智[14]氏の所へ連れて行かれた。澄田官房長は採用内定を即決してくれたが、筆者はある省と掛け持ちをしていて、その省からも採用内定の感触を得ていたので、「一日考える余裕をいただきたい」と言った。すると「色よい返事をお待ちしています」と言われた。その気品のある物腰が強く印象に残り、内心で「ここに決めよう」と思った。後で知ったことだが、国民生活局を設置するときに、経済企画庁プロパーの法律事務官がいなくて苦労した経緯があったらしい。そこへ、法律職でエコノミストの牙城と言われた経済企画庁を志望する変わり者が飛び込んで来たので、「飛んで火に入る夏の虫」だった。澄田氏は、大蔵省の超逸材であるが、当時は知るよしもなかった。

それから4年後の1970（昭和45）年7月のある日、役所の廊下でばったり白井課長と出会った。課長は「今度水質汚濁防止の法律をつくることになった。うちへ来ないか」と言う。筆者は、内国調査課で経済白書の作業中であったが、その作業も終わりに近づいていたので、「いいですね」と返事をした。白井課長は、その足ですぐ秘書課長の所へ飛んで行って筆者の異動を決めてしまったらしい。即断即決の人白井氏の早業であった。エコノミストの修行を半ばに、内国調査課を去るのは心残りではあったが、何事も修行と心得て異動命令には逆らわないことにしていたので、経済白書の閣議報告を1週間後に控えた7月15日に内国調査課から水質公害課への異動の辞令を受け取った。

14　1916年～2008年　のちに大蔵省銀行局長、大蔵事務次官、日本輸出入銀行総裁、日銀総裁を歴任

●個別指定主義の問題点

マスメディアは、連日公害問題の報道で賑わっていた。国会でも田子の浦のヘドロや北九州の洞海湾の水質汚濁の問題で政府の対策の遅れが追及されていた。既に、4月21日に公害対策基本法第9条に基づく環境基準が水質公害課の立案により閣議決定されていた。わが国初めての水質汚濁防止の行政目標を定めることができた興奮も冷めないうちに、水域指定をめぐって水質二課は、まるで火事場のようだった。

当時の水質保全対策は、「指定水域制度」に拠っていた。水質保全法第5条第1項は、「経済企画庁長官は、公共用水域のうち、当該水域の水質の汚濁が原因となって人の健康を保護し、もしくは生活環境を保全するうえで看過し難い影響が生じ、もしくは関係産業に相当の損害が生じているものもしくはそれらの恐れのあるものを、水域を限って、指定水域として指定する」とある。指定第1号には、1962（昭和37）年4月24日に江戸川上流が指定された。本州製紙の廃液による浦安漁民の漁業被害がきっかけになって水質保全法ができたので、江戸川が指定第1号となったのである。

指定するに当たっては、「水質調査」を行うことになっていた。つまり、水質調査の結果、水質汚濁が著しいかその恐れのある水域だけを指定して、そこへ水を排出する工場の排水について、水質基準を設定するという個別指定主義をとっていたのである。経済企画庁の仕事はここまでで、その水質基準の適用は、「工場排水規制法」に拠っており、その法律を所管する主務大臣の仕事になっていた。製造業の工場排水が多く規制されたので、通産省の仕事が最も多かった。公害が全国的な広がりを見せた当時、水域指定をすべき川や湖が次々に表面化した。水質公害課の事務官は1人でいくつもの水域を担当して、水域指定の手続きに、大わらわであった。筆者は、最上川、筑後川および鹿島港地先海域を担当した。水質調査は、ほとんどその水域を管轄する都道府県に委託して行うが、その結果を評価するのは、水質調査課であった。水質調査課長は技官で通産省からの出向であった。2人の水質調査課課長補佐は、それぞれ建設省と水産庁から出向していた。課員は、建設省河川局、下水道課、厚生省水道課、通産省鉱山局、海上保安庁水路部などの技官が出向して来ていた。皆専門家として一国一城の主のような顔をしていた。水域指定と水質基準は、水質審議会の議を経て設定されることになっていたので、連日水質審議会の部会が開かれていた。それは、現地でも開かれた。1970（昭和45）年という年は、部会、現地部会などを含めて水質審議会を1年間に100回以上開催している。

最上川の水域指定の場合、水質審議会委員数名に現地の専門家が車に分乗して、川を視察するところから始まった。最上川は、米沢市に発して山形市を通り酒田市で日本海に注ぐ全長229キロの長大な川である。最上川の流域は山形県の75％をカバーする。つまり山形県に降った雨の大半は最上川に注ぐことになる。川に沿って車を走らせ、ところどころで車を停めては汚染源の事業場で水処理の実態などについて聞き取りをした。ある養豚場を視察した時のことである。そこのおやじさんが、豚の屎尿を処理した水をコップに注いで、「ほれ、この通り。飲んでも大丈夫です」とゴクリと飲んで見せたのには驚いた。

そのようにして東奔西走する課員の間からは、「これでは、『百年河清を待つ』に等しいのではないか。全国の水域をカバーして規制する法律が必要ではないか」という疑問の声が上がった。

確かに、汚れた川を追いかけて規制するというのは、泥棒を捕まえてから縄をなう「泥縄」に等しく、後追い行政の典型である。しかも水質調査には、1年半から2年かかる。全国の公共用水域をすべてカバーする規制制度を作ることができれば、水質保全行政は格段に進歩する。しかし、水質保全行政には関係省庁が多く、経済企画庁だけで制度改正ができるものではない。工場排水規制法の主たる所管官庁である通産省との連携が最も重要だった。

●「経済調和条項」の見直しも検討課題に

1970（昭和45）年6月8日から通産省と経済企画庁の事務官の間で勉強会を開始し、6月15日には、次のような「水質保全行政制度改善の検討事項」をまとめて検討点を明らかにした。その主要点は次のようなものであった。

一　工場排水規制法等実体規制法との一体化について
二　法律の目的における「産業の相互協和」および「産業の健全な発展との調和」などの検討
三　公共用の水域の範囲の拡大について
四　指定水域制度の改善（一律基準の検討）
五　水質調査のための工場立ち入り調査権の創設の検討

六　水質調査結果の公表制度の創設
七　緊急時の措置等の創設
八　法律と条例の関係の明確化
九　工場排水等の実体規制制度の改善
十　関係法令の規定整備

これらの検討事項は、その後の法案検討の過程をリードしたばかりではなく、各省の公害関係法の立案・改正にも影響を与えたと思われる。まさに行政の現場からの提案が立法府を動かして、現実の法律制度となったのである。

なお、検討事項二の意味するところは次のようなことである。すなわち、旧水質保全法第1条第1項は、「この法律は、公共用水域の水質の保全を図るため、これに必要な基本的事項を定め、もって国民の健康の保護及び生活環境の保全と産業の相互協和に寄与することを目的とする」とあり、同条第2項で「前項に規定する生活環境の保全については、産業の健全な発展との調和が図られるようにするものとする」となっていた。1967（昭和42）年に制定された公害対策基本法でも第1条第2項に「産業の健全な発展との調和が図られるようにする」という規定があった。公害問題が深刻な状況下で、この「経済調和条項」をどうするかという議論が起きていた。結論を先取りして言えば、公害対策基本法のこの条項はその年の暮れに開かれた「公害国会」で、削除されることになる。この条項が削除された意義は非常に大きい。わが国の環境行政が飛躍的に発展する引き金になったと言える。

水質保全行政については、経済企画庁と通産省に加えて、厚生省、農林省、建設省、運輸省、自治省、大蔵省の8省庁会議（後に労働省が加わり9省庁会議となる）を度々開いて議論を重ねた。水質公害問題は、事業者が加害者で、被害者は漁民、農民、そして一般消費者というふうに、2項対立の構図で議論されることが多かった。事業者を所管する通産省および運輸省対厚生、農林、建設の各省が連合して活発な議論が行われた。もっとも、同じ省の中にも加害側と被害側の所管が並立しており、議論が複雑になることもあった。自治省は、行政権限を地方公共団体に委譲することに熱心で、強硬な議論を展開した。大蔵省は、公害対策の費用をできるだけ事業者に負担させようと、国費負担の話になると口を挟んだ。大臣レベルでは「公害対策閣僚会議」があり、8省庁会議での検討が直ちに閣僚会議に上げられた。議論の間にも公害問題は止まるところを知らず燃えさかっていたので制度改革は急を要した。結局経済企画庁の提案の線に収束していった。そして1970（昭和45）年8月25日の第3回公害対策閣僚会議において、次のことが決定された。

一　環境基準のうち人の健康に関するものについては、全国一律の基準で定める。

二　生活の環境保全に関するものについては、水質の汚濁に係る環境基準のように自然的社会的条件に応じて作成された類型を具体的な地域または水域に当てはめることが必要な場合には、そのあてはめを行う権限を都道府県知事に委任する。

三　水銀、カドミウム等少量であっても、人の健康に著しい悪影響を及ぼす汚染物質に付いては、全国一律の厳しい基準を適用して常時規制を行う。なお、地形、局地、気象、水量その他の条件から必要な場合には、例外的に地方公共団体がより厳しい基準を設定することができるようにする。

四　上記以外の汚染物質については、国としては規制についての所定の基準を設け、これを今までの非指定地域にも適用するとともに、地方公共団体が当該地域の自然的社会的条件に応じて一定の範囲内で国の定めた基準より厳しい基準を設けることができるようにする。なお、水域が二都道府県にまたがる場合等国の調整を要するときは、所要の調整措置を講ずる。

五　公害が地域的問題であり、地域の実情に即した解決が求められるという特殊性にかんがみ、取締り権限が、地方公共団体の長に委任されていないものについては、委任する方向で検討する。

●「直罰規定」の導入へ

以上は、水質保全対策だけでなく、大気汚染防止対策などの制度改正の指針ともなった。この指針にしたがって、各省庁が一斉に公害関係の規制法の改正や新法作りの作業を開始した。公害対策基本法や大気汚染防止法も一部改正して「経済調和条項」は削除することになった。そのほか、新規に海洋汚染防止法、廃棄物処理法なども提案されることになった。水質汚濁防止法を含め14の法案がそろうことが見込まれたので、1970（昭和45）年11月24日から25日間臨時国会を開くことが決まった。いわゆる「公害国会」である。

水質公害課では、課長補佐を中心に法文の詰めが行われた。筆者は、罰則を担当した。但し、経済企画庁で勝手に罰則を決めることは許されていない。法務省刑事局が他の法律の罰則と均衡をとって決めることになっていた。法務省刑事局の参事官は堀田力氏（現さわやか福祉財団会長）だった。のちに田中角栄総理大臣を担当検事として起訴することになる人である。

筆者は、法務省の堀田参事官のもとへ日参した。夜中の2時ごろまで堀田参事官の審査を受けて、桜田通りへ出てタクシーを拾い堀田参事官を送ってから、一人深夜の道を歩いて役所まで帰ると、毎度のように、水質公害課の部屋では課員が残って仕事をしていた。

堀田氏は、公害規制を厳しくするのに熱心だった。それまでの水質公害規制の体系では、特定施設を持っている工場・事業場からの排水が、水質基準に適合していなかった場合には、主務大臣が改善命令を出して、その命令に従って汚水処理を適正に行わなかった場合に初めて罰則がかかることになっていた。

堀田参事官は、それでは生ぬるいので、「この際、思い切って直罰規定を導入しましょう」とわれわれが初めて聞く罰則規定を置くことを提案した。つまり排水基準に適合しない水を排出した場合に、直ちに罰則が課される制度を導入しようとしたのである。制限速度が時速50キロの道路で80キロ走行したら直ちに罰則（行政罰を含む）が課されるのと同じ考え方である。持ち帰って、宮崎仁国民生活局長に相談すると、局長もそれに大賛成であった。「よしっ。水を汚す奴の息の根を止めちまえ」と元気がよかった。そこで、水質汚濁防止法第12条第1項で「排出水を排出する者は、その汚染状態が当該特定事業場の排水口において排水基準に適合しない排出水を排出してはならない」として、第31条で、「次の各号の1に該当する者は、6月以下の懲役又は10万円以下の罰金に処する」として第1号が「第12条第一項の規定に違反した者」とあるので、排水基準違反者には、この法律で一番重い刑罰が課されることになった。

法文が整うと、次の段階は内閣法制局の審査である。担当参事官が一条ごとに審査をして、法律の体裁を整えて行く。各省ごとに担当部が決まっており、経済企画庁は第4部で、担当参事官は別府政夫氏（故人）だった。別府氏は、通産省出身で、緻密な論理で条文を組み立てて行く人であった。企業活動の自由を阻害する規制には慎重であった。したがって水質規制について、別府参事官の審査をクリアーするのが最後の難関であった。

総理府のビルの6階の大部屋に大きな四角の机が並んでいて、第3部と第4部の参事官を囲んで審査が行われていた。法案の提出日が迫ると、各机では連日深夜まで参事官と各省庁担当者との間で丁々発止の法律論議が行われた。ある深夜、別府参事官が条文の文言について新しい提案を行った。それに対して西川課長補佐は、意を尽くして反対の意見を述べると、突然「そんな理屈は聞きたくない。帰れッ！」という怒声が響いた。西川課長補佐は荷物をまとめて帰りかけた。すかさず、一緒に審査を受けていた通産省の事務官が、別の観点からの質問を投げかけた。それに答えているうちに、別府氏の怒りも次第に収まり、何事もなかったように審査は進んだ。普段は温厚な別府参事官の一喝に、居並ぶ経済企画庁と通産省の事務官達が肝を冷やした場面であった。

法案審査も最終段階に達した11月25日の午後だった。突然大部屋の入り口で、法制局の庶務の人が大声で「三島由紀夫が市ヶ谷の自衛隊に突入して演説したあと、割腹！」と知らせた。何でも三島由紀夫の兄弟が外務省から法制局へ出向していたとかで、情報が早く届いたのかも知れなかった。

その途端、皆一様に驚きの声を上げげた。筆者の隣の席で審査を受けていた通産省の事務官が「ええッ」と口をあんぐり開けたまま絶句した顔が忘れられない。別府参事官だけは、まったく反応をせず、条文の審査を続けていた。筆者は、上野の山に立て籠もった彰義隊を攻撃する大砲の音の中でまったく表情を変えずに講義を続けたという福沢諭吉の故事を思い出した。と同時に、別府氏は、若い頃から勉強ばかりしていて三島の文学作品を読んだことがないのだろう、と勝手な想像を巡らせてしまった。のちに作家などによって、この日は「憂国忌」として毎年記念行事が行われているようだが、そのニュースを聞くたびに筆者が思い出すのは、三島由紀夫のことではなく、水質汚濁防止法のことだ。

●水質汚濁防止法の特色

かくして成文になった水質汚濁防止法は、それ以前の水質保全行政を抜本的に改善した。

第一に、「後追い行政」を改めるために指定水域方式を廃止して、全公共用水域を対象に、工場、事業場に対して一律の排水基準を定めた。このことは、水質汚濁の未然防止の面で大幅な前進となった。また、水域の利水目的、流量、水域に立地する工場、事業場の集積程度などにより、一律の排水基準では水域の環境基準の維持が不可能な場合には、都道府県が条例でより厳しい排水基準を定めることができるようにした。

第二に、水質公害行政の権限を大幅に都道府県に委譲した。排水基準を工場、事業場に遵守させる監督権限は、都道府県知事または政令で定める市長に委譲された。ただし、法第23条第2項によって鉱山保安法等の個別法によって規定されているものは除かれている。また、同条第1項により、放射性物質による公共用水域の水質の汚濁およびその防止については、この法律は適用除外になっている。原子力規制委員会による厳しい規制が行われているということだったので、当初から検討の視野に入っていなかった。しかし、東京電力福島第一原発の事故があったいまとなっては、疑ってかかるべきだったという思いが残る。

第三に、排水基準の遵守のための規制措置を抜本的に強化した。従来は水質基準(水質汚濁防止法の排水基準)に適合しない場合に主務大臣が改善命令を出し、その違反に対して罰則が課されることになっていた。しかし、この法律では、「排水口において排水基準に適合しない排出水を排出してはならない」という禁止規定を設け、これに違反した者は直ちに罰則が適用されることになった。改善命令主体の行政法規から取締法規の性格も帯びることになったと考えられる。この変化は大きい。

第四に、規制対象業種の拡大が可能になった。従来は製造業の工場排水が中心であった。それ以外では、鉱山業、砂利採取業などの規制法がある産業だけが規制可能であった。新法では、健康被害を及ぼす恐れのある物質および生活環境被害を及ぼす恐れのある項目などを排出する施設を有する工場、事業場はすべて規制しうる道が開けた。第一次産業から第三次産業まで広く規制対象にすることが可能となった。今後経済発展に伴って出現するあらゆる業種が規制できることになった。
第五に、その他、緊急時の措置を規定したことや温度、色の規制をしうる道を開いたことなど、旧水質保全法の発想を根本的に転換した。

●「届け出制」か「許可制」か

水質汚濁防止法案は、１９７０（昭和45）年12月3日に衆議院商工委員会に付託され、3日間の審議の後可決し、参議院に送られ12月18日に可決成立した。審議の過程でいろいろな議論が行われたが、二つだけ重要な論点についての政府の答弁を紹介しておこう。

その第一は、特定施設の届け出に関するものである。一定の要件を備える汚水または廃液を排出する施設を「特定施設」とし、法第5条で、「特定施設を設置しようとするときには、都道府県知事に届け出なければならない」としている。この「届け出制」に関して、「許可制」にすべきではないか、という質問があった。これに対する佐藤一郎経済企画庁長官の答弁はつぎのとおりであった。

各国において、行政上の法規の立て方あるいは考え方にずいぶん違いがあると思います。私の感じでは、実は、許可制のほうが必ず届け出制よりも行政目的に合っているということになるかどうかに疑問をもっているのです。と申しますのは、日本の場合特にそうなんですが、一ぺん許可をいたします。そうすると、何かあたかも今度は、それが逆にいう既得権的のような感じになるんですね。排水基準、この程度の基準でよろしい、一ぺんそれでもって設定をいたしますと、今度はなかなか変えにくい。そういうような感じの非常に濃い国だと私は思っているんです。むしろ、届け出をして、しかし、すぐにその六十日の審査期間の間に審査をしまして、そして必要な命令を出す、こういうことでありますから、私はその点については、必ずしも目的達成の上で不十分なことはないだろう。逆に、これはもうこの程度でいいんだと、許可を与えてしまうと、日本の場合にはずいぶんそういうものがあります。ですから、あるいは条件付きな許可と同じような結果になると私は思うのですけれども、極めて弾力的な制度であってこの点はわれわれも検討したんです。従来の保全法あるいは工排法でこういう形がとられてきた。それを単純に引き継いだわけじゃなくして、どっちがいいだろうと検討しまして、届け出で十分目的を達成するのみならず、より弾力的に行えるんじゃないか、そういう感じをもちました。

許可制が既得権化するというデメリットをあげつつ、「届け出制」プラス「計画変更命令」で、許可制と同じ目的が達成できる、という巧みな答弁である。

検討の過程で、もちろん「許可制」の選択肢も議論した。結論は、わが国では、企業の立地は、都市計画等の規制に拠っていて原則自由である。立地政策上許可制をとっていない以上事実上の立地規制につながる許可制を導入することはどうかという議論になって終わったように覚えている。

質問者はさらに食い下がる。既得権化すると言うが、公害を引き起こしそうな企業に限定した話をしているのであって、企業全部を許可制にしろと言っているのではない。「ある一つの工場が来ただけで、いままでの条件と重なって公害が大きくなっていくというような施設というのは、全国にかなりふえていると思うんですね。そういう中で、いままでと同じような届け出制で、はたして規制できるかどうか。原則は許可制にしてゆく方が正しいのじゃないか」。

これに対する佐藤長官の答弁は、次の通りであった。

大きな立地政策的な見地から行政指導していく、こういうことは、いいと思うのですけれども、どこそこに企業を興す、どこそこに営業を興すという、この自由という問題は別にあるわけですね。中々そこのところは私はデリケートだと思うのですが、しかもいま公害問題と言いますと、大企業だけが皆さんの頭にすぐくると思うのですが、今度、御存じのように製造業だけでなく、第一次、第二次、第三次、あらゆる企業にこれを広げ、全地域に広げたわけですね。これは相当な分量だと思うのです。それを一々許可制にして、先ほども申し上げましたが、既得権益というようなふうに見られるということはどうであろう。それより、やはり変更命令ができるわけですから、六十日間の審査ということをやりまして、チェックする、こういうことでやる。その代わりまたいつまでも変更命令が知事として出せるわけでありますから。むしろそのほうが実際的じゃないかと私は考えているわけです。

最初に立地政策の問題を出さずに、二の矢があった時にとっておく。そして、中小企業の立地が制限されるのは困る場合もあるのではないかと相手の弱みをさりげなく突き、あとは、最初の答弁の既得権益化を避けることを繰り返して強調する答弁に、質問者は納得したらしい。

●排水量規制をめぐって

第二は、排水量規制が必要ではないかという質問である。本法は、濃度規制を前提にした排水基準を考えている。これに対して次のような疑問が呈された。

「この排出基準の場合には、水質のそれぞれの基準を定めてまいるわけでありますが、この質と量の関係について私は特にお尋ねしたいと思うわけであります。……それぞれきめられる基準に従って、それぞれの排出水の基準がきめられてまいります。しかし、この量的な規制という面を、私は度外視するわけにはいかぬだろうと思うのです。たとえば田子の浦にいま排水基準がある。最低基準がきめられる。今度はまた同じような工場ができて、量が拡大される。しかし、それは、新設の場合についてはこの基準は下げるのだ、別の基準をきめるのだ、こう答弁されるかもしれませんけれども、この問題のみならず、質と量、この量の側面をとらまえないで水質汚濁の防止はできないと思うのです。この量の問題を一体どう考えているのか」

これに対して、政府委員である経済企画庁国民生活局長の宮崎仁氏は次のように答弁した。

確かに、いわゆる質の問題といいますが、濃度の問題のほかに量の問題も当然に考えなければ、環境基準というのを達成できないわけでございますから、そういった形の規定まで整えるというほうが、理論的であろうと思います。しかしながら、現在の測定技術あるいは工場の操業の実情等から見まして、濃度と量をきっちりと法律上定めてしまうということは、なかなか実情としてまだ困難な面もございますので、現実の問題としましては、この五条にございますように、届け出の際に、排水量について添付書類として出していただく。そして現実の運用といたしましては、先ほどからもうしておりますように、環境基準を達成するために、それぞれの排水口の基準をいかにするかというのが排水基準でございますから、この計算をいたします際には、その量も当然考えに入れて、そして環境基準が達成できるに十分な規制をいたすわけでございます。そういうやり方をいたしておりますし、したがって量というものは、基準策定の際には当然考えに入って来るというわけでございます。また、いま御指摘のように、排水基準が増大していくということは当然に予想されるわけでございますが、そうしたことを考えまして、大体、現在指定水域についてつくっております基準でも、既設の工場の場合よりは新設の工場の場合の基準を相当きびしくしているものが多うございます。そういうやり方でこれに対処していく。……排水量等がかなり増大をいたした場合には、全体の基準をもういっぺん見直しをしてさらにつくり直す、こういうやり方でやってまいりたい。将来、自動測定等が非常に進んでまいりまして、そしてこういった点までぎっちりとつかまえられるようになりますと、もう少しこの辺のところが進歩するかと思いますが、現状としては、私どももこういうやり方で十分目的は達し得る、こういうふうに考えておる次第でございます。

排水基準は、汚染物質の濃度である。つまり、濃度＝汚染物質÷排水量だから、濃度が一定とすると、排水量がふえれば、当然汚染物質も増えてゆき、環境基準値を上回る汚染物質が環境に排出されることとなる。汚染物質を増やさないようにするには、濃度を下げる、つまり排水基準を厳しく設定し直す必要がある。

排水基準は、一律に総理府令で決められるが、地域の自然的、社会的条件によって、これでは十分でない時には、都道府県が条例で、一律基準より厳しい基準を定めることができるようになっている（法第3条第3項。これは通称「上乗せ基準」と呼んだ）。仕組みは確かにそうなっているが、そう簡単にフィードバックできるものではない。そのあたりのことを局長答弁では、「測定技術あるいは工場の操業の実情等」から、量と濃度を同時には決められないと言っていると思われる。特定施設の届け出の際の添付資料に量を書かせるのは、量規制のためではなく、「上乗せ基準」の設定の際の参考にするためと考えられる。なお、仮に量と濃度（排水基準）の両方を規定してしまえば、ある公共用水域については、一定量の排水量しか許されないことになる。これを推し進めて行くと、早い者勝ちの立地政策と同じことになり、第一で見たような許可制と同じ問題点がある。

●宮崎仁氏の回想から

このほか様々な論議が国会では行われた。そして、12月10日政府案に対して、自民党、社会党、公明党、民社党四党共同で修正案が提出され、全会一致で可決のうえ、参議院に回付され、審議の末12月18日に参議員本会議で可決成立した。

四党の修正点は7点あったが、主なものは二つだった。すなわち、一つは、「排出水の汚染状態及び量」は添付事項ではなく届け出事項としたことである。二つは、第18条の緊急時における「勧告」を「命令」に改めたことである。

水質汚濁防止法案作成の段階から、水質二課を叱咤激励して法案のとりまとめにリーダーシップを発揮し、さらに巧みな国会対応をして法律の成立に努力を惜しまなかった宮崎仁氏の回想「公害国会のころ」を見てみよう。[15] 宮崎氏の前職は経済企画庁総合開発局長で、その前は三重県の副知事だった。東京帝国大学工学部電気工学科の出身である。つまり、大来佐武郎氏、後藤誉之助氏の後輩である。大学卒業後電気工学科の先輩の鹿野義夫氏が働く「満州電業」に入社したが、戦後大蔵省に入り主計局が長かった。

私の局長在任中の二年間を顧みると、何といっても公害国会における水質汚濁防止法案の審議が印象に残る。

私が局長に就任した昭和四五年は、マスコミが連日のように公害問題を取り上げていたときであった。公害批判の世論は日増しに強まり、国会論議の焦点はまさに公害問題に集まっていて、公害への対応は内政上の最重要課題だとの趣きであった。

当時、水質二課と呼ばれる水質保全課と水質調査課が、水質保全法を所管していた。水質汚濁の深刻化に対処すべく、実情調査を踏まえつつ、同法の指定水域を次々に追加・拡大していった。しかし、水質汚濁は全国的な規模で問題化するに至っていた。国会の場でも、名前をあまり聴いたこともない河川の水質汚染問題について質問を受けることが、再三であった。そんな次第で、もはや指定水域方式による規制では間に合わなくなり、水質汚濁に対処するための新たな施策の展開が求められることとなった。

そこで、水質保全法、工場排水規制法の水質二法を抜本的に改め、この二法に代わる新法を制定すべく、その検討に着手した。この作業には、水質保全課長の白井和徳君（現水資源公団理事）を中心に、同課の精鋭の諸君があたり、連日連夜に亘って困難な法案作業を進めてくれた。その結果、原則として、全ての水域に対して、一律の基準を適用するという、新たな発想に基づく水質汚濁防止法案の成案を得て、昭和45年秋のいわゆる公害国会に提案されたのである。

この臨時国会に提案された公害関連法は、14本であった。国会での法案審議はまさに集中審議で僅か

15　『国民生活行政20年のあゆみ』p158、159

二週間で全法案が成立するといったことで、連日連夜大変な努力が傾けられた。とにもかくにも、昭和四五年一二月中旬には、新法の成立をみた。直ちに法律の施行がなされて、年が明けると、水質保全行政の権限が都道府県段階に委譲されたことに伴うさまざまな手続きや指導が、そうそうの間に進められたのであった。

水質保全行政は、そのようにして紆余曲折を経ながら、二三年間に亘って、経済企画庁がその推進の任に当たって来たのであるが、昭和四六年七月、環境庁発足とともに、水質保全行政は経済企画庁の手を離れて、同庁水質保全局へと引継がれていったのである。

宮崎仁局長の統率力は目を瞠るものがあった。白井課長以下で、徹夜して取りまとめた案を朝局長室で検討する時など、皆目を血走らせて議論し始めるのを制して、「待て待て、あわてると元々馬鹿な頭がさらにおかしくなる。落ち着いて考えてみろ」と怒鳴りつけることがよくあった。しかし、皆局長に心酔しており、局長のリーダーシップを疑う者は一人もいなかった。課員は、皆鍛えられ、いつの間にか「勇将のもとに弱卒なし」という心境になっていた。

水質汚濁防止法が成立して、47年が経過した。この間わが国の河川や湖沼や海域の汚染状態は、目覚ましい改善を見せた。これを否定する人はいないだろう。これには、環境基準が設定されたことにより、水質規制の目標が定められ、水質汚濁防止法の規制によって、工場、事業場の排水処理が適正になされるようになったことが大きく寄与している。水質に関する環境基準を初めて設定したのは経済企画庁であった。下水道の普及率が向上したことも大きいが、これも水質汚濁防止法の規制が下水道建設を後押しした面がある。

いま、隅田川に白魚の姿が見られ、多摩川に鮎や鮭が遡上したというニュースを聞くたびに、公害問題に明け暮れた1970年頃のことを思い出す。そして、水質公害問題の克服にイニシアティヴを発揮した経済企画庁を大いに誇りに思う。

それからずっとあと、末期癌で慈恵医大の病院に入院していた白井和徳氏を見舞った。黄疸で黒ずんだ顔に少年のような目が光っていた。談笑の末に水質汚濁防止法のことに話が及んだとき、筆者は、「入庁5年目の若造に罰則の部分を全部任せてくれるような課長に仕えることが出来て、本当に幸せでした」と心を込めて言った。「又来ますから」、「おう、また来いよ」、それが白井氏との最後の会話だった。

4　消費者主権を支えた製造物責任法（PL法）

「製造物責任法」（Product Liability Law ＝ PL法）が出来てわが国の消費者の権利は格段に強まった。その反射として、わが国の製品の安全性が著しく向上したと言える。製造物の欠陥により被害を蒙った者は、裁判上で製造者の過失を証明しなくとも、損害賠償を請求できるようになったからである。

●PL法検討の開始

わが国において、最初にPL法の制定に向けて検討を始めたのは、経済企画庁の付属機関であった「国民生活審議会」の消費者救済特別研究会であった。それは1973（昭和48）年のことだった。1年後にその報告書がまとまって公表しようとした時のことを、当時消費者行政課長であった及川昭伍氏は次のように語っている。[16]

いよいよ、特別研究委員会の中間報告として発表しようとしたとき、経済企画庁の幹部の一部から、「このような波紋を呼ぶ報告書を出すことは許されない」と強く反対されました。つまり、報告書はボツにせよ、ということです。一流の学者が集まって積極的に議論していただいたものをボツにするとは何事か、ということで、当時、課長だった私は、この中間報告を公表するために、職を賭す覚悟で、辞表も用意して、幹部達の説得にあたりました。

結局、中間報告は公表はするものの、報告書のタイトルを「中間報告」ではなく「中間覚書」にすることで納得してもらいました。そして、1974年7月に、中間覚書として公表しました。非常に先進的な内容でした。1975年に「製造物責任法要綱試案」が発表される前年のことでした。

「製造物責任法要綱試案」というのは、かつて東京大学で民法を講じた我妻栄氏等著名な学者の「製造物責任研究会」が検討して1975（昭和50）年に私法学会で発表したものである。最終的にPL法が成立して公布されたのが1994（平成6）年7月1日であるから、国民生活審議会で検討を開始してからちょうど20年の歳月が流れたことになる。筆者は、苦節20年のほんの最後の2年間だけこの法律と関わることになった。

1993（平成5）年6月のある日、筆者は経済企画庁調査局審議官のポストにあって大阪に出張中に、富金原俊二事務次官から電話をもらった。「いよいよ当庁でPL法案をまとめることになった。ついては、君に国民生活局審議官になってもらって、それを担当してもらう」ということだった。当時の国民生活局長は、エコノミストの加藤雅氏だった。法学部出身者として、エコノミストの局長を補佐するようにとの命令である。法律職で経済企画庁に入った主な動機は、経済計画に興味があり、いつか計画の策定に関わってみたいということだったが、民法100年の歴史を変えるような機会に遭遇するとは思ってもみなかったことで、責任の重大さに緊張を覚えた。

国民生活局審議官に就任して最初に訪問したのは、国民生活審議会会長の加藤一郎氏だった。筆者は、その昔東京大学法学部で加藤一郎教授から民法を教わった。当時の法学部では民法は4部に分かれていて、第

16　及川昭伍・田口義明『消費者事件　歴史の証言』p98、99

３部が加藤一郎教授の担当だった。授業のハイライトは不法行為法であった。

旧丸ビルにあった加藤一郎弁護士事務所を訪れて「今度ＰＬ法案を担当することになりました。実は、法学部で先生に不法行為法を教わりました」と挨拶すると、「ほう、そうでしたか。で、成績はどうでしたか」と聞かれて、いっぺんに気勢が殺がれてしまった。在学中は余り勉強しなかったので、成績はいいはずがなかった。正直に答えると、加藤氏は、温顔をほころばせて「昔のことはともかく、とにかく頑張って下さい。私も精一杯努力しますから」と並々ならぬ決意であることが分かった。

●自立する消費者の民事責任ルール

１９６５（昭和40）年6月に発足した国民生活局には消費者行政課という課があった。生産者や事業者の利益を擁護する行政機関に対して、消費者の利益を護ることを使命にした。いかなる手段によって消費者の利益を護るか、色々な試行錯誤が行われた。

１９６８（昭和43）年に議員提案によって「消費者保護基本法」が成立した。提案者は、神戸を選挙区とした砂田重民衆議院議員だった。神戸は、灘生活協同組合があり、消費者運動も盛んな地域だった。法案作成の支援は国民生活局が行った。初代の消費者行政課長であった岩田幸基氏[17]が「案文を作って砂田氏のところへ持ち込んだ」と語っていた。後に環境庁が出来たとき、経済企画庁会計課長から、環境庁企画調整局企画調整課長へ異動した。官房課長から普通の局の課長への異動は役所の常識から言えば「左遷」に当たるが、経済企画庁官房長だった船後正道氏[18]が環境庁企画調整局長に就任したときに引っ張って行ったと噂された。本人はそんなことには無頓着で、草創期の環境庁のために粉骨砕身した。筆者は、その岩田課長の下で法令係長だったので、消費者保護基本法ができたころのことを「耳にたこ」ができるほど聞いた。岩田氏は、ケネディ大統領の「消費者の利益保護に関する特別教書」を見ていたく感動して、日本の消費者にも当然「四つの権利」を保障する必要があると思った、と言っていた。

しかし、「消費者保護基本法」では、消費者の権利を法定してはいない。消費者は弱者であるから、行政が保護しなければならないという考えに立っていた。行政の保護の手段の一つとしては、事業者の規制がある。食品衛生法や薬事法や工業標準化法などによる規制である。もともとは、主として産業振興のための規格の統一などのための規制であったが、これに消費者保護の視点が加わった。しかし、いくら規制を精緻なものにしても、製品に起因する事故を根絶することは不可能であるということが分かって来た。製品事故の防止と被害救済の観点から行政措置を講じていくことは重要ではあるが、それでも防ぎ得ない事故が起こった時の民事責任ルールを被害者に有利なように変えていくことが大きな課題であった。これは、消費者の権利を裏から支える一般ルールともなり得る。「保護される消費者」から「自立する消費者」への転換を促し

17　故人、のちに国民生活局長、国民生活センター理事長などを歴任
18　のちに環境事務次官、中小企業金融公庫総裁などを歴任

て来た国民生活局にとって、ＰＬ法の制定は悲願だった。

●過失責任から欠陥責任へ

「過失なければ責任なし」という現行民法のルールは、個人の自由な活動を保障するものとして、資本主義経済の発展を裏から支える機能を果たしたことは否定できない。しかし、この過失責任主義の前提は、市民間において社会生活上日常的に発生する不法行為（他人の権利や利益の侵害）の責任である。その背後には、紛争当事者が互いに加害者にもなり被害者にもなる可能性がある「立場の互換性」がある。しかし、高度な科学技術を駆使して利潤を追求する企業が加害者となり、その企業と対等な立場にない一般市民が被害者となる製品事故が増加するようになって来た。また、科学技術の高度な発達によって、危険な社会活動が増加し、加害者および被害者のどちらにも過失がないのに損害が発生する場合が増加した。さらに、複雑な製造プロセスを通じて製造される製品に関連して生ずる事故にあっては、原因者に過失があったことの立証を困難にさせるようになってきた。

このような場合、「過失責任主義」のもとでは、危険源の支配者が最善の注意義務を尽くしている限り、危険な事業をやめないからといって、その責任を問うことは出来ない。また、そうした危険な活動を全面的に禁止すべきかというと、それらは人々の社会生活にとって不可欠なものとして受容されているものであって、いまさら禁止もできない。

しかし、危険な事業活動によって利益を得ている者が責任を逃れて、何ら責めるべきところのない一般市民が被害を甘受しなければならないのは、正義と公平の感覚からいって、到底是認出来ることではない。

このような不合理を解決し、被害者の保護を図るため、損害の原因を作った者は過失に基づくと否とに拘わらずその損害を賠償する義務を負うという「無過失責任」の理念が唱えられるようになった。その理論的根拠は、危険な活動を行う者の「危険責任」とこれによって利益を得ている者の「報償責任」のほかに、他人に信頼を付与した者の「信頼責任」など色々あるようだ。学問的には、どれか一つの理論に収束しているのかも知れないが、われわれは、これらが全体として無過失責任の根拠になっていると考えた。

さらに、過失責任主義か無過失責任主義かは、一義的な選択の問題ではなく、個人や企業の活動の自由の保障と、社会に発生する損害の責任を誰にどのように分担させるのが正義と公平に合致して妥当であるかという、二つの価値の間の兼ね合いをどこに求めるかの政策的問題であると考えた。つまり、社会的有用性または便益とそれから不可避的に発生する損害の補填または被害者の救済との調整問題と考えた。この20年間は、この二つの価値観の相克の歴史でもあった。

筆者が担当になって最初の仕事は、製造物責任法の立法は「時期尚早」と主張する経団連や自民党に行って、国民生活局の立場を説明することだった。経団連では、ソニーの最高経営責任者で国民生活審議会の委員でもある大賀典雄氏（1930年〜2011年）が前向きな姿勢を示しているという噂であった。大賀氏のところへ行くと、自身のアメリカでの体験を踏まえて、「PL法は訴訟社会を招く」と言って、噂とは違って、法制定に対しては、厳しい態度であった。しかしテレビの欠陥がもとで火災になった資料が配られた国民生活審議会の場で、大賀氏が「このテレビはうちのテレビではないが、テレビ業界の一員として、日本でも早く製造物責任法を制定した方がいい」と発言したのをきっかけに、反対派の声は急速に小さくなっていった。

１９９３年は細川政権が誕生し、自民党は当時野党であり、自民党「製造物責任制度に関する小委員会」の委員長は林義郎氏であった。その会合に出て行くと、「経済企画庁が、ＰＬ法などという法案を作ろうとしているようであるが、誠にけしからん。今度俺達が政権に返り咲いたら、経済企画庁をつぶしてやるからそう思え」などという乱暴な議論をする元気のいい若手議員などがいて、説得どころではなかった。

林義郎氏は、筆者が通産省に出向して2年間務めた商政課長の先輩であり、また、経済企画政務次官も経験しているので、親切に対応してくれた。大きな六法全書を取り出して、民法第７０９条の条文を指し示して「判例の積み重ねで、この『過失』は『違法性』と解釈すべきものである。司法の現場では、もはや『無過失責任主義』に近くなっているので、敢えて立法の必要性はそんなに多くはない」と言った。これは、筆者も大学時代加藤一郎教授から習って知っていたので、それでもなお立法の必要性を強調するのに苦労したことを覚えている。

『消費者事件　歴史の証言』[19]によると、消費者団体ＰＬ法制定促進の戦略会議の席上、国会への請願の署名を集めることと地方公共団体の国会への請願決議を出すことを提案したところ、３ヶ月余りの間に３５０万筆もの署名が集まり、３１１の地方公共団体の請願決議が行われた。及川昭伍氏は、「この行動は、大成功だったと思います」と語っている。

1993(平成5)年12月10日、国民生活審議会は、内閣総理大臣に対して「製造物責任制度を中心とした総合的な消費者被害防止救済のあり方」という意見具申を行った。その意見とは、「政府は、消費者部会報告を踏まえて早急にこの施策の具体化を図る必要がある」というものであった。消費者部会報告の内容は、四つの柱からなっていた。第一は、製品の欠陥に起因する消費者被害に係る民事責任ルールのあり方である。第二は、少額被害等に係る裁判外紛争のあり方である。第三は、製品事故に係る原因究明機関のあり方である。そして第四は、情報の収集・分析・提供等に係る制度のあり方である。このうち、第一に基づいて立法化の作業が進められた。

●連立与党PLプロジェクト

当時の細川内閣は、社会党、公明党、新進党など6党の連立内閣であった。連立与党として「PL法プロジェクト」ができて、1993(平成5)年12月16日に第一回会合が第二議員会館第三会議室で開かれた。座長には公明党の倉田栄喜衆議院議員が選出された。倉田氏は紳士で、議員会館の部屋を訪ねると、ワイシャツ姿で仕事をしていても、必ず衣装掛けから背広を取り、それを着用してから応対した。委員には、社会党か

19 及川昭伍・田口義明『消費者事件 歴史の証言』p105

ら北村哲男参議院議員、伊東秀子氏、新進党から西川太一郎氏（現東京都荒川区長）、実川幸夫氏、公明党から平田米男氏、さきがけ・日本新党から枝野幸男氏、宇佐美登氏、民社党から直嶋正行氏、西村真悟氏、民主改革連合から小林正氏の各衆議院議員が出席していた。政府側からは、経済企画庁の他に通産省、法務省、農林省、厚生省、運輸省、建設省の担当官がオブザーバー出席した。政府側の窓口は筆者が務めた。筆者は、合計13回開かれた会合に全て出席して、政府における法案作成の進捗状況などを報告した。委員は、ほとんどが弁護士出身議員で、法律の知識が豊富で、議論は専門用語が飛び交い、「これは観念的競合か法条競合か」などという質問が政府側にどんどん飛んで来るので、対応には苦労した。

そのころ、細川総理が訪米先で、「製造物責任法が細川内閣の最重要課題だ」という趣旨の発言をした。アメリカは、それ以前の日米構造協議などでも、「日本の製造業はＰＬ法によって訴えられるリスクを免れている。それは、非関税障壁のようなものである」などという言いがかりに近い意見を述べていた。おそらくそんなアメリカの雰囲気の中での総理発言だったが、「好機到来」とばかり、翌年1月の細川総理の施政方針演説の中に、内閣の重要課題として「ＰＬ法の制定」を盛り込んでもらった。法案は、経済企画庁、通産省および法務省の3省庁で協議しながら作成した。

次第に政府内の足並みはそろっていった。1月21日には国民生活局長が加藤雅氏から大蔵省出身の坂本導聡氏に交代した。坂本氏は、法学部出身で法律の知識も豊富なうえ、各省や議員にも顔が広く、法案の最終調整は大分楽になった。連立与党ＰＬプロジェクトでの議論と並行して内閣法制局の審査も消費者行政第一課長の石田祐幸氏や同課課長補佐の川口康裕氏などの活躍によって順調に進んだ。川口氏は、その後消費者契約法などの立案にも関わり、今や政府内で消費者行政の権威になっている。

連立与党プロジェクトは、4月8日に最終会議を終え、全部で6条からなる「製造物責任法案」が形をなしてきた。会議室を出ようとすると、厳しい質問で筆者を随分悩ませた社会党の伊東秀子議員が寄ってきて、握手を求めた。目には涙が光っていた。

その日は金曜日で、翌週の金曜日の閣議に提出することになったので、手分けして各方面の根回しに飛び回った。筆者は、東京商工会議所専務理事の谷村昭一[20]氏のところへ行った。正午のニュースを見るために、谷村氏がテレビを付けると、何と、細川総理が辞意を表明したニュースがテレビ画面に現れた。仰天して霞ヶ関へとって返すと、役所は大騒ぎであった。坂本局長が竹下登元総理に指南を仰ぐと、このような場面を何度も経験してきた竹下氏は、「総理が辞意を表明してから実際に内閣が替わるまでには相当日数がある。その間に閣議決定をして国会に提出することは十分可能だ」と示唆してくれた。翌週の金曜日に予定していた閣議決定を急遽前倒しして、翌週の火曜日すなわち4月12日にすることにした。直ちに連立各党の機関決定をしてもらう必要があった。各党に連絡すると、おどろくほどスムーズにことが運んだ。「機関決定など必要ない」という党もあった。連立与党としての政策決定機関は「政策幹事会」だった。11日の月曜日に倉田

20 故人、元経済企画事務次官

座長から政策幹事会に報告して了承してもらった。

最終段階でもめたのは、閣議請議をどこの大臣名で行うか、国会での提案理由説明をどの大臣が行うか、ということだった。国民の目から見れば、極めて些末なことであったが、各省のメンツに関わることなので、納得ずくで運ぶには厄介な仕事だった。

●省庁のメンツ

法務省は、「PL法は、民法の特例法として提案されたので、閣議請議と提案理由説明は、当然法務大臣が単独で行う」と主張する。法務大臣は、筆者が大学時代に民事訴訟法を教わった恩師の三ヶ月章氏である。これに異議を唱えるのには相当勇気が要った。通産省は、「産業構造審議会総合製品安全部会で産業界の反対意見を説得して国民生活審議会に先駆けて1993（平成5）年11月15日に答申に漕ぎ着けた。当然閣議請議大臣には通産大臣も入るべきだ」と主張する。

最終的には、法務省民事局審議官、通産省産業政策局審議官および筆者の3者で協議した結果、閣議請議は、細川護熙内閣総理大臣（経済企画庁が属する総理府の長としての内閣総理大臣）、三ヶ月章法務大臣、大内啓伍厚生大臣、畑英次郎農林大臣、熊谷弘通産大臣、伊藤茂運輸大臣、五十嵐広三建設大臣の7大臣の共同請議とすることに決着した。閣議請議を求める文書を経済企画庁で最終決裁したのは久保田真苗経済企画庁長官であった。そのコピーを見ると、署名欄にフクロウの絵文字のような花押が記してある。久保田大臣がフクロウの置物を集めていたのを覚えている。いつも眠そうな目をしていたが、あれはフクロウの真似をしていたのかも知れない。「ミネルバのフクロウは迫り来る黄昏に飛び立つ」とのヘーゲルの言葉を思い出す。

提案理由説明は、法務大臣が行うことにして、長期間検討を続けて来た経済企画庁の実績を考慮して、経済企画庁長官が提案理由の補足説明をするということで決着した。しかし、いざ国会に提出した時には、法務省が別の法案を国会に提案している関係で、大臣が法務委員会を離れることが出来ず、商工委員会での提案理由説明は、経済企画庁長官が行うことになった。その頃には内閣が替わっていて、経済企画庁長官は寺澤芳男氏になっていた。

前倒しが功を奏して4月12日の火曜日、細川内閣最後の閣議で「製造物責任法案」が決定した。そのあと、4月28日に自民党と共産党を除く与党7党1会派が国会で指名した羽田孜内閣が成立した。製造物責任法の制定は時期尚早としていた自民党はなお野党であったが、政権奪還が近づいたのを感じ取ったのか、一転して、賛成の立場に変わった。5月18日に自民党ＰＬ法関係部会、調査会、小委員会合同会議で政府が閣議決定した原案をそのまま了承し、5月25日に政調会長が了承し、5月27日には総務会も了承した。野党自民党の政調会長は橋本龍太郎氏で、橋本氏が仕切ってくれた。会期末が近づいていたので、衆議院本会議での審議を省略して6月2日に衆議院商工委員会に付託するという便法をとってもらった。中村正三郎衆議院議運委員長には大変お世話になった。中村氏を訪ねる度に名刺を渡していたが、法案が成立したときに、それを返してくれた。分厚い束になっていた。

国会では、衆・参両院の商工委員会において審議が行われた。参考人の意見陳述および質疑の時間を含めて、衆議院では合計約16時間、参議院では、合計約12時間の審議をした。

衆議院商工委員会に参考人として出席した加藤一郎氏の陳述の冒頭部分のみ記しておこう。[21]

私の専門は民法でございますが、その中でも特に不法行為による損害賠償を専門としておりますので、製造物責任についてはかねてから関心を持っておりましたし、民法学界ではいろいろな検討が行われてまいりました。それで、この法案が出来たこと、そしてこれが本国会で成立することがいわば民法学者の悲願であった。ほとんどの民法学者はこれに賛成していると思いますし、私もぜひこの国会で通していただきたい。こういうふうにお願いをする次第でございます。

私は、製造物責任が発展してきた今までの経過を第一に申し上げて、これが今日の自然というか当然の勢いであると言うことからこれを支持したいと思います。それから、この法案を審議会などで検討し、また立法作業の途中で問題になった点について私の考えを申し述べさせていただきまして、この法案は決して欠陥のあるものではなくて、十分機能し得るものであるということを第二に申し上げて、この法案を支持したいと思っております。

●血液製剤を適用除外するかどうかでもめる

国会審議で一番問題になった点は、輸血用の血液製剤を「製造物」の定義から除外せよという議論であった。法律には定義規定がおかれていて、「この法律において、『製造物』とは、製造又は加工された動産をいう」とあった。そこに「但し、血液製剤を除く」という文言を入れるべきだという主張であった。自民党の日本医師会をバックにした議員を中心とするいわゆる「厚生族」が強硬に主張していた。そのリーダーは、野党自民党の政調会長の橋本龍太郎氏であった。議論の対象になった「血液製剤」とは、輸血用血液製剤とその他の血液製剤（血漿分画製剤）とに分けられる。血漿分画製剤は、血液中の有効成分を抽出して高度な加工を施すものなので、「製造物」の対象になることに疑念はない。問題は輸血用血液製剤であった。

現行法のもとでも、民法７０９条により、血液製剤を製造し、供給した者は、その行為に過失があれば、過失によって生じた被害について賠償責任がある。ＰＬ法が成立すれば、これに加えて、欠陥のある血液製剤を製造または加工し、引き渡した製造業者は、その欠陥によって生じた被害について賠償責任を負うことになる。輸血用血液製剤は現在では日本赤十字社のみが取り扱っている。献血の血液に抗凝固剤を混ぜてパックに詰めるので、「製造または加工したもの」に該当するのは明らかである。しかし、元の血液にウイルス等が混入していた場合それを完全に除去することは困難だという。除外せよとの圧力は、強大であった。しかしながら、血液製剤を除外した途端に、パンドラの箱を開けたように、例えば中小企業製品、農産加

21　第１２９回国会　衆議院商工委員会議録　第６号平成６年６月６日

工品などが政策的配慮を求めて殺到することが目に見えていた。これでは何のためにＰＬ法を作ったのかが分からなくなる。坂本国民生活局長は、かつて大蔵省の厚生担当主計官の経験があるそうで、厚生省の高官が局長室へやって来て政治的配慮を求める場面もあった。しかし、坂本局長は、除外しないことで終始一貫していた。いかなる圧力にも屈しないその態度に感嘆した。厚生省も、国会答弁では、政府の足並みを乱すようなことはしなかった。ミドリ十字社の「非加熱血液製剤」による薬害エイズや薬害肝炎が顕在化したのは、ＰＬ法が公布された直後であった。これらは、ＰＬ法の成立以前に被害がでているので、ＰＬ法の対象になるものではないが、もし、一般的な形で血液製剤の除外規定を置いていたら、この法律の評価は地に堕ちていたことだろう。一番胸をなでおろしていたのは、後に総理大臣になった橋本龍太郎氏であったかも知れない。

血液製剤の取扱は、国会答弁を通じて、次のようになった。[22] すなわち、血液製剤については、血液に加工を加えた製品であることから、製造物に含まれＰＬ法の対象になる。しかしながら、輸血用血液製剤（全血製剤および血液成分製剤をいう）の欠陥については、次のような製品の特性等を総合的に考慮し、判断する必要がある。第一に、生命の危機に際して使用されるものであり、他に代替する治療法がなく、極めて有用性が高い。第二に、輸血によるウイルス等の感染や免疫反応等による副作用が生ずる旨の警告表示がなされている。第三に、輸血用血液製剤は、世界最高水準の安全対策を講じたうえで供給されているが、技術的にウイルス感染や免疫反応による副作用の危険性を完全には排除できない。したがって、現在の科学技術の水準のもとで技術的に排除できないウイルス等の混入や免疫反応等による副作用は欠陥に該当しないものと考えている。もとより、ＰＬ法は裁判規範である。個々の裁判になれば裁判官の裁量によって法律が適用されるかどうかが決まる。その場合の法解釈において、法律案の作成者による解釈が参考にされることは多いと思われる。

●羽田内閣不信任案提出の中で

法案審議の最終盤に、予期せぬハプニングがあった。１９９４（平成６）年６月22日の参議院商工委員会は、法案審議の最終日で、何時までかかっても法案の採決に持ち込んでもらおうという日だった。ところが、突如、羽田内閣の不信任案が翌日の衆議院に提出されることになった。自民党と社会党が手を握ってこの不信任案は可決されようとしていた。そうなると、国会は、この日で終了して、ＰＬ法案は審議未了で廃案になる。何としてもそれは避けたかった。参議院の委員部に相談すると、その日に開かれる、最後の参議院本会議に間に合えば、法案の成立が可能だということだった。ただし、参議院本会議は午後５時に開会だという。

それまでに委員会を「全会一致で」通過した法案を緊急上程のリストに載せるので、それに間に合えば、との厳しい条件だった。審議は順調に進んでいたが、あと数人の質問者が残っていた。局長と手分けして議

22　経済企画庁国民生活局消費者行政一課編『逐条解説　製造物責任法』（商事法務研究会　１９９４年）ｐ39

場で各議員を捉まえ、事情を話して質問時間を短縮してもらった。皆驚くほど協力的だった。各党は、PL法案を廃案にしたら国民から批判されるだろうということを分かっていた。最後の質問者は共産党の橋本敦議員だった。橋本議員は、「開発危険の抗弁」の問題について、確認的質問をしただけで、15分ほどで質問を終えてくれた。

中曽根弘文委員長が「これより討論に入ります。ご意見のある方は賛否を明らかにしてお述べ願います。

——別にご発言もないようですから、これより直ちに採決に入ります。製造物責任法案に賛成の方の挙手を願います。……全会一致と認めます。よって、本案は全会一致をもって原案どおり可決すべきものと決定いたしました」と告げた。その後付帯決議の提出などがあり、中曽根委員長が「本日はこれにて散会します」と宣言したときは、午後4時34分だった。まさにトマス・キニーリー著「シンドラーのリスト」の最終行に滑り込んで、命拾いした心地だった。

PL法が成立して、国会から経済企画庁の本拠の第四合同庁舎へ意気揚々と引き上げて来ると、玄関で消費者団体の幹部が、涙を流しながらわれわれを出迎えてくれた。夕方、国民生活局長室で、加藤一郎氏を交えてワインで乾杯した。謹厳そうに見える加藤氏も、その日はご機嫌で、談笑の仲間に加わった。筆者は、興に乗って紙切れに下手な短歌を書き付けて加藤氏に見せた。

「さわやかに師はのたまいぬ練りあげしこの法案に欠陥なしと（隆英）」

参考人の意見陳述で「この法案は決して欠陥のあるものではなくて、十分機能し得るものである」との民法学の泰斗の発言を聞いた瞬間、われわれ法案作成作業に加わった全員が、ホッと安堵の胸をなで下ろしたのだった。加藤氏は笑いながらその紙切れをポケットにしまった。

加藤一郎氏は、２００８（平成20）年11月に亡くなって碑文谷で葬儀が行われた。弔問に伺うと、娘さんの小宮山洋子氏（元厚生労働大臣）が迎えてくれて、「経歴の中にＰＬ法のことをちゃんと入れてありますよ」と会葬者に配るパンフレットを渡してくれた。華々しい経歴の中に、「国民生活審議会会長として製造物責任制度に道を開いた」功績が燦然と輝いていた。

第六章

見果てぬ夢を追い求めた
総合開発局

国土総合開発行政は、経済安定本部を祖とする。経済審議庁計画部および経済企画庁開発部を経て1957（昭和32）年8月以降は、経済企画庁総合開発局によって推進された。国土総合開発の主な課題は、時代とともに大きく変わった。戦後しばらくの間は、戦争被害からの復興と国土資源の開発が課題だった。次いで産業基盤の整備、過密・過疎の解消、土地問題等と変遷した。昭和30年代以降は、「地域格差の是正」が課題の第一に挙げられた。地域格差も、30年代の前半は、所得格差だったものが、後半以降は、生活環境を含めた居住環境の地域格差を是正することに国土開発行政の主眼が置かれた。こうした課題の解決に向けて、経済安定本部以来の開発部局の果たした役割は大きかった。1974（昭和49）年6月に国土庁が発足したのに伴って、経済企画庁総合開発局は発展的に解消し、同局の業務は、国土庁計画・調整局、土地局、水資源局および地方振興局にそれぞれ引き継がれた。

1　経済安定本部時代の国土総合開発行政

●戦争被害からの復興の開始

中国盛唐の詩人杜甫は、「国破れて山河在り」とうたったが、敗戦直後のわが国の山河は、戦争中の木材の乱伐と治山治水の手抜きによって、荒廃の極にあった。海外からの引揚者によって人口は急増した。日本の主権の及ぶ範囲は、本州、北海道、九州、四国のほか、連合国軍の決定する諸小島に限られた。狭くなった国土に急増した人口を抱えて、経済再建は困難を極めた。一日も早く国家を再建するための基礎となる国土計画が必要だった。

戦前から日本の国土計画を担っていたのは、内務省だった。[1] 内務省は、早くも1945（昭和20）年9月に国土計画基本方針に基づく国土計画案を明らかにした。そして翌年9月には「復興国土計画要綱」を公表した。これは、戦後の国土再建に当たって、国土計画はいかにあるべきかを明らかにしたものだった。

敗戦までの内務省は、軍国日本の国民を統治するため、警察権力をバックに強大な権力を行使した。それゆえ、日本を再び戦争のできない国にすることを最大使命としたGHQには、内務省が目の敵だった。結局、内務省は、1947（昭和22）年12月に廃止されるのだが、それまでの間に、その機能は、特高警察の廃止をはじめとして漸次縮小されていった。内務省が担っていた国土計画策定の権限は、経済安定本部に引き継がれることとなった。1947（昭和22）年3月に勅令によって、国土計画審議会が発足し、5月には経済安定本部の官制に国土計画に関する事務が規定され、この審議会の事務も内務省から経済安定本部に移管された。

当時は戦争被害からの復興にすべての行政努力が傾けられた。都市の戦災復興と食糧、電力、石炭をはじめとする生活必需品やエネルギーの計画的増産が喫緊の課題だった。また、各地で洪水等の災害が多発し、

1　以下の説明は、主として経済企画庁『経済企画庁総合開発行政の歩み』（1975年）による。

緊急に治山治水の恒久対策が必要だった。さらに、産業立地のための基盤整備も緊要だった。

●国土総合開発法の成立

こうした時代背景のもとで、国土総合開発のための法的措置の必要性が叫ばれるようになった。そこで、経済安定本部は、国土計画審議会に代わるものとして、官制によらない総合国土審議会とその事務処理のための事務局を設け、審議を重ねることとした。1950（昭和25）年4月20日の第24回審議会において、「総合国土開発法案」という名称で閣議決定を終わり、国会に提出する運びになったことが報告された。以後国会の審議は順調に進み、5月26日に「国土総合開発法」が成立した。

国土総合開発法の目的は、「国土の自然的条件を考慮して、経済、社会、文化等に関する施策の総合的見地から、国土を総合的に利用し、開発し、及び保全し、並びに産業立地の適正化を図り、あわせて社会福祉の向上に資すること」であった。この法律は、23年後の1973（昭和48）年に全面改正案が国会に提出されることになり、その開発理念の条項づくりに筆者もかかわることになるのだが、そのことは後で述べる。

経済審議庁計画部の初代局長であった佐々木義武氏は、国土開発行政が始まったころの状況を次のように語っている。[2] 佐々木義武氏は、戦後内閣調査局調査官としてマッカーサーの命令により経済安定本部の設立を企画した一員であった。設立と同時に経済安定本部に移籍したから、経済企画庁のご先祖様的存在である。佐々木氏は、経済審議庁計画部長を1952（昭和27）年8月1日から1955（昭和30）年7月20日まで務め、その後初代の科学技術庁原子力局長となった。１９６０（昭和35）年に衆議院議員となり、三木内閣の科学技術庁長官、大平内閣の通産大臣などを歴任した。

国土総合開発計画に関係したのは昭和二五年に国土総合開発法が制定される前後からだと記憶しております。私は稲葉秀三氏の後を受けて経済復興計画審議会の事務局長をしておった頃だったと思います。稲葉氏が折角苦心し、広汎なブレーンを動員して作り上げた経済復興計画が、時の総理大臣吉田茂氏の採用するところとならず、遂に稲葉氏は官を退きました。

世は朝鮮動乱終結後、平和条約調印と言う新生日本の誕生期でした。私共は新時代に備えて独立日本の為の経済自立五か年計画の作成に心をくだいておりました。

同じ頃、国土総合開発法が国会に上程され、その責任答弁役として小生は両院で大変苦労を重ねた記憶が未だ残っております。

昭和二七年、私は経済審議庁計画部長になりました。それは九課を以て構成される大きな部局でした。その内容も経済計画、総合国力、電源開発の三役以外は国土開発関係でありましたので、部の二人の調査官も建設省と農林省から夫々出向を願っておりました。

2　経済企画庁『経済企画庁総合開発行政の歩み』p１、２

当時は、国土総合開発法にもとづく計画としては国土保全、資源開発、工業立地条件の整備等を開発目標とした特定地域開発計画を先づ取り上げ、数多い候補の中から一九の地域を指定しました。勿論、国土総合開発法に基づく全国総合開発計画、地方総合開発計画、都府県総合開発計画も種々の作業が進められておりましたが、理論構成の段階で、毎日毎日はげしい議論が重ねられていたように思われます。その一つの成果が二九年の「総合開発構想」だったと記憶致します。何れにしても、こうした事が、後年、新産業都市計画や有名な新全総計画に発展し、田中総理の日本列島改造論に迄及んだ事を思えば、当時の努力も国家発展の一つの基礎をなしたものと思料され、なつかしい限りであります。

●特定地域総合開発の推進

国土総合開発法では、総合開発計画の種類として全国、地方、都府県、特定地域の総合開発計画を規定している。本来、まず全国総合開発計画が立てられ、それを地方総合開発計画と都府県総合開発計画にブレークダウンするのが、法の予定している計画体系の策定順位だったと思われる。しかし、国も地方公共団体も総合開発計画を立てられる状況ではなかった。国土総合開発法の出発点はそれほど明るいものではなかった。その頃、アメリカのＴＶＡ（テネシー川流域公社）をモデルにして河川総合開発を実施しようとしたグループがあった。彼らは、河川を中心にして風水害対策と水田開発と水力発電の開発を総合計画として特別法をつくって実施しようとしていた。政府は、これを国土総合開発法に基づく特定地域総合開発として実施することにした。そのため、「体系的な国土計画を立てることをそっちのけにして、特定地域の方が国土総合開発法のメインの仕事になっていく」[3]。国土総合開発法第10条は、「資源の開発が十分に行われていない地域、とくに災害の防除を必要とする地域又は都市及びこれに隣接する地域で特別の建設若しくは、整備を必要とするもの等について、経済安定本部総務長官と建設大臣の協議によって特に必要があると認めて要請した場合、内閣総理大臣は国土総合開発審議会に諮問し、その報告にもとづいて、当該地域を特定地域として開発目標を指示し指定する」ということになっている。この規定の手続きにしたがって、1951(昭和26)年12月4日に、秋田県の雄物川水系を中心とした「阿仁田沢」、岩手県の北上川水系を中心とした「北上」、福島県の只見川水系を中心とした「只見」、山形県の最上川水系を中心にした「最上」など、19の特定地域が指定された。ほとんどが多目的ダムの建設を主とする水資源開発であった。農業用水を確保して食糧を増産するとともに水力発電による電力を得ることがわが国の復興に緊急に必要とされたのである。

そして、これらの特定地域開発を積極的に推進するため、1952(昭和27)年に国土総合開発法が改正された。主な改正点は、「国は、地方公共団体の行う特定地域総合開発計画の事業について、国の負担すべき経費の特例を設け、又は、当該地方公共団体に対し地方財政法に基づく補助金を交付するなど必要な措置を講ずることが出来る」こととした点である。要するに、財政優遇措置によって地域開発を促進しようとし

3　下河辺淳『戦後国土計画への証言』(日本経済評論社　1994年)p42

た。1957（昭和32）年10月には3地域が追加指定され、離島振興対策地域実施地域として指定された対馬地域を除いた21地域について計画が閣議決定された。

特定地域開発計画の実施に関わる省庁は多数にのぼった。治水は建設省の所管だが、そのほか、水力発電と工業用水道は通産省、農業用水と農地開発は農林省、水道用水は厚生省という具合で、省庁間の調整が大きな問題となった。

水資源開発の実施の問題は、1962（昭和37）年に「水資源開発公団」に一本化され、これを所管するために経済企画庁に「水資源局」が出来たことによって一応解決した。前述のように、水資源局は、1967（昭和42）年の行政改革（一省庁一局削減）により、水質保全課と水質調査課は国民生活局へ、水資源課と管理課は総合開発局へ移管され、やがて、前者は、環境庁水質保全局へ、後者は国土庁水資源局へ移管されるという運命をたどることになる。古来「水争い」は深刻な問題であったが、霞ヶ関の水を巡る問題も複雑な歴史をたどった。

●内部資料に止まった「総合開発の構想」

この頃、国土計画をめぐって経済安定本部と旧内務省の機能の一部を承継した建設省との間には、かなりの緊張感があったらしい。建設省のアプローチは、都府県を指導して都府県計画を作らせ、それをベースとして全国的な計画を作るという考え方だったようだ。

一方、なぜ全国開発計画を作らないのかという批判を受けて、1954（昭和29）年9月に経済審議庁計画部が「総合開発の構想（全国総合開発計画の資料）」を発表した。この作業は本来全国総合開発計画として閣議決定することを目標としながら、当時の諸情勢から内部資料に止めざるを得なかった。[4]「諸情勢」とは、恐らく、経済安定本部から大幅に権限を縮小された経済審議庁と公共事業を所管する各省との間に社会資本整備に関する考え方の調整がうまく行かなかったことを指すものと思われる。より根本的な閣議決定に至らなかった理由は、日本経済の将来の構図が見えない段階で明確な国土計画を描くことが出来なかったことであろう。1960（昭和35）年に「国民所得倍増計画」が作られて、全国総合開発計画が出来たことがこれを裏付けている。

この総合開発の構想は、国土計画としては中途半端なものに終わったが、人口に対する資源の相対的不足と国土の荒廃を問題としてとらえ、13ヶ年の長期かつ総合的な経済見通しを行うなど計画手法としては見るべきものがあった。ことに基礎的な情報データの収集に努力した点は、のちに総合開発計画を作成するうえで大きく貢献した。

4　経済企画庁『経済企画庁総合開発行政の歩み』p49

2　総合開発局の設立と後進地域の開発

１９５５（昭和30）年7月20日に経済審議庁は経済企画庁と名称変更した。同時に計画部が計画部と開発部の二つに分かれた。１９５７（昭和32）年8月1日に国家行政組織法が改正され、国務大臣を長とする外局の庁に局が設置できることになり、開発部は総合開発局となった。以後１９７４（昭和49）年6月に国土庁ができるまで、国土総合開発行政は経済企画庁総合開発局が所掌した。

昭和30年代前半の国土総合開発行政は、後進地域の開発法と地方ブロック法の時代であった。１９５６（昭和31）年に首都圏整備法が出来た。次いで、１９５７（昭和32）年には、東北開発促進法に端を発して、九州、北陸、中国、四国などのブロック法が相次いで制定され、国土総合開発法に拠らない地方開発促進計画が出来た。地域格差是正を政策目標に掲げた点は一歩前進だが、その手段としては資源開発を重視している点で、特定地域総合開発計画の広域版に過ぎなかった。他方、１９５３（昭和28）年には、離島振興法が出来た。開発の遅れた離島について、公共事業の補助率を一般地域よりも上げることが主眼だった。１９５７（昭和32）年には経済企画庁に離島振興課が設置されて、ここに離島の予算を一括計上することになった。

筆者が総合開発局に在籍したころにも、毎年暮れの予算決定時期になると、全国の離島の町長等一行が離島振興課に押し掛け、門前市をなす盛況だった。予算折衝が大詰めを迎えると徹夜が続くことがある。ある時、訪問団が手土産に置いていったのか、くさやの干物を電気コンロで焼いた煙が庁舎中に立ちこめて、庁舎管理のおじさんが怒鳴り込んで来たことがあった。

離島振興課は、経済企画庁の中でも数少ない実業的な行政経験を積める課として人気があった。行政努力の結果が目に見える形となって離島の住民に喜んでもらえるので働き甲斐があるということのようだった。離島の産業基盤と生活環境は手厚い財政措置によってかなり改善した。後進地域開発の成功事例と言ってよいだろう。

●東北地方の開発

後進地域の開発の中で、東北地方開発は、総合開発局の重要な使命であった。筆者が経済企画庁に入庁して最初の出張地は岩手県であった。配属先が長官官房企画課という役所の仕事がうまく運ぶように調整をする部署だったこともあり、各局がどんな仕事をしているかを覚えることが仕事だったので、先ず「東北開発室」の仕事を見て来いということだった。最初に訪れたのが、岩手県東山町にある東北開発株式会社のセメント工場だった。なぜ経済企画庁がセメント工場を所管しているのかわけが分からないままに、レポール・キルンとかサスペンション・キルンといったセメントを製造する装置を見学した。

戦前の東北地方は、日本の中でも特に貧困な地域だった。東北各藩が奥羽越列藩同盟を結んで最後まで倒幕軍に抵抗したため、明治新政府は、初めの頃東北を徹底的に冷遇した。会津出身で陸軍大将になった柴五郎が書いているように[5]、下北半島の斗南藩に移封された会津藩の人々は塗炭の苦しみを味わったようだ。また、岩手県人の宮澤賢治の詩の一節「寒サノ夏ニハオロオロ歩キ」のように、東北地方は、度々冷害に見舞われ、飢饉に苦しめられ、人々は貧しかった。

その貧困を救済するため、内閣に東北局が設置され、1936（昭和11）年10月に「東北興業株式会社」が設立された。資本金3000万円だった。1934（昭和9）年に東北6県を襲った大冷害が直接の設立動機となった。東北興業株式会社の事業内容は、化学、機械、農林水産、鉱業など多岐にわたっていた。設立から1941（昭和16）年までは凶作の救済対策に中心がおかれていた。1942（昭和17）年から敗戦までは戦時経済の影響を受けて多くの投資会社が生まれた。

1957（昭和32）年にいわゆる「東北三法」の一つとして「東北開発株式会社法」が設立され、東北興業は「東北開発株式会社」に改組された。それ以前とは異なり、東北開発株式会社には政府が出資出来ることになった。つまり、国策の殖産興業会社から国土総合開発の一環としての地域総合開発機関となったのである。また、東北開発を推進する役所として、一時は「東北開発庁」を設置する構想もあったが、結局経済企画庁総合開発局に「東北開発室」と「東北開発株式会社監理官」が新設されることになった。

東北開発株式会社は、基幹のセメント事業とともに会津若松に工場を建設し、東北に豊富にある木材を活用したハードボード事業などを行った。しかし、何れも十分な収益を上げることが出来なかった。東北地方の開発のために事業を行うのであるから、目的達成のためには赤字を出してもいいという考え方が一部にあり、利益に対する考え方が不十分であったことが欠損を出した原因の一つと考えられた。

1959（昭和34）年10月1日から1960（昭和35）年10月31日まで総合開発局長を務めた農林省出身の藤巻吉生氏は、「東北開発株式会社のお世話も厄介なことであった。セメントやらハードボードやらを製造していたが、何れも赤字続きであった。しかし、赤字だからといって国会でお叱りを蒙ることはなかった。赤字の方が東北の開発に役立っているというご意見であった」と語っている。[6]

1962（昭和37）年度末の累積欠損が22億円をこえ、翌年度も10億円をこえる赤字が予想され、会社も経済企画庁もこれをどうするかが大きな問題であった。結局1964（昭和39）年度から再建5ヶ年計画を実施して、この間に政府資金を75億円投入して会社の再建を図ることとした。

●鹿野義夫氏の回想から

1963（昭和38）年11月1日から1966（昭和41）年4月5日まで総合開発局長を務めたのは鹿野義夫氏だった。鹿野氏は、1941（昭和16）年に東京帝国大学工学部電気工学科を卒業した。大来佐武郎氏の4年後輩である。大学卒業後直ちに満州の開発を志し、「満州電業株式会社」に入社したが、敗戦とともに

5　柴五郎『ある明治人の記録——会津人柴五郎の遺書』（中公新書　1971年）
6　経済企画庁『経済企画庁総合開発行政の歩み』p15

に同社は解散した。引き揚げ後、大来佐武郎氏等の勧めによって、1946（昭和21）年11月に大蔵省に入省した。大蔵省では主計局で主として公共事業と運輸担当の主計官として活躍した。予算編成事務に社会工学的発想を導入し、東海道新幹線にはじめて予算を付けた果断で知られる。東北財務局長のあと、大来佐武郎総合開発局長の後任となった。その後、経済企画庁総合計画局長を経て1969（昭和44）年12月から1972（昭和47）年6月まで経済企画事務次官を務めた。鹿野義夫氏は、総合開発局長時代を振り返って東北開発会社の再建に苦労した様子を次のように回想している。[7]

さて、東北開発会社のことであるが、当時三〇数億円の赤字をかかえたうえに、なお毎年大変な赤字を生みそうというのである。時の官房長の村上孝太郎さんが、主計局長のような気持ちで心配し、再建計画を立てて何とか立ち直らせたいと我々を叱咤激励するわけである。八人委員会と称して、中山素平さん、森永さん、堀越さん、宮崎輝さん等々といった八人の方々にお願いして、何回か半日にも近い時間をかけて再建問題を御検討していただいたのはまさに感激に値するものであった。会社の全理事は退任し、新しく、三菱の野崎さん、興銀の潮田さん、旭化成の羽井さん、少し遅れて大蔵省の吉村さんにきていただいた。皆さん、大へんな実力者であるうえにすばらしい熱意で再建に取組んで下さった。監督官庁である我々が逆に随分しかられたものである。

当時大赤字の東北開発会社が、子会社としてむつ製鉄会社を設立して下北開発の中心にしようということが、既に政府から認可されて、これからまさに事業着手という段階にあった。

よく調べてみるとどうもおかしい。採算がとれない。それに肝心な砂鉄原鉱も豊富ではなさそうだというので、とても事業実施は無理だということになったのだが、地元青森県の熱意はすさまじく簡単に止めるわけにはゆかない。そこで実施したいと思いますといいながら撤退しなければならない。国会の先生方からは責められるし、地元の方々は毎週のようにはるばる上京されての強陳情である。「局長は辞表を懐に入れておられるのでしょうね」とすごまれるような状態で苦しかった。撤退のしんがりをつとめる当時の喜多村監理官の苦労は大変なことであったと思う。

むつ製鉄の誘致のために、むつ市の市長は党籍を社会党から自民党にうつして頑張ったし、むつ製鉄のための工業高校も設立されていた。むつ市を俯瞰する釜伏山にはむつ製鉄誘致の成功を祝って当時の知事の山崎さんの胸像が既にたてられていた。そのような中で事業の廃止がきまったのであるから地元の人々の激怒も無理からぬことであった。

しかし、今にして思えば、その代わりとしてアツギむつナイロンが設立されたし、むつ市に至る道路も完全舗装され見違えるようになった等々のことで公害産業誘致に比較すればよかったのではないかとも考える。

7 経済企画庁『経済企画庁総合開発行政の歩み』p23、24

むつ製鉄事業が取やめになり、伊藤総裁が引退され、小倉さんが新総裁に就任され、東北開発会社の再建は軌道にのった。会社は既に五年間連続の黒字決算というのであるから当時から思うと夢のようなはなしである。

開発局時代は大来さんのあとを受けてきたので、経企庁のプロパー陣営の強化を図らねばならないなどと多少意識過剰の状態であったところへ、東北開発会社の再建とむつ製鉄問題とが重なって無我夢中であったように思う。しかし、それだけに張切って二年半を過すことができて私にとっては楽しい思い出の時代であった。

その頃東北開発株式会社監理官として、会社再建の実務の先頭に立った喜多村治雄氏は、現在94歳で矍鑠としていて、毎年鎌倉の自宅近辺で氏を囲む会を開くのだが、会うたびに、むつ製鉄を白紙撤回にした時のことを語る。もしこれが実施されていたら、日本経済に大きな負荷を負わせることになったに違いない。登山でも、進むときより引き返す時の方が大きなエネルギーと勇気を必要とする。平家物語に、梶原景時の言葉として、「よき大将軍と申すは、かくべき処をばかけ、ひくべき処をば引いて、身をまっとうしてかたきをほろぼすをもってよき大将軍とはする候」とある。

●国土総合開発調整費が予算に計上

国土総合開発法の予定していた全国総合開発計画を頂点とする国土計画体系が完成しないままに、地域開発計画が乱立し、また後進地域の開発法もできた。これらは、皆財政の特例措置によって公共事業を実施しようという目的を持っていた。こういう状況に対して、1956（昭和31）年度から国土総合開発調整費が予算に計上された。最初は5億円だったが、総合開発局が解消する前年の1973（昭和48）年度には、約85億円にふくれあがっている。総合開発局の総合調整権を支えた大きな手段であった。これは初代の開発部長の植田俊雄氏の発案だった。[8] 大蔵省にいてこれを認めたのは、公共事業担当の主査になったばかりの宮崎仁氏であった。[9] 植田氏は、次のように語っている。

私が就任後初めて国土総合開発審議会に出席した際、多くの委員の方々から、調整費の予算計上を至上命令として与えられた。私は、各種の公共事業間に調整を要するものが少なくないことを知っていたが、調整費をどう組立てて行くか、初めは見当がつかなかった。いずれにしても調整権限をもたないとどうにもならないので、私自身文案を作り、各方面に説明して廻って、この調整費を閣議決定して頂いた。各種公共事業予算が、それぞれの省庁に計上され配分されるのは当然としても、それが実施の現地に

8　経済企画庁『経済企画庁総合開発行政の歩み』p3
9　総合研究開発機構（NIRA）『戦後国土政策の検証（上）』p46

付いて見ると、関連性の配慮が行きとどかなかったり、着工年次のずれがあったりして、事業効果の発揮に支障を来したりする場合がある。こうした面での情報集めが予算要求の前提として必要であり、これの準備に相当の日数を要した。

経済企画庁の当時の性格からしても、また調整事業費予算はまったく新型だったので、各方面との折衝に苦心したが、予算編成のぎりぎりに間に合せてもらって、三一年度予算に調整費五億円が計上された。

3 拠点開発方式による地域格差の是正——全国総合開発計画

●太平洋岸ベルト地帯の考え方

全国総合開発計画（一全総）が出来たのは、後進地域からの地域格差是正の政治的要求によるところが大きい。１９６０（昭和35）年12月に国民所得倍増計画を閣議決定する際に、「国民所得倍増計画の構想」という但し書が付された。この前段は、「少なくとも当初の３年間は９％程度の成長を目途とする」と書かれた。後段は、「後進性の強い地域（南九州、西九州、山陰、南四国等を含む。）の開発優遇ならびに所得格差是正のため、速やかに国土総合開発計画を策定し、その資源開発に努める」となっている。これは、国民所得倍増計画の基礎になっている「太平洋岸ベルト地帯構想」に対する後進地域の声を代表する自民党の要請を受けたものだ。
「太平洋岸ベルト地帯構想」は、経済審議会立地小委員会からの提案である。[10] 立地小委員長は、朝日新聞論説委員の土屋清氏であった。まず、10年間で国民所得を倍増するためには、工業生産が3・3倍になることを想定した。これを日本列島の如何なる地域の工場で生産するかが問題となる。必要な土地、用水、道路、港湾等の整備を考えなければならないからである。立地小委員会は、昭和30年代前半の傾向になっていた工業の分散化には、必ずしも賛成でなかった。中途半端な効率の低い工場地帯を沢山造ることになりかねない、という理由からである。工業の地方分散化自体にも計画性が必要であるとの基本的な考え方に立って、次のような産業立地のあり方を述べる。

すなわち、東京、名古屋、大阪、北九州の四大既成工業地帯を連ねるベルト状の太平洋臨海地域が工業立地の中核をなす。その理由として、①戦後輸出入は太平洋岸に集中する、②気候温暖で、平野が多く、港湾に恵まれている、③大消費地に近い、④既に相当の産業関連施設が整備されている、⑤関連産業、下請企業が広範に存在し、技術労働者、資金調達上の便宜がある、などをあげている。そして、太平洋岸ベルト地帯のうち、東京、大阪、北九州の工業密集地域への工場立地は原則禁止する（名古屋地域もこれに準ずる）こととして、太平洋岸ベルト地帯の中間地帯に中規模の新工業地帯を立地せしめる、とした。

10　星野進保『政治としての経済計画』p311～314

このような太平洋岸ベルト地帯構想に対して、後進地域の側から強い反発の声があがった。先に見たように昭和30年代の前半には、地方開発計画の策定が相次ぎ、地域格差の是正のために、産業基盤を整備して工場を誘致しようとする主張が盛んであった。そのような背景の中で、一全総は、所得倍増計画に描かれたような高度経済成長を確保しつつ、後進地域からの声にこたえて所得の地域格差を是正することが目標となった。この目標を達成するための手段として考え出されたのが「拠点開発方式」であった。

まず、一全総の目標としては、「都市の過大化の防止と地域格差の縮小を配慮しながら、わが国に賦存する自然資源の有効な利用および資本、労働、技術等諸資源の適切な地域配分を通じて、地域間の均衡ある発展を図ることを目標とする」(第1章第2節)こととした。そして、「計画の目標を効果的に達成する方策として拠点開発方式をとった」とし、「拠点開発方式とは、東京、大阪、名古屋およびそれらの周辺部を含む地域以外の地域をそれぞれの特性に応じて区分し、それら既成の大集積と関連させながらそれぞれの地域において果たす役割に応じたいくつかの『大規模な開発拠点』を設定し、これらの開発拠点との接続関係および周辺の農林漁業との相互関係を考慮して、工業等の生産機能、流通、文化、教育、観光等の機能に特化するか、あるいはこれらの機能を併有する『中規模、小規模開発拠点』を配置し、すぐれた交通通信施設に拠って、これらをじゅず状に有機的に連結させ、相互に影響させると同時に、周辺の農林漁業にも好影響を及ぼしながら連鎖反応的に発展させる開発方式である」とする。

「大規模な開発拠点」には、「工業開発拠点」と「地方開発拠点」とがあり、「前者は主として大規模な工業等の集積を持たせることによって周辺の開発を促進する役割をもち、後者は大規模な外部経済の集積をもたせることによって東京、大阪、名古屋のもつ外部経済の集積を利用しにくい地域の飛躍的な発展を可能にする中枢主導的な役割をもつ」（一全総第1章第4節）。

●「新産法」と「工特法」の成立

ここに書かれた「工業開発拠点」と「地方開発拠点」を具体化させるために、新産業都市建設促進法（昭和37年法律第117号）と工業整備特別地域整備促進法（昭和39年法律第146号）が制定された。前者は「新産法」、後者は「工特法」と略称される。実は、一全総で描く順番とは逆に、「新産法」の方が先にできた。しかも、一全総が閣議決定される5ヶ月前に既に法律が出来て、新産都市の指定陳情合戦が始まっていた。前年の7月には、一全総の草案を閣議了解して公表していて、それに従って法律が出来て、その法律に基づいて13の新産都市が1962（昭和37）年7月には内定している。さらに言えば、同時に6ヶ所の「工特地域」が法律に拠らない行政措置として指定されていた。

しかし、実際の動きは、一全総の想定も、新産法の立法時の想定をも超えて、一人歩きを始める。新産都市の指定に深く関わったのは下河辺淳氏である。下河辺氏は、1947（昭和22）年9月東京帝国大学第一工学部建築学科を卒業した後、「戦災復興院」（後に建設省に改組編入）に入り、建設省計画局地域計画課計画官、経済企画庁総合開発局調査官（1962（昭和37）年8月）、水資源局水質保全課長、総合開発局総合開発課長、総合開発局長、国土庁計画・調整局長を経て、1977（昭和52）年11月から1979（昭和54）年7月まで国土事務次官、その後、1979（昭和54）年11月から1991（平成3）年11月まで総合研究開発機構（NIRA）理事長を務めたあと、1992（平成4）年4月から2001（平成13）年6月まで、東京海上研究所理事長を務めた。この間全国総合開発計画にはすべて関係し、第五次全国総合開発計画（五全総）には、国土総合開発審議会会長として策定に深く関わった。1995（平成7）年1月に阪神・淡路大震災が起こると、2月に阪神・淡路復興委員長を務め、復興計画のとりまとめを行った。2016（平成28）年8月13日死去。その下河辺氏は、新産法について次のように語っていた[11]。

……新産法を立法した時の行政の考え方は、太平洋ベルト地帯の工業地帯を整然とつくっていきたい。そして生産とインフラとのバランスを調和させることが新産法の狙いなんです。だから、時には制限をしながら、インフラと生産とがバランスすることをやりたいといってつくったわけです。

ですから、岡山の水島と大分の二つがその対象である、ということを国会でも前提して法律案が通っていくわけです。ところが一全総が一九六二年に閣議決定される頃は、二つはむしろいきさつ上やめるわけにはいかないから、モデル的にやるのであって、新産法の狙いは、開発地域に工業拠点をつくることであるということになり、法律が立法の時と運用の時とで違ったことは確かです。それを結果的に見た時に、二倍が三倍になった急速な大規模化というものが、太平洋ベルト地帯にもっと重荷をかけたので、六カ所の工業整備特別地域をやっても、なおかつ間に合わないような実態が一方で出た。それは誤算と言えば誤算だし、そうなってはいけないと思っていた点では、誤算というよりは何か敗北した気分といいますか、分かっていて負けてしまったような感じもあるわけです。

それでは開発地域の方はどうかというと、やって成功だったと思っているのです。新聞紙上では失敗と言われているけれども、やらなかったらもっと大変になったと思うわけです。

一全総のテーマである地域格差の是正について見てみよう。高度成長期に地方から大都市とその周辺に人口移動が起こり、地方の過剰人口が大都市へ流失した。地方に残った人々を工業再配置の結果地方に移転した工場が受け容れた。また、インフラ整備のための先行投資で公共事業が地方の雇用機会を増やした点も大きい。その限りでは、新産法はある程度の成果を挙げたと言ってよい。その反面で大都市に集まりすぎた人口の問題が新たな国土計画の課題となった。

一全総では、「地方開発拠点」は、「大規模な外部経済の集積をもたせることによって……地域の飛躍的な発展を可能にする中枢主導的な役割をもつ」と言っている。これは、のちに「中枢管理機能」と呼ばれるようになる。下河辺氏によれば、「一全総では、産業基地づくりというのはサブのテーマだった。一番のメインは、

11　下河辺淳『戦後国土計画への証言』p78、79

中枢管理機能システムを国土の構造にあわせてどうつくるかと言うのが……計画の中心だというふうに見られていた。……ところが、産業側の方から陳情が激しくなったので新産業都市で受けるようになって、全総というのは拠点が産業都市のように言われてしまったけれども、拠点開発方式といった時の拠点は、中枢管理機能都市のことをいっていたはずなのです」と言う。[12] その頃は新幹線、高速道路はなかった。大都市の過密の解消と日本列島に中枢管理機能システムをつくるという課題は、次の「新全国総合開発計画」（新全総）に持ち越されることになった。

4 国土百年の大計――新全国総合開発計画（新全総）

「新全国総合開発計画」（新全総）は、経済企画庁が作った計画の中の最高傑作であると思う。策定時の総合開発局長の宮崎仁氏が大平通産大臣に説明した時、「非常によくできた、私が聞いた計画の作業でこんなにいい仕事はない」と大変な褒めようだったという。[13] 池田総理の秘書官として国民所得倍増計画の策定に力を尽くした人だっただけに、その発言は、単なるリップサービスだけではなかっただろう。同じ池田総理の秘書官だった宮澤喜一氏は、当時経済企画庁長官だったが、その批評も面白い。宮崎仁氏によれば、「非常に努力されて大変でしたね。この計画は立派な計画だけれども、人畜無害というわけにはいきませんなあ」と言って冷やかされたのを覚えているという。[14] 宮澤喜一氏の選挙区は広島である。当時本州・四国架橋問題は3ルートの構想があり、宮澤氏は、そのうちの尾道・今治ルート（後の「しまなみ海道」）を担いでいた。新全総には、第二部の「地方別総合開発の基本構想」の中に、「本州・四国連絡橋として、神戸・鳴門間、児島・坂出間および尾道・今治間の建設を図る」と3本すべてが載っている。しかし、計画として近い将来着工するのは1本に絞ろうという考え方があったようだ。プランナーたちの頭の中では、児島・坂出ルートが本命だったらしい。並みの大臣だったら、自分が担いでいるルートを優先順位の第一にするよう事務方に圧力をかけるところであろう。事務方は、3本並列に並べ、「着工」に漕ぎ着けるかどうかは地元と地元出身の政治家の努力次第というさばきにした。プランナーたちの作戦に対して、政治家として皮肉で一矢報いたというところだったのだろう。ちなみに大平氏は、香川県が選挙区であった。児島・坂出ルートを暗に優先ルートとした新全総を褒め上げたのもそのせいだったのかも知れない。政治家の発言にはいろいろ含みがあるので解釈が難しい。

12 下河辺淳『戦後国土計画への証言』p97、98
13 総合研究開発機構（NIRA）『戦後国土政策の検証（上）』p101
14 総合研究開発機構（NIRA）『戦後国土政策の検証（上）』p101

●新全総の時代背景

一全総の目標年次は、国民所得倍増計画と同じ1970（昭和45）年である。昭和30年代から40年代にかけて、日本経済は、国民所得倍増計画で想定した年率7・2％を上回る高度成長を続けた。1966（昭和41）年10月に開かれた国土開発審議会の全国開発部会において、計画と実績とのかい離を踏まえて新しい計画を作るべきだという報告が出された。一全総を決定した池田内閣は既に退陣して、佐藤内閣になっていた。高度経済成長の結果、ほぼ完全雇用は達成された。1964（昭和39）年に東京オリンピックをも成功させた。東海道新幹線が開業し、急場づくりではあったが首都高速道路網も一応完成した。40年不況のつまずきはあったものの、官民の懸命な努力によりこれも克服して、国民も企業も、世界第二の経済大国として前途は洋々と開けているという自信に満ちていた。司馬遼太郎の大河小説の書名を借りれば、戦後における「坂の上の雲」の時代だったと言ってよい。

国民所得倍増計画では工業生産額は、10年間に3倍になると想定していた。一全総の工業生産基盤投資額もこれに合わせて計画された。しかし、想定外の高度成長によって、生産基盤のボトルネックが問題とされるようになって来た。「小学生の洋服を用意して待っていたら横綱が着ることになってしまった[15]」のだ。もともと、高度経済成長は、戦後に作ったインフラによって実現したのではなく、鉄道や道路や港湾など明治時代に作ったインフラによって実現したと考えられていた。そうしたインフラがそろそろ老朽化してきていた。

その頃、1968（昭和43）年は明治100年と認識されていた。[16] 次の100年に向けて、新しい社会インフラを整備する時だ、という機運が盛り上がった。政府が明治100年記念論文の募集をしたのに対して、東北の北上市遷都論というような気宇壮大な論文が多数集まった。それより先、建築家の丹下健三氏が「東海道メガロポリス構想」を発表し、日本地域開発センターから「日本列島の将来像」の報告書が発表されていた。時代は、日本列島をどのように使って行くかという「国土百年の計」を求めていた。

新全総では、来るべき社会を「情報化社会」と呼んだ。政府の文書に初めて「情報」という文字が登場した。そして、情報化のいっそうの進展に対しては、国民の資産としての情報を管理し、かつ、いかなる地域にあっても任意に最新の情報を収集分配しうる体制を確立しなければならないという機運が強まった。国土計画の課題として、日本列島に高速の情報通信・交通ネットワークを張り巡らす必要がでてきた。また、コンピューター技術の急速な発達によって産業構造が変化する状況を「第2次産業革命」ととらえ、社会的、経済的な大変革の時代に備える新しい国土開発の必要性が強まった。このような時代背景が新全総を生んだのである。

15　下河辺淳『戦後国土計画への証言』p76

16　明治元年は西暦1868年だから、厳密に言えば、1967年すなわち昭和42年が明治100年に当たる。

●新全総の戦略

新全総には、行政計画としてこれまでにない新しい戦略が盛り込まれている。[17]

その第一は、100年先の利用を考えた社会インフラの改造戦略である。計画期間としては、1965（昭和40）年を基準年次とし1985（昭和60）年を目標年次とした20年計画である。しかし、20年というのは、社会インフラの整備・建設期間であって、この間につくった社会インフラは、100年後の人々も使うという考えに立っている。したがって、国がなすべきことは、国土の骨格ともいうべき交通通信のネットワークを造り、産業開発および環境保全に集中投資を行うことにして、あとは、地方と市場メカニズムに任せようと考え、これを「国土経営の生成システム」と呼んだ。つまり、国土経営の生成システムをつくり上げるような戦略的な投資を「大規模プロジェクト」として構成した。20年間の社会資本に対する累積投資額は約30～50兆円と見込んだ。明治が造った在来線の鉄道網、江戸時代の参勤交代道路の延長の国道網および電話回線網に代わって、新幹線、高速道路およびコンピューター接続の通信の全国的なネットワークを国土の骨格と考えた。特に、中枢管理機能の巨大集積地である三大都市圏と札幌、仙台、広島、福岡を結ぶ線を日本列島の主軸と考えて、これを先行整備し、それと関連づけながら遠隔地に大規模な工業、農業、観光・レクリエーション基地をつくり、さらに、自然保護の大規模プロジェクトにより、国土保全を図り、日本列島を一体化し、各地域の社会的、文化的水準を一様に向上させようとする戦略を考えた。

第二は、「プロジェクト開発方式」という戦略である。新全総の計画期間は20年であるが、社会が急速に変化していく時代にあって、20年先の国土の全体像を描くことは不可能だという前提に立っている。その代わり、着想―調査―企画―計画―予算の各段階にあるプロジェクトをすべて対象に考えて、プロジェクトを整理してすべて計画に載せることにした。計画策定時には、まだ海のものとも山のものとも分からないが、調査が進められていくうちに技術進歩があって、実施に移されていくものもある。それを除外することはしない。あるプロジェクトは途中で修正されるかも知れない。あるプロジェクトは、中止されることもあり得る。

新全総の第二部には「地方別総合開発の基本構想」が載っている。その性格は、「開発の基本構想の前提となる諸条件には、予測しがたい要素が多く、……その具体化には困難な問題がある。……できる限り開発の基本構想を具体的なものとすることに努めたが、なお実施までの過程で十分調整がとられるべきものである」とある。そして、地方ブロック別に「主要開発事業の計画」と「主要開発事業の構想」に分け、「計画」は、「現段階において、実施を予定し、もしくは実施のための調査を行っているなど、開発の具体化が相当進んでいると見られるもの」であり、「構想」は、「各ブロックの独自性と主体性を尊重しつつ、それぞれの特性を活かして作成したもので、現段階では必ずしも実施のための具体的検討が進んでいないものであっても、各ブロックの飛躍的発展の基礎条件となり、地域社会に大きな影響をもたらすと考えられるもの」である。

17　総合開発課の総括課長補佐として新全総のとりまとめを行った小谷善四郎氏が「計画論からみた新全総」について詳細に証言している。(総合研究開発機構『戦後国土政策の検証（上）』p188～197)

「それぞれの特性を活かして作成したもの」というのは、要するに、地方からの陳情をそのまま載せただけで、「その取扱については、今後の変化に対応しつつ、財政事情にも配慮しながら、十分な調査検討を経て、順次、選択的に計画化して行く」ことにしている。新全総のとりまとめ担当の宮崎仁総合開発局長は次のように語っている。[18]

……各ブロック別の計画も全国計画で書きましたから、それを計画と構想ということにしまして、要するに北海道とか、東北とかの各ブロックから要望のあったものは皆書くということにしたわけです。ただし、それは構想としか書かない。計画というのは、大体これは行けるだろうという、当時見込めたものを計画として書くということで、二段階にしました。そういうことで、関係地方公共団体からのクレームというのはほとんど構想ということでかわしたわけです。

しかしながら、このような区別は、世の中では通用しないようだった。地元では、新全総に書かれて閣議決定されたプロジェクトだというので、政治的に大きく盛り上がったところもあった。その後に起きた公害問題と石油ショックにより、多くは構想倒れに終わるのだが、そのことが新全総批判につながった。新全総の戦略的発想法は画期的だったが、これを世の中によく理解してもらう努力が不足していたと言わざるを得ない。

第三は、長期に亘って人と自然との調和を図る戦略である。都市化の進展によって自然への渇望が出て来ることを見込んで、自然を恒久的に保護・保存することを第一に考える。そして、森林、原野、河川などの自然系、農耕地の半自然系、都市の人工系とが調和した国土を考えた。これは、当時爆発的に起きた公害問題を隠蔽するものだというような批判にさらされたが、いまから考えれば、その後世界的に議論されるようになった「持続可能な成長」（sustainable growth）の思想にも相通ずる考え方といってよい。

第四は、自由時間活用戦略である。生活時間の予測によって生活活動の総量を予測して、自由時間の割合が大幅に増えることを想定している。それの受け皿として大規模レクリエーション基地などを国土の中に用意した。新全総の予測によれば、寿命が延びて１９８５（昭和60）年に男子は72歳、女子は76歳になることにより、総生活時間は、約８４００億時間から約1兆時間に拡大する。労働時間の縮小によって、生活時間のうち自由時間の割合が１９６５（昭和40）年の27％から32％に増大する。一人当たりの自由時間は15万時間から20万時間に増える。５万時間増えた自由時間を何に使うか、国土でどう受け止めるかを考えているところがユニークである。

第五は、生活水準の地域格差是正戦略である。このため、「広域生活圏構想」を提案した。一全総は、地域の所得格差を問題にした。新全総では、生活水準の地域格差、特に生活環境の水準に焦点を当てた。所得

18　総合研究開発機構（ＮＩＲＡ）『戦後国土政策の検証（上）』ｐ60

水準の上昇につれて、生活環境の水準は向上してきた。生活環境施設も充実してきた。しかし、全国津々浦々の市町村が自前で下水道、公園などの生活環境施設や図書館、美術館、音楽ホールなどの文化施設をワンセット揃えるのは難しい。そのため、地方中核都市を整備するとともに県内各地域を結ぶ交通体系を確立し、周辺地域と一体となって、最低限の生活環境を維持できるようにする戦略である。これは、国の仕事ではなく、地方の自主性に任せる形で提案されたために、新全総の大きな柱であったにもかかわらず、マスメディア等でも喧伝されることなく、ほとんど実現しなかった。これは、国土計画の仕事が経済企画庁の手を離れた後に、三全総の定住圏構想へと引き継がれることになった。

第六は、計画の達成手段としての制度の改正整備戦略である。当時、乱立する地域開発法制を再検討して体系化する必要性が叫ばれていた。1967（昭和42）年8月に事務次官会議申し合わせで、「地域開発制度調査会議」が設けられ、その事務局として経済企画庁に地域開発制度調査室が設置された。議員立法が中心の地域開発関連法の廃止を含めて整理体系化するのは容易なことではない。順番としては、制度を整えてからその制度に基づいて計画をつくり実施していくというのが正道かと思われるが、結局、先ず計画をつくって、その計画の中に達成手段としての制度改正の方向を示そうということになった。新全総第三部二「計画達成のための手段」として地域開発制度調査会議の検討結果が盛り込まれている。例えば、遠隔地大規模工業基地の建設に関しては、民間企業と社会資本の協業によって、産業基盤と生活環境の整備が総合的に計画実施されるための体制として、「公共・民間の混合方式等による事業主体を創設し、この事業主体による用地取得等について特別措置を設ける」ことが書かれている。「第三セクター」と呼ばれる事業主体である。現に「むつ小川原大規模工業基地」の建設は、第三セクターの「むつ小川原開発株式会社」と用地買収に当たる「むつ小川原開発公社」と開発計画を作成するためのシンクタンク「むつ小川原総合開発センター」の三機構が一体となって進めることになっていた。これは、後に石油ショックによって頓挫し、当初の目的を変えながら今日に至っている。

新全総の策定根拠になっている国土総合開発法の改正の検討についても言及されているが、これについては後に述べる。なお、「地域開発の科学的方法論の研究等を実施する総合研究機関の設置について検討する必要があろう」との記述は、後に総合研究開発機構法の設置につながる。しかし、出来上がった総合研究開発機構（ＮＩＲＡ）はその趣旨から遠く離れて、日本にシンクタンクを育成するための振興機関となり、多くの成果を挙げたと思われる。しかし、２００７年の小泉内閣の特殊法人等改革の一環として、公益財団法人になり、当初の目的とはさらにかけ離れて細々と命脈を保っている。

●新全総の悲劇

新全総ほどマスコミの毀誉褒貶にさらされた計画はない。これが発表された頃のマスメディアはその壮大なグランドデザインを賞賛とともに報道した。しかし、公害問題が爆発的にマスコミの俎上に載せられると、今度は一転して、環境破壊の元凶は新全総だと決めつけられることになった。大規模工業基地がその格好の標的となった。

筆者は、1971（昭和46）年7月から新設の環境庁に出向していた。環境庁自然保護局に鳥獣保護課というところがあり、その課長は、会議でよく「むつ小川原の干潟は渡り鳥の楽園であり、これを大規模工業基地にするのはけしからん」と発言していた。開発容認派からは、「人と鳥とどちらが大切なんだ」などと混ぜっ返す意見も出たが、結論も出ず、経済企画庁に対して「大規模開発プロジェクトの実施に際しては、環境保全に十分留意すべきである」といった趣旨の申し入れを行うことになり、その原案を筆者が起草したこともある。新全総が提案した「大規模工業基地」に関しては、誤解に基づく批判という側面が多かった。下河辺氏は次のように釈明している[19]。

この頃、私は三菱油化の池田亀三郎氏の発言に注目し、再々意見の交換をしました。その発言は、コンビナートは大きな基地で小さい生産ということでなければならない、というものでした。さらに、内海の小さい港を利用することは、プラントの大型化やオイルタンカーの大型化に対応しきれないということでした。

……その頃、新産業都市として八戸地区の問題があったんです。新産業都市計画として青森県が策定し、国に承認を求めてきた中には、鉄鋼、石油の総合的コンビナートをむつ小川原湖周辺に建設するということが含まれていたんです。しかし、国としては、八戸地区の計画を承認するにあたって、むつ小川原湖周辺の大規模な開発は今後検討すべき問題として処理することになりました。

　ところが新全総の作業の過程で再び、むつ小川原湖周辺の大規模な開発が検討課題となったのです。このことは鹿島に学びながら、さらに大きな基地に小さい生産が問題になり、その検討候補地としてむつ小川原湖、苫小牧東部、秋田湾が取り上げられました。石油と鉄鋼のコンビナートとして三地区とも提案が出されていたんです。そこで苫小牧東部については、北海道開発庁、北海道庁で検討することになり、むつ小川原湖と秋田湾は経済企画庁と青森県、秋田県で検討することになりました。

その結果、秋田湾については、鉄鋼基地として検討しましたが、今後の検討課題として打ち切ることになり、むつ小川原湖は、鉄鋼基地はとりやめ、同時にむつ小川原湖を大規模に開発することをやめることにしたんです。そして石油系コンビナートを造ることにまとまっていった。

　この時、石油系コンビナートを造るために大きな基地と小さい生産ということで計画することになったのです。それとともに重要なことは、むつ湾内での工業港は取りやめることにして、太平洋側の外海性の港湾とすることになったんです。それでも外洋に大堤防を建設するということが問題になりました。そこでオイルシェル・カンパニーの繋留ブイによる給油システムの研究を始めることにしました。この研究の結果、外海を汚染することなく、陸上とタンカーの間で給油することが可能であり、この方が海

19　下河辺淳『戦後国土計画への証言』p112〜114

岸線によい影響があるという結論を出したのです。すでに池田亀三郎氏は世を去っていましたが、むつ小川原には賛成していただけるのではないかと思いました。

しかしむつ小川原は時代の推移とともに石油備蓄基地にとどまり、最近では原子燃料処理基地として展開してきています。これから石油化学工業の再編成問題や、東京湾内の石油プラントの更新問題、石油系資源使用の抑制問題のことなどを考えると、また新しい事態がでてくると思うんです。

二十一世紀に向けて、大きな基地を管理していくことの難しさは大変なものですけれども、四日市から始まってむつ小川原地区までの道のりは無駄にされてはならないと思っています。

鹿児島県の志布志湾の開発についても大きな批判があった。志布志湾は、カタクチイワシの大漁場であった。新聞が「政府は志布志湾に大規模工業基地をつくることに決定した」と書き立て、反対の大キャンペーンを張った。しかし、新全総には、志布志に大規模工業基地などと書いていない。プランナー達の頭の中には、大分、愛媛、宮崎、鹿児島などに環境を考えた小規模工業基地をネットワーク化するというビジョンが描かれていた。そのネットワーク全体を「西瀬戸大規模工業基地」ということに考えていたのだ。

新全総が田中角栄総理の「列島改造論」の下敷きになっていると言われたことも、批判の対象になった要因の一つであろう。下河辺氏は、これを明確に否定しているが、発想の原点は新全総であるのは間違いないところだろう。それゆえ、田中内閣批判がそのまま新全総批判につながった。

●新全総の総点検

こうした批判にこたえるために、新全総の総点検が行われた。これが、経済企画庁における国土計画に関する最後の作業であった。

1971（昭和46）年12月の国土総合開発審議会からの意見書には、環境問題の一層の深刻化、ニクソンショック後の経済の沈滞といった新全総策定後の情勢変化に対応して、計画の総点検作業を実施して、今後の国土開発政策の環境問題への対応をより明確にすべきであるとあった。この意見を受けて、総合開発局では、次の8項目について新全総の総点検をすることにした。

（1）経済計画との調整
（2）自然環境の保全
（3）巨大都市問題とその対策
（4）工業基地問題とその対策
（5）農林水産業問題とその対策
（6）地方都市問題とその対策
（7）土地問題とその対策
（8）国土総合開発法等の改正

これに応じて総合開発局内に各項目ごとに作業グループが編成された。

総点検作業は、先ず、過密が限界に達しつつある「巨大都市問題」と、円の過小評価を主因とした国際収支の過剰黒字と田中内閣成立以来の財政拡大政策による過剰流動性が原因の地価の高騰と企業による土地の買い占めなどの「土地問題」の検討を急ぐことにした。巨大都市問題の中間報告は１９７３（昭和48）年８月30日に、土地問題は、10月２日にそれぞれ中間報告素案を公表した。

一方、地価の高騰が次第に一般物価の上昇につながっていた。何となく不穏な空気が日本経済を覆い始めていた。下河辺局長は、工業基地問題の総点検作業グループに対して、「もし石油の輸入が途絶したら日本経済はどうなるか、検討せよ」との宿題を出した。担当者達は、あり得ない前提で作業をするのはどうかなどと、ぶつぶつ言いながらも、作業にとりかかった。

ところが10月６日に第四次中東戦争が勃発して、10月16日ＯＰＥＣ湾岸６ヶ国は原油公示価格を70％値上げすることを決定した。アフリカ産油国を加えたＯＡＰＥＣが石油の生産削減と供給制限を決定し、サウジアラビアはアメリカ・オランダに石油輸出を禁止する措置をとった。わが国は、あわてて三木副総理を中東８ヶ国に特使として派遣して油請いをした結果、12月25日に、ＯＰＥＣが日本を「友好国」として必要石油量を供給する決定をした。量はなんとか確保できるようになったが、石油の値段は、１バーレル３ドルが12ドルへと一挙に４倍になった。「石油ショック」と「狂乱物価」の始まりである。局員は皆、下河辺局長の先見の明と洞察力の鋭さに脱帽した。

総合開発局の仕事は、国会に提出した新国土総合開発法案を地価の抑制を目的とした法案へ変換する政治の動きに翻弄されつつ終焉を迎える準備を急いだ。

国土利用計画法が成立して国土庁の設置が本決まりになった1974（昭和49）年6月の梅雨の晴れ間の土曜日の午後、東京近郊の銀行の運動場を借りて、総合開発局解散記念のソフトボール大会が開かれた。終わって下河辺局長を真ん中にして全員で記念写真を撮った。悲壮感はなかったが、なんとなく寂寥感がただよっていた。下河辺局長は、ポケットマネーで局員全員に「御礼」という熨斗紙を付けた金属製のしおりを記念品に配った。いまでも筆者の手許にある。

5　国土利用計画法の制定

国土利用計画法が施行されてから40年以上の歳月が流れた。国土利用計画法は、国土総合開発法（国総法）を全面改正して新全総の提案したプロジェクトを強力に推し進めようとした時に、地価が暴騰してそれを緊急に抑え込む必要が生じたため、政治的妥協が行われて成立した法律である。議員立法であるから、経済企画庁の果たした役割に加えるのは適切ではないかも知れない。しかし、経済企画庁の働きなくしてこの法律の成立はあり得なかった。その立案過程における政治と行政の協働と妥協のプロセスは、極めて興味深いものだった。

●下河辺淳氏の回想から

筆者は、1973（昭和48）年1月から1974年6月まで経済企画庁総合開発局総合開発課主査の職にあって、一連の過程を行政側から観察する立場にあった。当時、行政側で尽力した人々の本拠であった経済企画庁総合開発局は、国土利用計画法の成立と同時に創設された国土庁の部局に再編された。「身を捨ててこそ浮かぶ瀬もあれ」のことわざどおり、自らの犠牲のうえに生み出したのが国土利用計画法だったのだ。政治と行政の間を仲介して八面六臂の活躍をした下河辺淳総合開発局長は、事務次官に辞表を提出した上で事に当たっていたという。当時を回顧して、下河辺氏は、次のように語っている。[20]

経済企画庁の最も大きな予算と関連法をもった開発局が国土庁へ移るというので大騒ぎでした。私は当時経済企画庁の局長ですから、責任を取ってやめますといって、辞表を事務次官に出した上で、国土庁の設置のために飛び歩いていました。この際、国土庁の設置に併せて経企庁の強化を図るべきだと思い、一局新設しようと言うことを考えました。はじめ情報局の案が出ました。これは行政機能のコンピュータリゼーションが進むことに対して総括局がいるという構想でした。しかし、経企庁は賛成でなく、最後に物価局新設で話し合いがつきました。それに総合研究開発機構（ＮＩＲＡ）への出資も認めようということになりました。こうなると経企庁としては開発局を失ってもより充実した機関になるということで次官が辞表を返してくれました。その辞表をいまでも持っています。

筆者は、下河辺局長が辞表を書いたことを局長秘書の女性から聞いて知っていて、身の処し方の潔さに深い感動を覚えた。そして、自分もそのような出処進退の美学を胸に仕事をしていこうと心に誓った。1999（平成11）年8月31日に筆者自身が経済企画事務次官を退官するときに胸に去来したのも、この時のことだった。

●国総法の改正をめざして

昭和25年に制定され、27年に一部改正された国土総合開発法（国総法）は、戦後の荒廃した国土を総合的、計画的に保全、開発し、国土資源の積極的利用を期するための計画体系やその策定手続きなどを定めた基本法的法律と言ってよい。しかし、制定当初の経済復興期にあっては、GHQの監視下で米国のTVA方式による防災や資源・エネルギー開発のために、21の特定地域を指定し、特定地域総合開発計画を策定して、それを実施するための手続法的機能しか果たしていなかった。

法本来の国土の利用、開発、保全の大きな枠組みとなる全国総合開発計画が策定されたのは、1962（昭和37）年であった。その後、その基本方針に沿って新産、工特等の個別立法により工業開発が進む一方、高

20　下河辺淳『戦後国土計画への証言』p142

度経済成長に伴う公害や自然環境破壊が多発し、開発と環境の問題が大きなテーマとなってきた。

そうした状況下で、昭和44年5月30日に新全総が閣議決定された。新全総の中には、この計画を達成するための手段として、国総法の改正をはじめ各地方開発促進法その他の地域開発関係法令を体系的に整備することが書き込まれていた。

新全総の策定に大きな役割を果たした下河辺淳氏が1972（昭和47）年に経済企画庁総合開発局長に就任したのと軌を一にして、国総法の改正の動きが現実味を帯びてきた。この時点での問題点は、以下のとおりであった。

第一は、新しい国土総合開発の基本理念を明確化することである。法律を制定した当初は、国土資源の開発に重点が置かれていた。しかし、高度経済成長を経て公害問題や自然環境の破壊の問題が発生し、大規模な開発に対する住民の反対運動などもあって、開発のあり方をめぐって種々の議論がなされるようになった。そこでこの際、法律に開発の理念を規定する必要があるという考え方が強くなってきた。

第二は、時々の政治的、社会的要請によって乱立した地域開発に関する計画を体系化する必要があった。また、これと併せて地方分権化を進める必要もあった。国総法には、全国総合開発計画の他に、都府県総合開発計画や地方総合開発計画の規定はあるものの、その時までこれらの計画は策定されていなかった。さらには、東北開発促進法に基づく東北開発促進計画などのいわゆるブロック開発促進計画や首都圏整備法に基づく首都圏整備計画、北海道開発法に基づく北海道開発計画などの計画が個別に作成されてはいたが、これらの計画相互間の整合は十分に図られていなかった。そのため、国土の総合開発に関する計画の相互関係や計画対象範囲などを体系的に明確にする必要があった。特に全国総合開発計画の基本性と策定過程における地方公共団体との関係について明確にすることが重要であった。また、これらの計画を策定し、実施する権限を国から地方公共団体へ順次移してゆくことも大きな課題であった。

第三に、新全総で提案された「大規模な開発プロジェクト」の実施根拠を法的に明確にするとともに、その実施手続きを明らかにする必要があった。日本各地で大規模な開発プロジェクトが計画されつつあったが、土地取得に際して私権との調整問題や住民の意思を反映する手続きが明確でないためトラブルを招き、実施が円滑に進んでいない例が多く見られた。

●日本列島改造論の登場と新国総法案

こうした中で、１９７２（昭和47）年7月に「日本列島改造論」を旗印に掲げた田中角栄を総理とする内閣が発足した。田中総理は、工業の再配置、全国レベルの交通通信ネットワークの整備、新しい地方都市の建設などを軸として、わが国の国土利用を抜本的に再編成することを政権の柱に据えた。列島改造論が出来るいきさつについて、下河辺氏は次のように語っている。[21]

21　下河辺淳『戦後国土計画への証言』p123

列島改造論はどうやってできたかというと、極めて明快で、田中角栄が自民党の総裁選挙に出る以上、個性的な政策を述べなければいけないというのがあったということです。田中自身としては、列島改造政策を出して総裁選挙に臨みたいと思ったんですね。それはそれでいいことだと思うのです。だけど、その時に田中は通産大臣でしたから、その作業のグループが通産省系の役人とジャーナリストだったわけです。だから、そのメンバーの個性が列島改造論に色濃く出た。その時に、新全総をやったグループは実はちょっと離反していて、それが、後になってまずかったと思うんです。

どうせやるなら、乗り込んでちゃんと書けばよかったと、私などは思ったんですけれども、離反していたのです。田中さんがそのグループを集めて二年がかりで列島改造論をまとめてくれという注文をして、われわれもやりましょうといったところまでは事実なんです。

ところが、幸か不幸か、田中さんが二年を待たずして総理になる雰囲気に変わったのですね。だから、三カ月でまとめてくれという話しに変わったんです。その時に、われわれのグループは拒否して二年ということでしかできないと言ってそのままになった。それで田中角栄さんとしては、それは無理もないと思ったんでしょう。三カ月でつくることを通産の人と、通産系のジャーナリズムに頼んで速成でつくったのが〝列島改造論〟です。

いわゆる「日本列島改造ブーム」によって、全国規模で土地の買い占めや土地投機が起こった。それ以前から過剰流動性を原因として生じていた地価高騰は、とどまるところを知らないという状況となった。こうした課題を解決するために、土地取引関係の特別立法を行うという議論もあったが、土地取引だけの法律を作るより、土地利用の基準となるべき、国土の利用、開発、保全の方向と一体的な法律を作る方が運用上便利であろうということになり、最終的には、国土総合開発法の改正の中で土地の取引の規制措置を含めようということになった。

また、1972（昭和47）年7月24日に津地方裁判所で判決の言い渡しがあったいわゆる「四日市判決」も、この動きを加速した。直接の判決理由ではなかったが、傍論で、「被告らが四日市に進出したについては、当時の国や地方公共団体が、経済優先の考え方から公害問題の惹起等に対する調査検討を経ないまま旧海軍燃料廠の払下げや条例で誘致を奨励するなどの落度があったことが窺がわれる」と指摘し、当時の石油コンビナート等の工業立地段階での環境汚染防止措置に対する地方公共団体および国の責任が間接的に問われたのである。

こうした事態を受けて、7月25日に経済企画庁、環境庁、通産省、建設省および自治省の5省庁の事務次官会議を中心に、国土利用に関する新しい法制の検討が開始された。この会議には、後に首都圏整備委員会、農林省、運輸省および労働省が加わり、9省庁事務次官会議となった。8月7日に経済企画庁がその会議に提出した資料は、「土地利用調整法（案）要旨」および「国土総合開発法に関する検討事項」の二つであった。

前者には、①都道府県知事による土地利用基本計画の作成、②一定規模以上の土地売買の都道府県知事への届出、③都道府県知事による開発行為の許可制、④国の公共施設等の配置に当たっての都道府県知事との土地利用の調整等が含まれており、後者では、現行の国総法について、①開発理念の明確化、②開発計画の体系化、③土地利用の総合調整、④全国総合開発計画の推進措置、⑤開発行政体制の整備等の視点から総合的に検討するものとし、特に、③については、できる限り速やかに措置するものとしていた。

12月19日の第3回「日本列島改造問題懇談会」における田中総理の発言の中で、①国総法の全面改正、②新法における新しい全国総合開発計画の策定および③国土総合開発庁の新設の3点に言及があった。これ以降、新国総法は、日本列島改造の推進法の役割も担うこととなった。この点で、後に述べるように、与野党の対決法案となり、長い漂流を経て、国土利用計画法にとって代わられることとなるのである。

●国土総合開発の理念

筆者は、1973（昭和48）年1月1日付けで出向していた環境庁企画調整局企画調整課から経済企画庁総合開発局総合開発課へ転任の辞令をもらい、新全総の総点検チームに配属された。国総法案作成チームは、調査官の福田多嘉夫氏以下、建設省、農林省、通産省、自治省と山形県庁からの選りすぐりの俊秀達で構成されていた。新国総法案の作成作業は、連日徹夜に近い作業の末に大詰めに近づいているようだった。そんなある日、突如下河辺局長から新全総の総点検担当調査官の海野恒男氏（故人）に、開発の理念の条項の案を書くよう下命があった。法案作成チームとは別の視点が求められたのだと思う。エコノミストの海野調査官は、その作業を環境庁の法令係長を経験した筆者に丸投げした。

筆者は、一晩熟考して、次のような案を局長室で説明する羽目になった。「国土の利用、開発及び保全は、国土が現在及び将来における国民の生活の共通の基盤であることにかんがみ、公共の福祉を優先せしめ、自然環境の保全を図りつつ、地域の自然的、社会的、経済的並びに文化的条件に配意して、健康で文化的な生活環境の確保と国土の均衡ある発展を図ることを基本理念にするものとする」。この案の前段は、瀬戸内海環境保全臨時措置法（のちに法名が特別措置法に変わり恒久法になったが、当時は時限法として立案されつつあった）の「瀬戸内海が、わが国のみならず世界においても比類のない美しさを誇る景勝地として、また、国民にとつて貴重な漁業資源の宝庫として、その恵沢を国民がひとしく享受し、後代の国民に継承すべきものであることにかんがみ」という条文からヒントをもらった。環境庁の経験が少し役に立った。「公共の福祉を優先」および「健康で文化的な生活」は日本国憲法の精神を籠めた。憲法は、「この憲法が国民に保障する自由及び権利は、……常に公共の福祉のためにこれを利用する責任を負ふ（第12条）」と謳っている。また、憲法第25条には、「すべて国民は、健康で文化的な最低限度の生活を営む権利を有する」と規定している。

この案文をじっと眺めていた下河辺局長は、一言、「国土は生産基盤でもあるね」と言った。すぐ案文の修正が行われ、この箇所は、「生活及び生産を通ずる諸活動の共通の基盤である」となった。局長室には、法案作成チームや参事官（後の審議官）、総合開発課長など多数の人がいたが、誰も異議を唱えなかった。

この案は、法案作成チームによる若干の字句の修正と厳しい内閣法制局の審査を経て、閣議決定された新国総法案の第2条となり、国会に提出された。後述するように、この国総法案を下敷きにして、衆議院建設委員会において国土利用計画法案が出来るのだが、その第2条に「国土の利用、開発及び保全は」から、「開発及び保全」が削除された形で生きている。

●新国総法案の国会提出

国会に提出された新国総法案は、旧法と主として、次の点で違いがあった。

第一に、前述のごとく、国土総合開発の基本理念を明らかにした。

第二に、全国総合開発計画が国土の総合開発に関しては、基本的な計画であることを明確にした。旧法では、全国総合開発計画と北海道総合開発計画や東北開発促進計画などのブロック計画などとの対等な立場での調整規定が置かれているに過ぎなかった。

第三に、全国総合開発計画の策定に当たっては、都道府県知事の意見を聞くことになった。旧法では、国の関係行政機関の長の意見を聞くことになっていただけで、地方公共団体の意見を聞かずに国が一方的に地方の将来像を含む全国総合開発計画を策定することができることになっていた。

第四に、土地利用基本計画について規定した。これは、都道府県知事が定めるものとし、これに即して適正かつ合理的な土地利用が図られるよう、土地利用規制等の措置を講ずることとしたものである。これにより、土地利用規制の権限が都道府県知事の権限となり、地方分権が一歩前進した。ただ、実際の土地利用規制は、「この法律に定めるもののほか、別に法律で定めるところにより」として、都市計画法、農地法、森林法などにゆだねられた。

第五に、特別規制地域制度が設けられた。相当範囲にわたり土地利用の現況に著しい変動を及ぼすと認められる事業が実施され、もしくは実施が予定されている地域及びその周辺の地域または急速に市街化が進行し、もしくは進行すると予想される地域について、①土地の投機的取引が行われ、またはそのおそれがあること、②土地の価格が急速に上昇し、または上昇するおそれがあること、という事態が生ずると認められる場合に「特別規制地域」を指定し、ここでの土地取引については都道府県知事の許可制とした。許可に当たっては、土地の価格面と利用面が考慮されることになった。

第六に、特定総合開発地域の制度を創設したことである。都道府県知事は、新都市の開発、自然環境の保護及び利用、産業の立地基盤の開発及び交通結節拠点の開発のいずれかを主たる目的とする総合開発を特に促進する必要がある場合には、「特定総合開発地域」の指定を行い、優先的かつ計画的にこれを行うための措置を定めている。

以上のように、旧国総法が、もっぱら資源・エネルギー・工業開発中心の法律として高度経済成長を下支えし、環境破壊や公害問題の原因となったと言われたのに対して、新法では、国土開発は、自然環境の保全を図りつつ、地域の自然的、社会的、経済的及び文化的条件に配慮して行うことを基本理念に掲げたことが特筆すべき点である。また、高度成長の結果もたらされた地価の高騰と乱開発等の土地問題に対処するために、土地利用規制と土地取引規制の基本法的な色彩も濃厚となった。さらに、土地利用規制や土地取引規制の主体を都道府県知事として、地方分権を鮮明にした点も画期的であった。

このような内容の国総法案は、政府案として1973（昭和48）年3月31日に第71回国会に提出された。その後、4月19日に衆議院本会議において趣旨説明があり、建設委員会に付託された。建設委員会では、5月11日に提案理由説明があったあと、6月29日、7月4日、7月6日および7月13日に質疑が行われたが、社会党を筆頭とする野党は、この法案は、もっぱら田中総理の「日本列島改造論」を推進するためのものであるとして、強く抵抗して「対決法案」のレッテルを張った。

社会党は、農地を除く土地取引について市町村長の許可制にすること等を内容とする「土地対策緊急措置法案」を国会に提案し、7月13日の衆議院建設委員会で提案理由説明を行った。その後も与野党の膠着状態は続き、建設委員会が開かれないまま、結局、9月27日の衆議院本会議で閉会中の審査を決めて、国総法案は継続審議となった。

●改正に向けた与野党協議の開始

11月7日、12日、15日に建設委員会で閉会中審査が行われたが、社会党、公明党および共産党の三党は出席せず、自民党と民社党の議員だけの審議は、盛り上がりを欠き、もっぱら浜田幸一議員等の一方的演説の場の印象が残った。

下河辺氏は、日本列島改造論が新全総を下敷きにしていると言われることに執拗に反論していたが、マスメディア等はそう決めつけていた。その雰囲気の中で、国総法案が国会に提出されたので、田中内閣が日本列島改造を本気で進めることを示すサインとなってしまったようで、土地投機の動きは一層激しくなり、地価高騰に拍車がかかったように思われた。これを放置することは政治的に許されるものではないと誰もが感じるようになった。野党としても、国総法案にある土地問題解決の有力な手段としての土地利用規制と土地取引規制の部分をいつまでも無視し続けることは出来なかったと思われる。

11月に田中内閣の屋台骨を背負っていた愛知揆一大蔵大臣が亡くなった。後任の大蔵大臣は、福田赳夫氏に決まった。福田氏は、そのいきさつを1993年1月25日付け日経新聞の「私の履歴書」で次のように書いている。


田中総理は「福田君、ひとつ愛知君の後をやってくれないか」という。そこで、「今の日本の経済がこんなことになったのはなぜと考える」と聞くと「石油ショックだ」と答える。私は「そうじゃない。これは日本列島改造がきっかけになって地価が急騰しそれにつれて一般物価が上昇し、国際収支も赤字になったのだ。列島改造の看板を下ろさないとどうしようもない」と迫った。しかし、総理は、「あれはわしの一枚看板で下ろすのは難しい」というから、「それじゃ、大蔵大臣は引き受けられぬ」といって「お互い一晩考えよう」ということになりその日は別れた。翌日再び官邸に行くと、田中総理が「日本列島改造は君の言う通りにするよ。これからは自分は経済問題には口を出さない」とまで言ったので大蔵大臣を引き受けることにした。

1973（昭和48）年12月1日に第72回国会が開かれると、四野党の書記長、書記局長は、「国総法案はあくまで撤回を求めて闘うが、国民のための有効な土地対策は推進する」ことを確認し合った。12月から1974（昭和49）年2月までの間に衆議院建設委員会理事懇談会が8回開かれた。筆者は、これをフォローする担当を命ぜられて、せっせと国会に通った。建設委員長は、「元帥」とよばれていた木村武雄議員、与党自民党の筆頭理事は天野光晴議員で、社会党井上普方、公明党北側義一、民社党渡辺武三、共産党浦井洋の各議員が理事だったように記憶している。渡部恒三議員、梶山静六議員、小沢一郎議員等後に党の領袖や大臣になる「田中派」の面々が建設委員会所属の議員として理事懇談会の模様を見守っていた。

メモをとることが許されなかったので、終わると急いで役所に帰り、忘れないうちに下河辺局長以下法令作成チームに報告した。時々、議論が微妙な段階になると、「役人は外へ出ろ」と傍聴ができなくなることがあった。そんな時には、理事懇終了後に、渡部恒三議員がプレス相手にブリーフィングしていたので、そこに潜り込んで、新聞記者のような顔をして内容を聞き出して報告したこともあった。法案作成チームが幾晩も徹夜して練り上げた法案が、弊履を棄つるがごとく扱われて次第に骨抜きにされようとしている状況を報告するのがつらかった。下河辺局長は、与野党の理事や有力議員の間を飛び回っては逐一田中総理と相談しながら妥協点を模索していたようだった。筆者は、局長の「カバン持ち」のような役も務めていたので、局長に随行して各方面を回り、借りていたホテルの一室に戻って来て、局長の口述を書き留めるなどして次回の建設委員会理事懇に提出する資料作りをした。

1974（昭和49）年1月23日の建設委員会理事懇で、自民党の理事の口から、国総法案の大幅修正に応ずる意向が示された。また、2月14日には、田中総理から、国総法案について、土地利用規制を中心にした修正に備え、内容を整理するように指示があった。忘れられないのは、野党理事が土地取引を全面的に許可制にすべしと主張して理事懇が膠着状態になった時のことである。ホテルの部屋で、下河辺局長の口述が、野党のその主張に委員長がどう答えるかについての箇所にきて、ふと止まった。局長は、しばらく苦吟し、独り言のように「どう答えたらいいんだろう?」とつぶやいた。土地取引をすべて許可制にすることは、土地取引を原則禁止するのに等しい。これは、私有財産権を認める憲法に抵触するのではないかと考えられる。筆者は、とっさに「これを憲法違反にならないように法文にするのはかなり困難ですから、『立法技術上困難である』としてはどうでしょうか」、と言ったところ、局長はそれに賛同して、委員長発言メモに、そのように記述した覚えがある。翌日の理事懇には下河辺局長が出席し、木村委員長に促されて、実に巧みに、土地取引を全面的に許可制に出来ない理由を答弁した。木村委員長が「さすが、専門家に任せれば、かくのごとく明快だ」というようなことを言い、全国一律の許可制はとらないことに即決した。この2ヶ月間の下河辺局長の超人的な努力には頭が下がった。

●新国総法案の窯変による国土利用計画法の成立

2月28日の建設委員会理事懇に、自民党の天野光晴理事から、「国土総合開発法案の修正について」というメモ（いわゆる「天野提案」）が提出された。原案は下河辺氏が作ったものだ。その内容は、次の通りである。

1　土地取引規制及び土地利用計画等に関する問題については、各党の提案を検討のうえ、所要の修正を行うこととする。

2　土地取引規制については、利用と価格の両面から規制するものとするが、まず下記の問題について検討を加えるものとする。

①許可制の対象地域の指定要件を拡充すること。

②固定資産税評価額に修正率を乗じて得た額を基準とするなど規制価格の性格及び算定方式を明確化すること。

③国及び地方公共団体の責任体制を明確にするとともに、立ち入り調査権、調査員制度などを加え、規制体制の整備を図ること。

3　土地利用計画については、土地取引規制における利用面の規制の基準となるべきものであることに鑑み、まず下記の問題について検討を加えるものとする。

①全国及び都道府県の区域における土地利用を策定するため、その内容及び手続きを充実すること。②開発行為の規制については、関連法令による規制との調整を図ること。③土地利用計画の大幅な修正のための調整若しくは大規模な開発行為の調整等のため、環境保全、公害防止の立場から特定の地域における土地利用の再調整を図ること。

4　上記の成果をふまえ、法案の名称等について検討するものとする。

要するに、国総法案から、開発部分を削除して土地取引規制の部分を強化するとともに土地利用計画の部分に調整を加え、名称を変更しようというものだった。野党の主張に大幅に歩み寄る姿勢が窺われたが、これに対して、3月29日には建設委員会理事懇で、社会党、民社党、公明党および共産党の野党4党は、土地規制に関する「共同要求案」を提示した。その内容は、①国は、土地実態調査の結果を毎年国会に報告する、②国、地方自治体は大企業などが所有する一定規模以上の未利用地を買い上げる、③土地の標準価格は、固定資産税評価額、時価などを基礎として定める等であった。

●建設委員会理事有志懇談会による法案作成

翌3月30日の理事懇で自民党は、「大企業の未利用地の買い上げ」以外についてはおおむね同調する旨の回答をして、4月1日以後、衆議院建設委員会理事懇を舞台に法案の詰めが行われることになった。4月3日には、共産党理事が、自民党が土地対策のための具体的な法案を提出することが先であるなどとの理由から理事懇を退席したため、これ以降は、建設委員会理事有志懇談会で立法化の話し合いが行われることになる。

この会合は、4月5日、8日、9日、10日、11日、12日、13日と精力的に続けられた。政府の提出した法案をもとに、新しい法案に変換しようと与野党の理事が額を集めて真剣な話し合いをする姿は、いわゆる55年体制の時代では珍しいことだったように思う。場所も院内や議員会館ではなく、国会図書館の会議室を借りた。あとで、国会図書館の係の人から、「ここは、議員が立法のための調査をする場所で、与野党の政治折衝の場ではない」とこっぴどく叱られたが、異例のこととして事後承諾してもらうしかなかった。

話し合いは長時間に及ぶことが多かった。お茶は、第四合同庁舎の経済企画庁から、総合開発局の庶務の職員が運んで来てくれたように記憶する。何回目かのお茶の時間に、ある理事が「岡埜栄泉の豆大福が食べたいねえ」と言うので、慌てて職員を上野の店まで走らせたこともあった。それを出すと各理事がみなぺろりと平らげ「もっとないのか」という顔をする。政治家の健啖ぶりに度肝を抜かれた。次の日から、お茶の時間には、必ず大量の大福を配ることにしたら、「この大福には、㊎印が打ってあるぞ」などという冗談も出て、与野党せめぎ合いの場がしばしば和んだ。いま、上野のこの店の前を通ると往時を思い出して感慨にふけることがある。

正確な日付は思い出せないのだが、この頃、与野党が合意しつつあった国土利用計画法案の附則に、「国土総合開発法（昭和25年法律第２０５号）は、廃止する」という条文があった。もし、国会で新しい国土利用計画法が成立すれば、政府が提出している国総法案は、国会終了時に審議未了で廃案となる可能性があった。すると、新全総を総点検して策定する新しい全国総合開発計画を日本列島改造の看板と掛け替えようとしている田中内閣の政策の法的根拠がなくなってしまうかも知れない。その頃は、理事懇の資料作りなどで深夜まで仕事をするのが常態化していた。そんなある日の深夜に下河辺局長に呼ばれ、「この案の『国土利用計画』の部分を削除して、『土地利用基本計画』を『国土利用計画』に変換した案を明日の朝までに作って欲しい。秘密を要するので、自宅で作業して、明日の朝までに持って来てくれ」という命令を受けた。局長の意図は、国総法が消滅した場合に、「土地利用基本計画」を土地利用規制の基準としてだけでなく開発計画の根拠にしようとの考えだと理解した。

当時筆者は、文京区本郷に住んでいたので、タクシーで自宅へ帰り、徹夜でその作業をして、翌朝役所へ取って返した。深夜に帰って来て一睡もせずに着替えもそこそこに出勤する姿をみて、学者の家庭に育った妻は、役所とは人を牛馬のようにこき使う変なところだと思ったようだが、事情を話すわけにはいかなかった。しかし、その作業は、まったく無駄であった。局長に提出すると、「国総法を廃止する条文は削除することになったから、この作業は必要なくなった。ご苦労だったね」と言われ、愕然とした。筆者の手元には、B４判用紙に現在の国土利用計画法とほぼ同じ条文が手書きで書かれたゼロックスコピーに、赤鉛筆で修正を施した41ページの資料が空しく眠っている。

そうした紆余曲折の末に、政府提案の国総法案とは別に、「国土利用計画法案」を衆議院建設委員会として提案することが決定された。衆議院法制局の審査を経て法文がまとまったあとの最終確認は、衆議院常任委員長室で行われた。

政府側からは下河辺局長と筆者の2人しか出席していなかったので、当然筆者が読み手になった。全部で50条に上る法文を逐一読み上げると2時間以上はかかる。覚悟を決めて読み始めると皆おし黙って聞いている。途中で、コップの水が配られたが、普段意地の悪い質問をして政府をいじめるという評判の野党の理事が、わざわざ筆者のところへ水を持ってきてくれた。自分では気が付かなかったが、終わり近くになって声が嗄れ始めたとみた下河辺局長が読み手を交代して、ともかく全文の読み合わせが終了し、誰からも異議がなく、法案がここに整った。

5月8日に、衆議院建設委員会は、理事有志起草の国土利用計画法案を成案として委員会提案とすることを可決した。共産党のみ反対であった。

●与野党による念書の作成

法案の採決に当たっては、その施行について、立法府と行政府の間にいくつかの約束が行われた。それは、建設委員会の共産党を除く与野党の理事の間で「念書」を取り交わして確認した内容を、立法者側を代表して、木村武雄建設委員長から行政府への要望として述べ、施行側代表の内田常雄経済企画庁長官が答弁するという形式を踏んでいる。

その内容の一つは、「国土利用計画」の解釈である。これは、直接に開発事業の実施を図る性格のものではなく、総合的かつ計画的な国土の利用を確保するための長期計画であるとされ、開発事業の計画決定については、他の法令等の定めによることとされた。ここで、旧国総法により、新しい全国総合開発計画の策定ができることが担保されたわけである。しかし、これは、1972（昭和47）年7月以来、旧国総法に課された課題解決のための改正案作りの努力が反故になったことをも意味した。

二つは、「土地利用基本計画」の解釈に関することである。この計画は、土地取引規制、開発行為の規制、遊休土地に関する措置等を実施するための基本計画であると解することが確認された。

三つは、都道府県知事が指定した「規制区域」内の土地取引の許可基準に関するものである。現況地目宅地の売買契約を締結しようとする場合、政令で定める規制価格に照らして適正を欠くときには許可されないこととされたが、その許可基準を、「市場相場の7～8割程度を政策的な目標として適切な算定方式を定めること」が確認された。取引価格に行政が介入しなければ、宅地価格の高騰を抑制できなかったのである。

四つは、規制区域の指定等に関する内閣総理大臣の指示権および代行権についてである。地方公共団体の長の権限を最大限尊重することが確認された。

五つは、地方公共団体に対する行財政上の措置についてである。この法律は、地方公共団体に大幅に権限を委譲し、地方公共団体の事務および事業が増大していることに対して、国は、行財政上の措置を拡充することが約束された。

その「念書」の作成作業は、経済企画庁総合開発局で行った。職員が徹夜で和文タイプした薄紙2枚を二つ折りにしてこよりで綴じたものである。建設委員会で法案が可決された直後に、筆者が各理事の間を回って捺印してもらった。建設委員会でまったく同じ内容が公にされたので、念書は不要だったことになるのだが、記念の儀式のように見えた。与野党理事が捺印した本文は、一般財団法人日本開発構想研究所内の「戦後国土計画関連資料アーカイヴス」に所蔵されている。

国土利用計画法案は、翌5月9日に衆議院本会議で可決し、参議院に送付され、参議院建設委員会で5月14日に質疑、5月16日には、質疑、討論、採決が行われ、共産党を除く与野党の賛成で可決した。最終的には、5月27日の参議院本会議で可決、成立し、6月25日に公布された。第72回国会の終了とともに、政府提出の国総法案は廃案となり、同法案で「廃止する」とされていた昭和25年に制定された旧国総法が復活することになった。なお、参議院建設委員会で可決してから、本会議まで相当日数が経っているのは、この間に、田中総理がテレビ対談で、「国土利用計画法は、国総法の名前が変わっただけで、中身は変わらない」と発言し、野党側が硬化したためと言われている。

●「国土開発」を「国土利用」に言い換えて思考停止

国土利用計画法は、与野党間の妥協の産物である。政府提案の国総法案をもとにしているが、ここから「総合開発」という文言がことごとく削除されている。同じ国会に提出されていた「国土総合開発庁設置法案」

も「国土庁設置法案」と改称された。世の中に開発は諸悪の根源であるという雰囲気が蔓延していた。政府案の開発は、基本理念に謳っていたように、自然環境の保全を図りつつ行うことが大前提であった。

しかし、野党は、開発すなわち自然環境破壊と短絡的に考え、立法過程で、開発の文字およびそれらしい条項、たとえば「特定総合開発地域」の章は、跡形もなく消えてしまった。自民党側も、譲歩を重ね、「国土利用」と言い換え、総合開発の色を薄めて「玉虫色」の解決を図ろうとしたが、結局、国土利用計画は、開発行為の計画ではないとダメ押しされ、その試みも成功しなかった。

その結果、全国総合開発計画の「基本性」の規定や、策定手続において都道府県知事が意見を述べることができることを定めた規定も生かされず、昭和25年制定の旧態依然とした国総法に則って第三次全国総合開発計画（三全総）が策定されることになった。

日本経済の持続的発展のためには、今後とも、狭隘な国土を自然環境の保全を図りつつ、開発、利用していかねばならない。開発か自然破壊かの二項対立ではなく、開発行為と自然環境保全との折り合いをどうつけていくか、国民的議論が必要なときであったのだが、地価の狂乱的騰貴を抑え込むという緊急性の前に、言葉の言い換えをしただけで、あとは思考停止をしてしまい、その機会は永く失われてしまった。

また、野党が土地取引について全面的に許可制にする案を唱えた背景には、「土地公有化論」があったと思われる。ちょうどその頃、国民的作家の呼び声が高かった司馬遼太郎が、土地問題の究極的解決は、土地をすべて公有化するしかないといった発言をしていた。下河辺局長は、同氏と対談してその意見に共感していたふしがある。今にして思うのだが、野党の全面許可制に対してどう答えたものかと迷ったのは、一瞬司馬遼太郎の顔が局長の脳裏をかすめたからではなかろうか。

笠信太郎が「花見酒の経済」の中で、地価の法外な騰貴が信用の大膨張をもたらし、経済の不健全な発展につながっていることに痛烈な警告を発したのは、1962（昭和37）年のことであった。その警告にまったく耳を貸さずに抜本的な土地対策をなおざりにしてきた結果、わが国経済は、地価の乱高下に悩まされ続けて来た。国土利用計画法が施行された後にも、土地バブルの時代があった。そして、今なおバブル崩壊の後遺症から完全に抜け出したとはいえない。そうした意味で、このとき、土地問題の国民的議論の機会がもっとあれば、あるいは地価の乱高下を防ぐいい知恵が生まれたかも知れないと思う。目先の弥縫策に急なあまり、その機会を失ったことが悔やまれてならない。

なお、筆者は、たまたま1995（平成7）年6月から1997年6月まで、国土庁計画・調整局長として、国総法に基づく第五次全国総合開発計画および国土利用計画法に基づく第三次（全国）国土利用計画の策定とりまとめの担当局長を務めた。奇しき因縁というべきであろうか。

第七章

国際経済の荒波に翻弄された70～80年代

1970~80年代の日本経済は、海の向こうからやってくる大波に翻弄された。最初の大波は、1971年8月16日（日本時間）のニクソン・ショックだった。第二波は、二度にわたる石油ショックだった。そして第三の波は、「プラザ合意」であった。この後に日本経済は、円高の嵐に見舞われ、円高不況対策が結局バブルにつながり、その崩壊により「全治20年以上」の重傷を負うことになる。その過程で経済企画庁は奮戦空しく消滅の憂き目に遭ったのである。

1　ニクソン・ショックの襲来

●日米貿易不均衡の重大化

1969（昭和44）年9月1日に日銀は金融引き締めを実施した。いわゆる「いざなぎ景気」のまっただ中にあって、物価が上がり始めたので、予防的な引き締めだった。宇佐見日銀総裁は、「経済の急速な拡大に伴い、物価の続騰、金融機関貸出の著増等、懸念すべき現象が現れており、……この際景気の行き過ぎを未然に防止する措置を採ることが適当と考えた」と語っている。

当時筆者は、経済企画庁調査局内国調査課貿易班長という職にあって、国際収支の動向を観察していた。日本の国際収支は、毎月のように黒字幅が拡大していた。逆にアメリカの国際収支の赤字幅は拡大していた。日米貿易収支の不均衡が話題になり出していた。

ある日突然高島節男[1]事務次官から呼ばれた。次官が入庁3年目の若造を呼んで説明させるなどというのは、他の役所ではあまり考えられないことだろう。経済企画庁は、上下の差別意識がそれほどなく、幹部会などでも、傍聴席に控えている若手が時には議論に加わるというような、比較的自由な雰囲気があった。高島次官の質問は、9月1日の日銀の金融引き締めが国際収支にどういう影響を及ぼすか、というものであった。筆者は、「この引き締めは、日本の国際収支の黒字幅を一層拡大して、円の切り上げにつながるおそれがあります」と率直に説明した。当時の大方のエコノミストの考えを述べたにすぎなかった。しかし、「円の切り上げ」という言葉はタブーであった。通産省出身の高島次官は、理屈は分かったが、そんなことにはなるまい、という顔つきだった。戦後の復興から高度経済成長期にかけて日本産業をひっぱってきたと自負する通産官僚出身者は、1949（昭和24）年から連綿と続いてきた1ドル360円の大前提の為替レートが変わるなどとは思ってもみなかったに違いない。

日本の国際収支の黒字幅が拡大して行くのとは逆にアメリカの国際収支赤字、特に対日貿易赤字は急増して行き、結局これが国際通貨危機の引き金になるのである。政府は、1971（昭和46）年6月に8項目からなる「総合的対外経済政策に関する基本政策」を発表した。いわゆる「第一次円対策」がこれである。8項目とは、①輸入自由化の促進、②特恵関税の早期実施、③関税引き下げの推進、④資本自由化の促進、⑤

1　故人、三井金属鉱業社長などを歴任

非関税障壁の整理、⑥経済協力の推進、⑦秩序ある輸出の確立、⑧財政金融政策の機動的運営、であった。当然のことながら為替レートに関する項目はなく、内需を拡大して輸入を増やし、貿易収支の黒字を減らすことが優先された。

ショックはアメリカからやって来た。1971（昭和46）年8月15日（日本時間は16日）、ニクソン大統領は、金とドル兌換紙幣との交換を一時停止、輸入課徴金の徴収、物価賃金の凍結、減税による需要喚起を含む一連の緊急経済対策を発表するとともに主要国平価の調整によって局面を打開することを要求した。「アメリカファースト」の思想は、トランプ大統領に始まったわけではない。第二次世界大戦後の世界の貿易秩序であった「ブレトンウッズ体制」を一つの大統領声明で崩壊させることになった。

●スミソニアン・レートへ

この危機への対処の仕方は、ヨーロッパと日本では大きく異なった。ヨーロッパ諸国は、一週間為替市場を閉鎖したあと、再開時にフランスが二重相場制を採用したほかは、西ドイツを含むほとんどの国が変動相場制によることになった。

しかし、日本は2週間近くの間為替市場を開いて、1ドル360円でドルを買い支えたあと、8月28日になってようやく変動相場制に移行した。この間の日本の対応はヨーロッパ諸国から批判された。ヨーロッパと日本が協力してアメリカと通貨交渉をしようとする矢先に、日本だけが単独でドルを買い支えたのは理解に苦しむということだった。金との交換を一時停止したドル紙幣の価値は下がるのは明らかで、いわば値下がりが明らかなドルを日銀券で買い支えるのは国損というべきものであろう。この間に39億ドルという巨額なドルが買い支えられ、日本の外貨準備高は、1971（昭和46）年第2四半期末に76億ドルだったものが、第3四半期末には134億ドルと急増した。

IMF総会や10ヶ国蔵相会議などを通じて通貨の多角的調整努力が続けられたが、12月18日にワシントンのスミソニアン会議で多国間通貨調整が実現した。ドルが金に対して7・89％切り下げられたのに対して、円は、16・88％切り上げられ1ドルが308円となった。先進国中最大の切り上げ幅であった。

経済理論からいえば、当時の日本経済が直面した国際収支の大幅黒字と物価高騰という課題の解決には、円の切り上げこそが最良の処方箋だったと思われる。しかし、実際は、1ドル360円に固執して、内需拡大による輸入の拡大によって黒字減らしを図るという政策の実施に終始した。

スミソニアン・レートのショックが一段落したあとに書かれた1972（昭和47）年度経済白書の副題は、「新しい福祉社会の建設」で、執筆責任者は、内国調査課長の佐々木孝男氏[2]であったが、円切り上げの効用について次のように述べている。

2　故人、総合計画局審議官、経済研究所長、連合総研所長などを歴任

円の切上げは、相手国市場におけるわが国輸出価格の上昇、国内における輸入価格の低落をもたらし、輸出の伸びを抑え、輸入の伸びを高めることによって、国際収支の黒字縮小と国内物価の安定に寄与するはずである。それはまた内外における競争を促進させ、低生産性部門の転換を促し、経済構造の近代化を進めるとともに、これまで輸出に傾斜しがちであった資源配分のパターンを是正し、福祉充実へのきっかけとしても役立つ。

そして、ニクソン・ショックに至るまで、円切り上げ回避にこだわって過剰流動性を発生させた反省から、「一般には基礎的不均衡が存在するにもかかわらずレートを不変に維持することは、資源配分をゆがめ福祉充実をさまたげるなど、かえって混乱を大きくするものであることが考慮されなければならない」とした。さらに、「海外情勢が変化するなかで、平価固定に執着して物価の上昇や内外の資源配分の歪みを放置することは、福祉向上の観点からさけなければならない……必要な場合には為替政策の活用も検討さるべきものといえよう」と述べている。

しかし、為替政策のみで、すべての経済バランスがうまく調整されるわけではなかった。特に成長重視の政策スタンスの観点からは、円切り上げや変動相場制に移行したあとの円高のデフレ効果を減殺するために、金融・財政両面からの景気刺激策を採り続けなければならなかった。

１９７１（昭和46）年12月29日に日銀は公定歩合を０・５％下げ、47年度予算を一般会計で前年度に比べ

21・8％、財政投融資で31・6％増加させる大型予算を編成した。円高不況回避のかけ声に呼応して日銀は、1972（昭和47）年6月には公定歩合をさらに0・5％下げ4・25％と戦後最低の水準にまで引き下げた。物価安定は無視され、景気後退を回避することに政策の中心が置かれた。

2　田中内閣の経済政策

1972（昭和47）年7月に発足した田中角栄内閣は、「日本列島改造論」を旗印に積極財政と金融緩和政策を推し進めた。1972（昭和47）年11月には大型の補正予算が編成された。この時、経済企画庁のエコノミスト達は、「田中内閣はブレーキとアクセルを踏み間違えたのでは？」とつぶやいていた。しかし具体的な政策として外に向かって発信することはなかった。

戦後のインフレを収めるために時限的に設置された役所の伝統を持つ経済企画庁は、高度成長期を経て、物価安定より成長を優先するように変わって行ったように見える。田中内閣の経済政策に対しては、ただ拱手するばかりでなすすべがなかった。政府部内では、「インフレ」という言葉もタブーであった。経済白書などの各省協議の際、大蔵省は、「インフレ」という言葉を削除させるのに躍起となっていた。それを見つけては指摘する職員がいて、「インフレ担当官」というあだ名が付いたほどだった。田中角栄総理が国会で「日本列島改造を進めれば物価上昇も収まります」という答弁をするのを聞いて唖然としたのを覚えている。

1973（昭和48）年度予算も、前年度を一般会計で24・6％、財政投融資で28・3％上回る超大型となった。年金と健康保険給付の画期的拡充が行われたためである。「日本列島改造」に「福祉元年」の旗印が加わった。2月にはドル売りが殺到して、この時は、前回に懲りて外為市場をすぐ閉鎖したものの、14日には変動相場制に移行し、為替レートは、1ドル264円に急騰した。驚いた政府は、20日に財政投融資を1000億円以上追加すると発表した。

しかし、3月16日に、田中総理が国会で円切り上げ回避のために拡大政策に行き過ぎがあったことを認めて、「金融引き締めと財政支出の調整により総需要の抑制を図る」と答弁した。日銀は、4、5、7、8月と公定歩合を矢継ぎ早に0・5％ずつ引き上げ、7・0％としたが、ほとんど焼け石に水であった。日本列島改造ブームの中で、人々は過大な需要拡大の期待をもっていたので、少々の引き締めでは効果がなかった。そこへ石油ショックが追い打ちをかけた。

1973年10月に第四次中東戦争が勃発した。これを機にOPECは非友好国への石油輸出を停止するというニュースが伝えられた。実際にはOPECが石油を5％減産し、石油元売りメジャーが日本に対して10％の原油供給削減を通知してきた。石油消費国は一斉に原油資源の確保に走り出し、国際石油価格は1バーレル3ドルから12ドルへと一挙に4倍になった。消費者物価が急騰して1974（昭和49）年中、前年比が20％を下回った月はなかった。トイレットペーパーのような生活必需物資が店頭から姿を消し大騒ぎになった。景気も急速に悪化して、人々や企業は、一億総悲観論にうちひしがれた。

3　水際立った福田長官の狂乱物価退治

いわゆる「狂乱物価」とは、第一次石油ショック以降のハイパー・インフレーションを指す言葉で、福田赳夫氏の命名である。しかし、物価が高騰を始めたのは、石油ショック以前の1972（昭和47）年末ごろからだった。異常気象の影響からアメリカで大豆が値上がりした影響もあって、世界的なインフレ傾向が基調にあった。

●未知の「スタグフレーション」対策

悪性インフレとの闘いは、経済安定本部以来多くの経験を積んだ経済企画庁の得意分野であった。しかし、インフレに不況が伴う戦後初の「スタグフレーション」への対応は、未知のものだった。旧来の金融・財政政策だけでは、「スタグフレーション」からの脱却は極めて困難だった。未曾有の難局に立ち向かう経済企画庁を率いるのは福田赳夫経済企画庁長官であった。福田氏は、副総理も兼ねていた。三木武夫総理は、経済政策のことは一切福田氏に任せていた。福田氏は、直前の田中内閣の大蔵大臣だったから、狂乱物価を助長した政策のつけを払わされる立場に立たされたわけでもある。

ともかくも、福田副総理・経済企画庁長官は、就任早々経済の現状を「全治3年」と診断して見せた。そして、経済企画庁は「狂乱物価」とモノ不足に対応するため、長官のリーダーシップの下、1974（昭和

49）年12月には、経済企画庁が事務局を務める「経済対策閣僚会議」を設けて、日本経済の病弊を治療することになった。3年後の1976（昭和51）年3月の消費者物価指数の前年同月比は、宣言通り10％を下回った。1974（昭和49）年から77年ごろの3年間は、経済企画庁がまさに「経済戦略本部」の役割を果たした時期だった。

スタグフレーションへの処方の第一は、厳しい総需要の抑制であった。公定歩合は、9％まで引き上げられた。しかし、過剰流動性が大きかったので、企業の手許流動性は高水準であり、企業金融は逼迫せず、金融引き締めの効果はなかなか浸透しなかった。

第二は、重要な生活必需品・基礎物資や公共料金などの価格抑制策である。これより先1973（昭和48）年7月には経済企画庁に物価局が出来ていた。田中内閣で日本列島改造を推進するための法律として国土総合開発法を全面改正するとともに、経済企画庁から総合開発局を切り離してそれを核にして国土庁を作る計画があった。しかし、国土総合開発法が与野党の対決法案になり国会審議が進まないうちに、総合開発局の見返りとして経済企画庁に物価局を設置する法案が通って、一足早く発足したのであった。

買い占め売り惜しみや投機的な行為に対しては、統制的な手法の導入が模索された。経済企画庁で「国民生活安定緊急措置法案」および「買占め売り惜しみ防止法案」が急遽立案され、国会の議決を得て実施に移された。通産省も「石油需給適正化法」を制定した。そして、「国民生活安定緊急措置法」によって、灯油、トイレットペーパーなどの標準価格が設定され、違反者には罰則が課された。また、国鉄料金などの公共料金は凍結された。さらに、重要物資の価格引き上げが行政指導によって抑えられた。

まだ田中内閣のときであったが、1946（昭和21）年3月に制定され、戦後のインフレ抑制のために活用された「物価統制令」によって個別物資の価格統制を行うという案も浮上した。勅令によって作られた物価統制令は、当時まだ効力をもっていた。経済企画庁には経済安定本部時代に物価統制令による統制の実施に携わった人が大勢いたが、経済企画庁内の雰囲気は、統制的行政手法には強い抵抗感を示した。結局統制時代を熟知する自民党の椎名悦三郎副総裁の反対で物価統制令の発動は実現されなかったという。経済企画庁のエコノミスト達は胸をなで下ろした。

行政指導によるものとしては、価格引き上げの事前了承制があった。これにより、小棒、アルミ地金、高圧ポリエチレン、セメント、板ガラス、合成洗剤など59品目が指定されて値上げを抑えられた。[3]

●「日本的所得政策」の実施

第三に、賃金と物価の悪循環を断ちきるために行われた行政指導と産業保護を組み合わせた「日本的所得政策」が行われた。これは、奥野正寛東京大学教授によって「三方一両損的解決」と言われたように、[4]労働

3　香西泰『高度成長の時代』p207 表1

4　奥野正寛「バブル経済とその破綻処理」（総合研究開発機構（ＮＩＲＡ）編『平成バブルの研究（上）』p54）

側、企業側、政府の三者がそれぞれ損失をわけあって結果として全体がうまく収まるというものであった。

一つは、労働側の賃上げ要求をできるだけ低く抑えさせた。企業側は１９７５（昭和50）年度の春闘の賃上げ目標を15％に設定した。いろいろなチャネルを使って労働側にこの目標を徹底させた。労働大臣の私的諮問機関の「産業労働懇話会」（産労懇）などは、政府の政策意図を労使双方に伝える場としては都合がよかった。筆者も経済企画庁調整局長の時には度々これに出席して、政府経済見通しにおける1人当たり雇用者所得の見通しなどを説明したことがある。

二つは、企業側は、従業員の雇用確保と最終生産物価格の引き上げを極力抑制するようにした。１９７５（昭和50）年の最高裁の判決によって、企業は不況や経営悪化を理由にした解雇が事実上不可能になった。いわゆる「解雇権濫用法理」によって、雇用確保が司法の側からも支えられた。

三つは、政府が企業保護に乗り出した。主な政策手段は、１９７５（昭和50）年1月に導入された「雇用調整給付金制度」であった。労使協定に基づいて休業に伴う休業手当を支払った事業者に対してその手当の2分の1（中小企業は3分の2）が国によって助成された。この給付金の他にも色々な産業保護が行われた。これを賄うために、政府は、国債の大増発に踏み切った。

このような所得政策は、当初から明確な目標をもって戦略的に行われたのではない。恐らく各主体がそれぞれ危機的な状況を回避するために努力を続けるうちに、結果的にうまく収まったのだろう。１９７５（昭和50）年度の経済白書は、「春季賃上げ交渉妥結時期がかなり遅れ……賃上げ妥結額が、時期が遅くなるほど低くなった」と指摘している。[5]

しかしながら、「狂乱物価」を収束させるために、この「日本的所得政策」が果たした役割を過大に評価することは出来ない。主役はあくまで、金融・財政面のマクロ的な引き締め策であったと思われる。戦後最大の不況と引き替えにインフレを押さえ込み、物価上昇が賃金・所得の上昇を通じて悪循環するプロセスを早期に断ち切ったのである。

消費者物価は、1975（昭和50）年3月には前年比で14・2%になった。そして翌1976（昭和51）年3月には、8・6%と一桁台になった。福田赳夫経済企画庁長官の水際だった采配ぶりが印象に残った。

●小島英敏氏の回想から

その頃、国民生活局長に引き続き初代の物価局長として獅子奮迅の活躍をした小島英敏氏（故人、のちに経済企画事務次官、国民生活センター理事長を歴任）は次のように語っている。[6]

経済企画庁が昨秋で創設五〇周年を迎えた事となり、深い感慨を禁じ得ない。というのは昭和二一年

5　昭和50年度経済白書「第一部第一章　2物価・賃金の落着き」

6　経済企画庁『戦後日本経済の軌跡　経済企画庁50年史』p530、531

秋経済安定本部発足時に採用された新卒事務官第一期生が小川君と私の二人であり、わたしの職業人生は安本と共にスタートしたからである。その後昭和二七年審議庁への改組縮小時に大来さんの斡旋で通産省に移籍、四二年に鹿野さんの要請で企画庁に復帰、五二年始めに退官したわけであるが、退官後十数年は国民生活センター等の企画庁関係団体に身を置いた。まことに私の職業人生はスタート時点のみならず特にその後半生において企画庁の歴史と重なっているといえる。

五〇年の職業人生を顧みるとき最もテンションと燃焼度が高かったのは国民生活局長及び初代物価局長としての二年間である。調査局長から国民生活局長に移ったのは昭和四七年六月であるが、秋頃から国内の過剰流動性に積極財政のとがめと海外インフレの影響が加わってWPI（卸売物価指数）の高騰が始まり、年末から四八年にかけてこれがCPI（消費者物価指数）に波及して、三月CPIは前年同月を八％以上上回る異常事態となった。二月頃には田中総理から買占め売惜しみ防止策策定の指示があり、垣水課長以下物価政策課の大変な努力で短期間に法案がまとまり、政府内調整を経て国会に上程、六月に成立した。そして四八年七月に物価局が発足し、私は局長にシフトした。

企画庁物価局は神の見えざる手に導かれて発足できたというのが私の偽らざる感想である。新設要求の契機は国土庁新設に伴う開発局の分離であった。しかし物価情勢は一～二年前の加熱状態に比べればむしろ落ち着いており、予算要求を固める四七年中頃の段階では局新設の要求は論拠としてやや弱い感じを否めなかった。果たして行政管理庁当局の強い反対に合い前途多難を思わせたが、前記の如く秋頃から年末にかけインフレ傾向が顕在化、これが追風になって小坂長官以下の激しい折衝が予算編成の最後の段階で遂に実を結んだのである。四八年に入ってからはインフレは一層顕著になり、六月の国会で企画庁設置法の改正が全会一致で成立した。そして生活局当時の一課二五名の体制が三課五〇名弱に倍増され、僅か三ヶ月後に勃発した第一次オイルショック下の物価戦争に辛うじて対処する事ができた。オイルショックの第一線防衛拠点だった通産省エネルギー庁も物価局と同一時期の発足であった。無神論者の私が敢えて神の見えざる手といいたくなる所以である。

　オイルショック対策の当庁担当分として国民生活安定緊急措置法の制定と買占め売惜しみ防止法の改正強化が行われたが、……この時期に緊急時における物資割当権限までを含めた有事立法が成立したことの異義《(ママ)》は極めて大きいことを強調しておきたい。昨年の日米首脳会談を契機として有事立法問題が関心を集めつつあるが、我が国の政治やジャーナリズムのビヘイビアからして、現実の非常事態に直面しない限り本法の如き包括的な有事経済立法が日の目を見るとは到底思われないからである。それと共に特筆しておきたいのは狂乱物価下における物価局全員の健闘ぶりである。法案作成に始まって政府内調整、国会答弁資料の作成（一日分の最高記録一六〇余問）、関係政令等の制定、内外価格動向の把握、事前了承制を含めた物資別価格対策の所管省との調整、在庫調査、地方公共団体の監視体制の整備等々連日連夜の激務を一人の病人も出さずに乗り切れた事は今思うと夢の様である。

　企画庁五〇年の歴史にあって忘れる事のできないのは故大来佐武郎さんの事であるが、氏については多くの方が触れると思うので私は故福田赳夫大臣について記すこととする。私が物価局長の時は氏は大蔵大臣で何度か会議で謦咳に接したが、直接的には四九年一二月に氏が副総理兼経企庁長官とし着任されてから五一年一一月に離任されるまで、前半は総合計画局長として後半は事務次官としてお仕えした。流石に人格識見を兼備した一流政治家で、しかも至って気さくなお人柄であった。名だたる低成長論者で、五〇年代前期経済計画の概案作りでは当初苦労したが、事務方の異見でも納得すればすっきりと受け容れられた。実質的な経済総理として第一次オイルショック後の難しい経済運営に当たり十二分に総合調整力を発揮された。この時期に曲がりなりにもその補佐役を務めることの出来た私は誠に幸運であったと痛感している次第である。

狂乱物価時のエースピッチャーは、さしずめ国民生活局長から初代物価局長になった小島英敏氏だったろう。目をつぶると、マウンドに仁王立ちになって難敵狂乱物価を押さえ込む小島氏の幻影が甦ってくる。国会の質問は小島局長に集中した。筆者も担当の国総法の関係で傍聴していた物価局新設の設置法を審議している内閣委員会だったと記憶するが、意に沿わない答弁があると委員会をストップさせるので有名な社会党の大出俊議員が、矢継ぎ早に「米10キロの値段は幾らかご存じか」「パン1斤は?」「牛肉100グラムは?」と質問した。小島局長は、とっさの質問に、「役人は薄給なので牛肉などにはしばらくお目にかからず、従って今いくらしているか詳かにしません」と答弁した。

その後、「小島局長は牛肉を食べていないそうだ」との噂が庁内に広まった。小島氏は、「設置法改正が無事成立した翌日、小坂善太郎大臣から、慰労の御言葉とともに牛肉の詰め合わせを頂戴し、旬日後にはかつて松阪の所在する県の副知事だった宮崎仁総合開発局長からも名産品の恵送を受けて、大へん恐縮したことであった」と回想している。[7]

4　プラザ合意による円高

1979年1月のイラン革命に端を発した第二次石油ショックへの対応は、第一次石油ショック時の学習効果によって、比較的うまく行ったと思う。筆者は、1979（昭和54）年10月から1983（昭和58）年3月までJETRO（現日本貿易振興機構）に出向し、ニューヨークのジャパン・トレードセンターの調査員として勤務していたので、その間は、経済企画庁の活動を遠くから眺めていた。

●「双子の赤字」に悩むアメリカ

その年の11月のアメリカ大統領選挙でレーガン大統領が当選して、アメリカでは、「レーガノミックス」

7　経済企画庁国民生活局編集『国民生活行政20年のあゆみ』p161、162

が始まった。これは、イギリスのサッチャー首相の「サッチャーリズム」と呼ばれる規制緩和政策を踏襲し、また、南カリフォルニア大学のラッファー教授が提唱した「ラッファー・カーヴ」（税率が一定の水準を超えると税収が減少するカーヴ）を根拠にした大幅な所得税減税を中心として「小さな政府」を志向した。

しかし、第二次石油ショックからのアメリカ経済の回復は鈍く、激しい物価高に悩まされていた。これに対してとられた厳しい金融引き締め策によってドル高が出現し、アメリカ産業の輸出競争力が低下して貿易赤字が拡大した。さらに、レーガン大統領は、強いアメリカを志向して国防費を増強した。これに加えて、減税による総需要の急速な拡大の反面で財政赤字が拡大した。

アメリカは財政赤字と経常収支赤字のいわゆる「双子の赤字」に悩まされた。とりわけ日米貿易収支の不均衡は大きく、日米経済摩擦が燃えさかった。

また、１９８９年11月にベルリンの壁が崩壊して、東欧諸国が市場経済に参入してきた。さらに、翌年６月にはソ連が崩壊してロシア共和国が誕生した。一方、中国は１９７８年以来改革開放政策によって市場経済化を進めるとともに、東アジア諸国も次第に世界市場に参入しつつあり、地球規模の国際競争の時代が到来した。

世界市場の枠組みは、金にリンクしたドルを基軸通貨とする固定相場制のブレトンウッズ体制に代わって、ＷＴＯが主導する自由貿易体制が支配するグローバリズムに対して、ＥＵ、ＥＦＴＡ、ＮＡＦＴＡ、ＡＰＥＣなどのリージョナリズムの動きも出て来た。

日本国内では、大平総理が1980（昭和55）年6月に急死して、その後に鈴木善幸内閣ができたが、2年間の比較的短命に終わり、その後1982（昭和57）年11月に中曽根内閣が成立した。

中曽根総理は、レーガン大統領との「ロン・ヤス関係」を売り物に日米関係の緊密さをアピールしていた。自動車を中心とする機械産業の対米輸出では、1970年代後半から輸出自主規制が行われていた。輸出企業にとっては、ドル高・円安の出現で輸出市場が収益性の高いものとなり、自主規制で輸出数量が減少しても価格が上昇したから、経常収支の黒字削減という効果はあまりなかった。中曽根内閣としては、経常収支の黒字を削減して対外経済摩擦を緩和することが最も大きな経済政策の課題であった。

そうした中で、1980年代の対外経済摩擦は、従来のものとは大分様相を異にした。[8] 第一に、わが国市場への参入機会の改善が求められた。第二に、摩擦の対象が、高度技術産業分野へと拡大するとともに、サービス産業部門にも及んで来た。第三に、経済摩擦が、日米だけでなく、日欧、日アセアンなど地域的な広がりを見せて来た。結局、変動相場制は、近代経済学者が声高に主張したように国内経済政策の自由度をそれほど高めるものではなかった。こうした状況に対処するためには、石油ショック時に急遽枠組みが作られた経済企画庁長官の主宰する経済対策閣僚会議が決定する累次の「対外経済対策」に頼るほかなかった。

1984（昭和59）年12月の経済対策閣僚会議で「対外経済問題諮問会議」（大来佐武郎座長）の開催が決

8　経済企画庁『戦後日本経済の軌跡　経済企画庁50年史』p175、176

定され、1985（昭和60）年4月に提言をまとめ、①市場アクセスの一層の改善、②内需中心の持続的成長、③投資・産業協力の拡大、④新ラウンドの促進、⑤開発途上国への対応、⑥摩擦回避の努力の6点について政府の対応を求めた。これを受けて7月に内閣総理大臣を本部長とする政府・与党対外経済対策本部が「市場アクセス改善のためのアクション・プログラムの骨格」を決定した。3年間に渡るアクション・プログラムの中心に据えられたのは、「OTOの充実・強化」であった。

●OTOによる市場開放の実施

OTO（Office of Trade and Investment Ombudsman）とは、輸入検査手続き等の市場開放問題に関する包括的な窓口と推進体制を総称するものである。政府は、1981（昭和56）年12月16日の経済対策閣僚会議において、「輸入促進の観点から、原則として国際基準に準拠して、国内検査・審査手続き等の見直しを実施し、82年1月末までに具体的な改善措置を取りまとめる」ことを決定した。

この決定を受けて、各省庁は、諸外国から改善を求められていた99事例の輸入手続き等について検討を行い、1月30日の経済対策閣僚会議で、「輸入検査手続き等の改善」として取りまとめ公表した。この中で、輸入検査手続き等の市場開放問題に関する苦情について、政府に、苦情の包括的な窓口を設けるとともに、内閣官房副長官（事務）を本部長とする市場開放問題苦情処理推進本部（旧OTO）を設置することが決定された。[9]

ＯＴＯは、発足以来何度か機能強化が図られた。１９８３（昭和58）年1月13日の経済対策閣僚会議での決定では、民間の学識経験者から成る「ＯＴＯ諮問会議」が設置され、中立的な立場から政府に対して意見を述べるオンブズマンの役割を果たすことになった。発足当初の諮問会議議長は大来佐武郎氏であった。のちに、これは「市場開放問題苦情処理推進会議」となり、議長は、大河原良雄氏（元駐米大使）が務めた。この事務局は、経済企画庁調整局が務めることになり、調整課に「市場開放問題苦情処理対策官」（ＯＴＯ対策官）が置かれた。

筆者は、１９８９（平成元）年7月から１９９０（平成2）年7月まで調整課長のポストにあって、ＯＴＯ対策官の原田泰氏（現日銀政策委員会審議委員）を督励して、市場アクセスを阻害している各省庁の規制の緩和に汗をかいた覚えがある。

ＯＴＯ推進会議の民間議員を欧米の主要都市に派遣して、現地で説明会を開催したこともある。また、諮問会議委員と在日外国商工会議所の会員との意見交換会を度々開いて、日本の市場アクセスの改善に努めた。さらに、１９９２（平成4）年7月に外国人事業者等からの問題提起を受けてＯＴＯ諮問会議が政府のとるべき政策対応を年1回報告書に取りまとめ、政府がその報告書を最大限尊重するというプロセスを新設した。この報告書は、１９９３（平成5）年4月に第1回報告書が出され、それを受けた政府が所要の対

9　経済企画庁『戦後日本経済の軌跡　経済企画庁50年史』p278

応を決定した。これは、「問題提起プロセス」として、それ以降毎年行われるようになった。OTOに寄せられた苦情処理により改善が見られた具体例としては、次のような事例があった。[10]

一つは、背高コンテナーの例である。国際物流で広く普及している海上コンテナーは、高さが9・6フィート（2・9メートル）あり、低床式トレーラーに乗せて陸上を輸送すると高さが4・1メートルとなり、日本の道路を走ることが出来なかった。車両制限令と道路交通法施行令によって、ガードにぶつからないように、国際的な標準より低い車高3・8メートル以下の車両しか通行が認められていなかったからである。水陸一貫輸送が普及して来る中にあって、背高コンテナーから日本のコンテナーに積み替えることは、時間的、経費的なコスト増につながった。このため、OTOの苦情処理プロセスを通じて、政府は、1985（昭和60）年4月より一定の道路では、車高4・1メートルでも通行が可能になるようにした。

二つは、ミネラルウオーターの例である。従来日本では加熱殺菌していないものは販売できなかったが、1986年5月に食品衛生法にミネラルウオーターの製造基準が加えられ、加熱殺菌せずに輸入することが可能になった。この結果、1995年のミネラルウオーターの輸入数量は、1986年の170倍となった。

三つは、水道の蛇口の例である。日本では、衛生上の理由から青銅を使用するように基準で決まっていて、欧米でよく使われている真鍮（黄銅）は使用できなかった。1990年に基準を改め、真鍮製の蛇口も輸入出来るようになった。

四つは、食品用ビタミン剤の例である。アメリカなどでは、食品と明示したビタミンは、カプセルや錠剤形態でも一般の店で販売されているが、日本では、医薬品と紛らわしいという理由で販売が禁止されていた。1997年にOTOを通じて、食品と明示し、医薬品的な効能を標榜しないものについては、一般の店でも販売が可能になった。

五つは、加熱殺菌していないアルコールフリーワインも、OTOに取り上げられて基準が改善され、フィルター等で除菌してあれば清涼飲料として販売可能になった（1999年）。

このように、OTOプロセスが、わが国の市場アクセスの改善に果たした役割は小さくない。こうした活動が、後の規制緩和政策につながって行った。

●日米構造協議の開始

アメリカは、そうした活動を一応評価したものの、なお市場開放努力を促すために、1989～90年には「日米構造協議」（SII）、93～94年には「日米包括経済協議」の枠組みを作り、日本の経済システムや取引慣行の修正を強要してきた。

経済企画庁長官とアメリカの大統領経済諮問委員長とで通常毎年1～2回、マクロの経済情勢について意見交換を行って来ていたが、80年代になってからは、両国が共通して直面する高齢化や財政赤字などの構造

10　川本敏「1980年代における市場開放政策の内容・効果・教訓について」（帝京経済学研究　第45巻　第2号）

問題についても議題としてきた。ＳＩＩでは、経済企画審議官の海野恒男氏（故人）が経済企画庁を代表して協議に参加し、日本の経常収支大幅黒字問題とアメリカの双子の赤字問題の解消に付いての経済運営のあり方について議論を交わした。

アメリカは、日本がもっと公共投資を拡大すると同時に政府調達の開放性を高めれば、アメリカ製品の輸入も増えて、日米貿易収支の不均衡問題の解消につながると強硬に主張した。この議論が、総合計画局の「公共投資基本計画」の策定につながったこともあった。

レーガン大統領は、１９８４年11月の選挙を経て２期目に入ると、一転してドル高修正と主要貿易相手国である日本と西ドイツに内需拡大を要求する戦術をとった。これに対して日本政府は、アメリカが期待した減税と財政支出の増加をせずに、ドル高修正を目的とした為替市場への協調介入のみで対応しようとした。[11]しかし、事態はこれでは収まらず、結局アメリカが多国間通貨調整を仕掛けるのを待つしかなかった。

●プラザ合意へ

１９８５年９月22日、日米欧の蔵相・中央銀行総裁らがニューヨークのプラザホテルに集まり、いわゆる「プラザ合意」が結ばれた。その場ではマクロの政策協調は行われず、実質的には、円高ドル安誘導の為替市場での協調行動が合意された。輸出主導で成長してきた日本にとっては、円高政策は取りにくい政策であったが、このときは少し違った。中曽根総理は、かねがね強い円への志向があったし、竹下大蔵大臣は、次期総理の座を狙っていて、国際社会での活躍を望んでいたものと想像できた。総合研究開発機構（ＮＩＲＡ）の「戦後日本経済・政治にとっての１９８０―１９９９」研究会でのインタビューで、当時日銀総裁だった澄田智氏は、「輸出主導型経済の日本では、円高政策はタブーだったのでは？」と問われて、次のように答えている。[12]

プラザ合意の時は違った。ドル高の行き過ぎで米国の財政と貿易の赤字は深刻だった。このままでは米国経済が破綻し、世界の決済通貨であるドルが立ちいかなくなる。米政府関係者から非公式の場で、経済力のある日本や西ドイツに少し負担してほしいという発言がたびたびあった。ドルは強いけれど、強すぎる状態ではもたなくなると米国ははっきり言っていた。当時はユーロもないし、円がアジアの決済通貨になるという考えも持てなかった。とにかくドルを基軸とする通貨体制を維持しなければならなかった。私も円高を容認して米経済や国際通貨体制を守らねばと考えた。プラザ会議の席上でそれを口に出す人はいなかったが、皆そう考えていたはずだ。

11　上川龍之進「バブル経済と日本銀行の独立性」（総合研究開発機構編『平成バブルの研究（上）』２００２年　所収）ｐ148
12　伊藤光利「長期超低金利の政治経済学」（前掲『平成バブルの研究（下）』所収）ｐ235、236

また、「経済大国として国際協調による痛みを負担すると？」という質問には、澄田氏は、「その通りだ。プラザ会議では、戦後一貫して円安政策を取ってきた日本に批判が集中した。日本はそれまで円高方向の介入をした実績がなかった。それで、欧米代表からは『日本の円安放置は間違っている』『日本は本当に円高戦略をとれるのか』と袋だたきにあった。東京に帰る機中で竹下登蔵相と『しっかり介入して円高に持っていこう』と何度も話し合った」と答えている。

プラザ合意以降、なかなかドル安傾向は定着しなかったが、日銀が10月24日から短期金利高め誘導の金融政策を行って以降円高傾向が定着した。

5　前川レポートとそれへの批判

さらに、1985（昭和60）年10月31日に「国際協調のための経済構造調整研究会」という中曽根総理の私的懇談会が出来て、経常収支の大幅黒字を解消する方策を検討した。座長に前日銀総裁の前川春雄氏を充てたので、この研究会は「前川研究会」、その報告書は「前川レポート」と称された。経済企画事務次官を退官したばかりの宮崎勇氏が委員に任命され、レポートの起草委員の一人になった。経済企画庁調整局が事実上の事務局として研究会をサポートした。

「前川レポート」の基本的認識は、日本の経常収支の大幅黒字は、世界経済にとって大きな攪乱要因になっているので、これを減らさなければならない。そのためには日本の経済構造を変えなければいけないということだった。つまり、輸出指向型経済構造を内需中心の経済構造に変えなければならず、そのため社会資本整備を図り、個人消費を伸ばす必要があり、そのために税制も変えなければならないと指摘している。具体的な数値目標は示していないが、大体、１９８５（昭和60）年にＧＤＰの３・７％あった経常収支の黒字を２％ぐらいまでに減らすことが期待されていた。

この報告書が出来てから、中曽根総理の指示により、委員の一人であった元駐米大使の大河原良雄氏がアメリカへ、宮崎勇氏が西ドイツ、フランス、イギリスおよびＥＣへ行って日本政府の立場を説明したという。[13] 概して好意的だったが要は実行だということだったそうだ。

ところが、国内的にはかなりの批判があった。宮崎氏によると、一つは、貿易黒字がなぜ悪いのかということの一般の理解が得られなかった。企業が一所懸命合理化努力をして輸出コストを下げ、輸入も石油ショック以後省エネ努力によってエネルギーの原単位の引き下げに努力した結果減少して、結果的に貿易黒字が出るのがなぜ悪いのだという反論が多かったようだ。

二つは、東京大学教授の小宮隆太郎氏に代表されるエコノミストの批判である。国際収支は、貿易や経常収支だけに着目するのでは不十分で、資本収支も入れて全体で見なければいけない。日本の貿易収支と経常

13　宮崎勇『証言　戦後日本経済』p227

収支は大幅黒字だが、それに見合う金額をアメリカに流出させていて、日本の資本収支は大幅赤字になっている。一方アメリカは貿易収支は赤字だが、大幅に資本が流入して全体として国際収支はバランスしている。貿易黒字だけを見て日本を批判するのはおかしいというものである。また、貿易収支は、地域別にバランスを見るのではなく、全体として見なくてはいけない。アメリカに対しては黒字かも知れないが、中東に対しては常に大幅赤字なのである、という批判である。

筆者は、内国調査課貿易班長として、昭和45年度経済白書で、先進国の国際収支のパターンを分析したことがある。その結果に基づいて、わが国が、貿易収支の黒字の額に比べて資本の流出規模が小さく、しかも直接投資が低水準であるために、国際収支全体でも黒字が大幅になっていることに注目して、もっと対外投資を拡大しないと、国際収支全体の黒字が大きすぎることで、国際摩擦が起きることを警告した。[14]その後資本流出は進み、国際収支全体の黒字幅は縮小したにもかかわらず、貿易収支の黒字幅があまりにも拡大したために、国際摩擦が激しくなったのである。

三つは、下村治氏の批判である。経常収支のアンバランスに問題があるのなら、貯蓄以上に消費をして経常収支を赤字にしているアメリカに問題があるのだから、アメリカが行動すべきであり、日本は何もしなくていい、という議論である。

それぞれに理屈はある。しかし、経常収支の黒字幅はあまりにも大きく、その原因が、日本の経済構造に問題があって、そこから黒字が大きくなりすぎて国際摩擦を引き起こしているなら、この際それを是正して、国民生活の向上につなげることが出来ればいいという考え方もあり得る。内需中心とは、内需の6割を占める個人消費を伸ばすことでもあるから、国民生活の豊かさに直結するはずのものである。

しかしながら、前川レポートの構造調整による経常収支黒字削減は、中長期対策であり、当面は、プラザ合意による強制的な円高の推移を見守るしかなかった。プラザ合意前には1ドル242円だったものが1年後の1986（昭和61）年9月には、1ドルが150円台になった。

6　円高差益の還元策をめぐって

●政府主導の公共料金の値下げへ

1985（昭和60）年7月に筆者は、経済企画庁物価局物価調整課長というポストに就いた。このポストは、公共料金の引き上げを監視する役割を持っていた。第一次石油ショックの際に公共料金の引き上げを凍結したが、円高が進むと、物価調整課長の役割は、輸入価格の下落による差益をいかに末端価格に還元して料金の引き下げを実現させるかに替わった。一般の輸入品であれば、円高で輸入価格が下がれば、市場メカニズムに従って小売価格に反映されるのだが、公共料金は、競争原理が働かないために、円高差益が料金に反映

14　昭和45年度年次経済報告　p122、123

されにくい。たとえばドル建ての原油の輸入価格は、円高になれば円による支払い価格は下がる。それが石油製品価格の引き下げに反映して、石油を使って発電している電力会社のコストは下がる。電力会社は当時地域独占で、電力料金は政府の認可によって決まっていた。政府が何らかの働きかけをしない限り、円高差益を電力料金の引き下げに回すことはしないだろう。

他方、円高の進行により輸出の減少から不況の心配が出てきた。政府は、1985（昭和60）年10月と12月の「内需拡大に関する対策」に引き続き、1986（昭和61）年4月には、「総合経済対策」を講ずることとなり、その一環として「円高・石油価格低下のメリットの各方面への浸透」という項目が盛り込まれることになった。中身は「円高差益の還元」である。筆者は、各省の公共料金担当の課長の間を駆け回って、料金コストへ円高差益を反映して認可料金を決定してもらうように要請した。一番差益が出ていると思われる電力料金に狙いを定め、通産省の電力事業担当課長とひざ詰め（椅子を勧められなかったので、こちらは立ったまま）で円高差益分を電力料金の引き下げへ反映させてもらうよう折衝した。2時間ほど押し問答を繰り返した揚げ句、結局らちがあかず、空しく役所に引き上げてきたところ、最終的に渡辺美智雄通産大臣の政治決断で電力料金の引き下げが実現した。「コーヒー一杯分の値下げ」などとマスメディアにはからかわれたが、電力を大量に使う産業には、相当のメリットが出たはずである。中曽根総理からは、タクシー代も下げられないか、という指示が下りてきたが、運輸省と折衝した結果、タクシーのコストに占める割合は、運転手の賃金が大半を占め、燃料費の割合はわずかなので、とてもタクシー料金に反映できないことが分かって断念せざるを得なかった。
そうしているうちにも円高はとどまるところを知らず、アメリカからは内需拡大の要求があり、これに応えるために、公定歩合の引き下げが相次いだ。円高によって国内物価が落ち着いていたこともあって、１９８６（昭和61）年1月から5回にわたって公定歩合が引き下げられ、１９８７（昭和62）年2月20日には2・5％になり、この水準が１９８９（平成元）年5月30日まで2年3ヶ月余り続いた。これが、企業マインドを刺激して、景気は１９８６（昭和61）年11月を谷として力強い拡大を始めた。しかし、景気に遅れて表れる失業率の数値が、１９８７（昭和62）年5月に3％を超えたこともあって、5月29日に政府は6兆円の超大型補正予算を決定した。これが最終的にバブルの引き金を引いたと言われている。

●財政出動か財政再建か

伊藤光利神戸大学教授（当時）は、「政府は、86年の財政出動をすべきときにせず、すべきでないときに財政を出動させた」と批判している。[15] 財政出動をすべきときにしなかったのは、この時期は大平・鈴木・中曽根内閣を貫く「財政再建路線」が財政運営を規定していたからである。

15　伊藤光利「長期超低金利の政治経済学」（総合研究機構編『平成バブルの研究（下）』所収）p195

財政再建を初めて施政方針の柱に据えたのは大平総理であった。1980（昭和55）年1月25日の施政方針演説において、大平総理は、「政府としては、国民の理解を得ながら、今後数年間に財政の再建を成し遂げる決意であります」と述べている。

大平総理の急死の後を受けた鈴木善幸内閣が重点的に取り組んだのも財政再建であった。1981（昭和56）年3月には土光敏夫氏を会長とする臨時行政調査会が発足した。その後の中曽根内閣でもこの路線が受け継がれた。

中曽根内閣の経済計画である「1980年代経済社会の展望と指針」においては、「昭和65（1990）年度までに特例公債依存体質からの脱却と公債依存度の引き下げに努める」との目標が示されている。中曽根内閣は、国鉄、電電公社、専売公社の民営化を積極的に進め、また、医療、年金、補助金などの制度改革によって歳出の効率化を進めたこともあって、1987（昭和62）年度には、国民所得ベースでの一般政府の財政支出は対GNP比で0・7％の黒字に転換した。また、国の一般会計の公債依存度も16・3％まで低下した。その後バブルの影響から資産関連の税収が伸びたことを主因に税収が大幅に増加して、1990（平成2）年度予算は、特例公債に依存することなく編成され、この財政再建目標は、ともかく達成された。

実は、この財政の黒字化が、国際収支の経常収支大幅黒字と深い関係があるのである。それは、貯蓄・投資バランスを示す「経常収支＝（民間貯蓄－民間投資）＋財政収支」の恒等式から導かれる。民間部門が貯蓄超過の場合（個人消費と民間設備投資が縮小する不況時）に、財政収支が黒字になれば、結果として経常収支は大幅黒字にならざるを得ない。この式は因果関係を示すものではないから、財政収支の黒字化が経常収支の黒字をもたらしたと直ちに言うことは出来ないが、野口悠紀雄教授は、80年代にもっと財政支出を増やして社会資本整備に回しておけば、バブルは発生しなかった、と言っている。[16] 結果論だが、大平内閣の「新経済社会7ヵ年計画」の240兆円の社会資本投資が実現していれば、と思うことがある。

現実には、公定歩合の低水準が長期間継続して、景気が拡大を始めた後になっての大型財政出動が過剰流動性を発生させて、土地や株式などの資産価格の異常な引き上げにつながり、いわゆるバブルが発生した。1987(昭和62)年下期以降、日本経済は、バブルへとひた走り、それが崩壊した後は長期デフレに悩まされ、いまだに完全にそこから脱却出来ていない。

16　野口悠紀雄『バブルの経済学』(日本経済新聞社　1992年) p138

第八章

戦後最悪の不況の修羅場

1　修羅場の背景

●消費税率5％への引き上げがきっかけ

1997（平成9）年という年は、戦後日本経済にとって特異な年として記憶されている。[1] 1992（平成4）年に政府は、バブルが崩壊したことを認めて、その後毎年のように「経済対策」によって補正予算が組まれ、事業規模累積約130兆円の公共投資を中心とする追加的財政支出が行われた。その効果によって1995（平成7）年頃から景気はゆるやかに回復して97年の初めまで続いた。

その一方で、うち続く財政拡大によって財政赤字は激増して、大蔵省は財政再建のキャンペーンを張った。橋本龍太郎総理は、これに乗って財政構造改革に乗り出した。3月18日には、「財政構造改革五原則」が策定され、「財政構造改革法案」の作成が始まった。

筆者は、その頃、国土庁計画・調整局長として第五次全国総合開発計画の案の取りまとめの仕事をしていた。原案が大体まとまったので、閣議決定の段取りを相談すべく3月初旬に総理官邸に与謝野馨官房副長官を訪ねた。ところが、与謝野氏に「橋本内閣は、これから不退転の決意で財政構造改革に取り組むことにしている。そのようなときに、国土開発計画の決定などできるものではない。要するに国にカネがないんだよ」と言われて、すごすご引き下がらざるを得なかった。

4月1日には、消費税率が3％から5％へ引き上げられ、同時に1994（平成6）年から実施されていた2兆円の特別減税が廃止された。細川内閣から村山内閣を通じて既定路線になっていたものに沿った結果である。将来消費税率を引き上げることを見合いにして、所得税減税を「先食い」したツケを払ったのである。

5月ごろからタイにおいて短期の外国投資の引き上げが始まり、タイ政府は7月2日米ドルに事実上固定していたバーツを変動相場制に移行させた。すると、それまで1ドル24・5バーツで安定していた為替レートは、一気に29バーツ台に下落した。これをきっかけに、タイ、フィリピン、インドネシア、マレーシア、韓国などの経済に大きな影響が及んだ。「アジア通貨危機」の始まりである。その影響は、日本のアジア向け輸出の減少や現地の日本企業の収益悪化、アジア向け債権の不良債権化など日本経済にも大きな影響を持つことになるが、後に述べるように、それに気づくのは、かなり後になってからである。

9月には社会保険料の負担増があった。結局消費税率の引き上げと併せて約9兆円の財政縮減がこの1年間に行われたことになる。その結果、秋口から、にわかに消費性向が下がり、個人消費の減少によって景気悪化が表面化した。

11月に入ると、三洋証券、北海道拓殖銀行、山一証券が相次いで経営破綻に陥り、「金融危機」が勃発した。バブル時の放漫な経営がバブル崩壊によって膨大な不良債権を抱える結果となり、景気の悪化にともないこ

1　浜田宏一・堀内昭義・内閣府経済社会総合研究所編『論争　日本の経済危機』所収の山家悠紀夫「長期停滞期における財政政策の効果について」(日本経済新聞社　2004年)　p96、97

れが一気に表面化した。そのため、年末から翌年にかけて銀行の貸し渋りが著増して中小企業が倒産し失業率が暴騰した。

こうした状況に追い打ちをかけるように、11月28日には国会で財政構造改革法が成立し、政府は、1998（平成10）年度予算を大幅緊縮予算とした。

そのような情勢の中で、実質GDPの前期比は、1997（平成9）年10〜12月期から1998（平成10）年10〜12月期までの5四半期連続マイナスを記録するという戦後初めての深刻な不況となった。

そのきっかけは、消費税率の3％から5％への引き上げであったことは明らかである。消費税率引き上げ後にアジア通貨危機が起きたことは、不運としか言いようがないが、景気が回復しかかったタイミングでの税率引き上げには無理があった。数年後に設定された「景気基準日付」によれば、その1ヶ月後の1997（平成9）年5月が景気の山で、それから景気は下降に向かった。日本経済は、バブル崩壊後の不況からまだ完全には立ち直っていなかったのである。

●消費税導入時は物品税廃止などの減税と抱き合わせ

消費税は、竹下内閣時の1989（平成元）年4月1日に導入された。世論の厳しい反対にもかかわらず、消費税導入の経済に与える影響は、比較的軽微であったと言ってよい。1990（平成2）年度の経済白書は、消費税導入後の個人消費の動向を次のように淡々と報告している。あくまでも、税制改革の問題つまり直接税に偏っていた税制を少し間接税のウエイトを増す方向で税体系を改めることとしてとらえていた。

88年度から89年度にかけては、税制改革の実施に伴う不規則な動きがみられた。89年1～3月期には、税制改革を控えて一部に買い急ぎ、買い控えの動きがみられ、全体としては買い急ぎが買い控えを上回ったと推測され、1～3月期の高い伸びと4～6月期の反動減という動きになった。このような税制改革の短期的な影響は6月頃までにはほぼ出尽くしたものと考えられ、7～9月期以降は堅調に増加している。89年度全体としては、88年度に比べて伸びが鈍化したが、これは、第一に、89年1～3月期には、消費税導入を控えての駆け込み需要が物品税廃止を見込んでの買い控えを上回り、89年4～6月期にはその反動がみられたと推測されること、次に、所得減税の効果が88年に大きく現れた一方、消費税の一回限りの物価引き上げ効果（物品税廃止の価格引下げ効果もあった）があったので、雇用者所得などの伸びが高まったにもかかわらず、実質可処分所得の伸びが低下したことによると考えられる。

消費税導入時には、物品税を廃止（3・4兆円の減税）し、同時に所得税（3・3兆円の減税）や法人税の減税（1・8兆円、いずれも1989（平成元）年度当初予算ベース）を抱き合わせにした税制改革が同時に行われたため、ネットでは2・6兆円の減税になっていた。消費税導入とともに物品税が廃止された効果は大きかった。たとえば、小型乗用車には18・5％の物品税が課されていたが、それが消費税になってわずか3％に大幅減税されたのである。

いまから振り返ると、消費税導入時は、「バブル」の真っ最中でもあった。その8ヶ月後の1989（平成元）年12月29日には、東証の日経平均株価指数が3万8915円87銭の史上最高値を記録した。食品などの必需品にも広く薄く課税されたので、「逆進性」が問題になったものの、3％の1回限りの値上がりは、恐らく、バブルの波に飲み込まれて、日常の買い物時には、それほど意識されなかったのではないかと思われる。平成2年度経済白書も別の箇所で、「地価と株価の上昇による資産効果が消費性向を高めた」と書いている。

●消費税導入についての経済企画庁のスタンス

我が国に最初に消費税を導入しようと試みたのは大平内閣だった。第四章で述べたように、筆者も関わった「新経済社会7ヵ年計画」において、一般消費税（仮称）の提案をした。第一次石油ショック後のスタグフレーションから脱却を図るために、公共投資を中心とする積極的な有効需要政策を講じたために大量の公債を発行し、一般会計における公債依存度が40％近くになった。「計画期間中、できるだけ早く特例公債に依存しない財政に復帰する」ことを目標にしたが、高度成長期のように税の自然増収も余り見込めない。一方、この計画では、社会保障移転の国民所得に対する比率を1978（昭和53）年度の12・3％から1985（昭和60）年度に14・5％に増加させることを見込むとともに、社会資本整備のために240兆円の公共投資を行って、社会資本ストックを倍増しようと考えた。その財源をどうするかということが大きな課題であった。

我が国の税体系は、シャープ税制以来、直接税が中心であった。しかし、税負担の増加を直接税のみに求めることには限界があった。欧米主要国に比べて間接税負担率はかなり低く、しかも一貫して低下傾向にあった。したがって、今後は、間接税の負担増を図って行く必要があるが、現行の物品税等の個別消費税によろうとすれば、税収面でも限度があり、また、一部の者に過度の負担増を課す結果となり、「税の中立性原則」にもとることになる。

このような理由によって、「一般消費税（仮称）を1980（昭和55）年度中に実現できるよう、諸般の準備を進める」こととしたのである。消費税の導入は、大蔵省の長年の悲願だった。経済計画への要望事項のヒアリングをした際には、大会議室に、ほとんどの主計官と主税局の課長が顔を揃え、消費税導入の必要性について熱っぽく語ったことを覚えている。大蔵省は、公債依存度をこれ以上高めないために、税収面の改善を図る必要性を強調した。今では考えられないが、消費税を導入すれば、財政の不均衡はたちまち解消して、将来にわたって均衡財政が持続できるのだ、という触れ込みだった。一旦導入できれば、税率をヨーロッパ並の20％台に引き上げるのはさほど困難ではないと考えていたのかも知れない。ネットで減税してまで消費税導入にこだわったことがそれを物語っているように思う。

しかし、経済企画庁の考えは、これとは微妙に違っていた。経済企画庁が経済計画で提案した際には、国民の税負担率を挙げていかざるを得ないが、その場合「直間比率」のバランスを回復する点を強調した。特に、中小所得階層にこれ以上所得税の負担増を求めることには問題があるとの認識だった。したがって、一般消費税の導入は、所得税等直接税の減税とのセットで考える必要があるという意見であった。また、これ以上法人税の負担を重くすると、国際競争力の上でも問題が多いという判断もあり、法人税率の引き下げも視野に入っていた。

しかしながら、大平内閣でのこの試みは、総選挙の洗礼を受けて自民党が敗北したために敢えなく頓挫した。その後中曽根内閣で「売上税」ということでリベンジを図ったが、これも世論の猛反発を受けて途中で、法案通過を断念した。三度目の正直で、竹下内閣において漸く消費税が実現したのだった。

筆者は、消費税を決める時は物価調整課長のポストにあった。石油ショック時に各省庁の事務次官がメンバーの物価担当官会議の申し合わせで、公共料金の引き上げは、物価調整課長の了承が必要だった。間接税の引き上げもその中に含まれていた。消費税法案を閣議決定する前に、大蔵省主税局税制第二課長の薄井信明氏（のちに大蔵事務次官）から了承を求められたことを覚えている。一般消費税の導入を経済計画で提案し、その後世論の荒波にもまれて完全に政治問題化した消費税導入に、経済企画庁として異論を差し挟む余地はなかった。

その後筆者は、通産省に出向して産業政策局商政課長に就任した。消費税に関しては、百貨店、スーパーを含む小売業者が消費税を受け容れ易い環境を作るのが商政課の仕事だった。金銭登録機に対して税制上の優遇措置として加速償却を認める税制改正の要望をしたり、釣り銭が不足しないよう、大蔵省理財局に一円硬貨を大量に鋳造するように申し入れたりした。中小企業庁との間で「内税か外税か」の議論をしたこともある。

筆者は、ニューヨークでsales taxの経験をしたが、当時マンハッタンで飲食や買い物をすると、領収書にきちんとTax8%と明示してあるのを見て、納税者意識が高まってよいと思っていたので、外税を主張した。しかし、「中小小売業は内税にしないとつぶれますよ」という意見もあって、口を閉ざした覚えがある。2004(平成16)年4月1日から値札や広告では「総額表示方式」(内税)をとることが義務づけられて、消費者が支払う金額が分かり易くなった反面、消費者の納税者意識は希薄になったと言えよう。

●消費税率5%への引き上げの影響

筆者は、1997(平成9)年7月に経済企画庁調整局長に就任した。消費税率の引き上げと特別減税の廃止が経済に与える影響は、まだ統計数値には表れていなかった。1997(平成9)年1~3月期のGDPの速報値は、6月中旬に発表されていたが、前期比で1・3%増と年率にすると5%を上回る近年にしては高成長であった。しかし、これは、消費税率引き上げ前の駆け込み需要の増加によるもので、その反動が必ず来ると分かっていながら、久々の高成長の余韻に浸っていた。

回りの人からは、いいときに調整局長になったものだと言われた。前任者の土志田征一氏までは、バブル崩壊後の不況対策に追われていて、年に数度の「経済対策」を講じた年もあって、「月例経済対策」などと「兵力の小出し」[2]を批判されていた。１９９４（平成６）年ごろからわずかずつではあるが、景気が回復に向かったように見えて、対策の必要はなくなった。消費税率の引き上げが経済に及ぼす影響については、全く心配されていなかった。それは、消費税導入時の経験があったからだと思う。しかし、導入時と税率引き上げ時では、状況が全く違っていたことを後に痛いほど思い知らされることになる。

３％から５％へ引き上げる時には、導入時と状況が違った。第一に、３％と５％の差は意外に大きかった。経済がこれを吸収するには、好条件に恵まれることが必要であった。その直後にアジア通貨危機が起こったのは、最悪の条件だった。安倍内閣は、２０１４（平成26）年４月に消費税率を８％に引き上げたが、いまだに日本経済は、これを完全に吸収しきれたかどうか大いに疑問がある。１％ずつの引き上げを試みる余地もあったと考える。２０１９年10月に10％への引き上げが約束されているが、97年の失敗を繰り返さないよう、引き上げ時の環境を十分整えるとともに、経済状況について慎重に見極める必要があろう。

第二に、景気は回復期だったが、盛り上がりはきわめて弱く、あとから判明するように、引き上げの翌月から景気は下降に向かって、結局戦後最大の不況に陥ってしまった。５％への引き上げが、折角回復しかかった景気の足を引っ張って、日本経済を奈落の底に突き落とした感がある。

第三に、導入時とは逆に、それまで数年間実施されて来た所得税減税が廃止された。細川内閣は、１９９４（平成６）年２月に将来の消費税率引き上げを財源に、所得税減税の先行実施を決定した。それに続く村山内閣は、抜本的な行政改革を前提条件に、時期を明示しないままに将来の消費税率引き上げの方針を決定した。その路線を真っ正直に引き継いだのが橋本内閣であった。

第四に、バブルが崩壊して、金融機関は大量の不良債権を抱えて瀕死の状況だった。企業も十分な体力を回復していなかった。マクロの経済指標だけでなく、金融機関や企業のバランスシートの回復状況を十分見極める必要があったのである。

以上は全て後知恵であって、当時は、全く思いもよらないことであった。民間エコノミストたち、経済界、マスメディアなどは、こぞって財政構造改革を支持した。当時は、財政再建を急ぐ余り、経済全体に対する目配りを欠いていた。就任した直後から調整局長の試練が始まった。

●認識違いの経済白書

7月に公表された1997（平成9）年度の経済白書の第一章の標題は、「バブル後遺症の清算から自律回復へ」となっていて、次のように書かれている。

2　戦略論の大家のクラウゼビッツは、『戦争論』（淡徳三郎訳　徳間書店　1965年）の中で「戦略上の最高の、最も簡単な法則は、兵力の結集を維持することである。……兵力の小出しの（漸次的な）使用は許されない」と言っている。p181、182

日本経済は自律回復過程への移行を完了しつつある。経済主体の間になお景気回復感が十分でなく、その背景に中長期の問題の重し、財政政策面の影響の不透明さ、金融関連指標の弱さ、等があることには注意しなければならない。しかしいったん回り始めた今次回復期の好循環は、雇用改善を主導に底堅いものがあり、雇用面の改善が続いていることから、当面の財政政策面のマイナス影響によっても腰折れせず、持続すると期待できる。

その時点での大方の見方を代表した景気判断であったと思う。しかし、あとから見ると、相当な認識違いの経済白書であった。

その第一は、成長率が年とともに上昇して自律回復のように見えたのは、累次の経済対策による財政支出の効果によるところが大きかった。財政支出が呼び水となって民間投資や企業の生産活動を刺激して経済が好循環を始めたのではなかった。そのような経済状態の中で、消費税率の引き上げと特別減税の廃止を行ったのだから、その影響が経済にまったく及ばないわけはなかった。「当面の財政政策面のマイナス影響によっても腰折れせず」どころではなかった。こう断定したのは早計だった。

第二に、「金融関連指標の弱さ」とあるのは、金融機関の貸出の減少のことを言っているのだろうが、のちに「貸し渋り」とか「貸しはがし」として問題になる背後にある金融機関が抱える不良債権問題にまったく触れていない。

第三に、経済白書発表時点ではかなり兆候が明らかになっていたはずのアジア通貨危機について、まったく言及がない。1997年5月ごろにタイで起こった通貨不安が、この時点では、アジア全体の金融危機の様相を呈し始めていた。

民間エコノミストを含む多くの人々の景気認識に気迷いが生じたのは、1997（平成9）年4～6月期のGDP速報値が9月中旬に発表された頃からである。実質GDPの前期比がマイナス2・0％の大幅落ち込みを記録したことが分かったのだ。

●橋本総理への説明の問題点

9月18日の午後、筆者は、糠谷眞平事務次官と新保生二調査局長[3]とともに橋本龍太郎総理に事務説明のために総理執務室を訪れた。実質GDPの前期比が大幅に落ち込んだ理由について説明するのが主な目的だった。

その理由を説明するのは、簡単なように思えた。4月1日に消費税の税率が3％から5％へ上がるので、消費者は、その前に高価な耐久消費財などを買っておこうという行動に出る。この「駆け込み消費」によって、1～3月期にGDPのおよそ6割を占める個人消費は、異常な伸びを示し、これによってGDPの前

3　故人、経済企画審議官、青山学院大学教授を歴任

期比も大幅な増加を示した。「駆け込み」ということは、需要の先取りであるから、その後に反動が来ることは明らかだ。橋本総理には、このマイナス成長の要因として、どの程度が「駆け込み需要」の反動の効果で、どの程度が消費税率引き上げと特別減税廃止の効果かを数字を示して説明した。景気の基調は弱いものではなく、駆け込み需要の影響が4～6月期に吸収されれば、7～9月期以後は、着実な景気回復過程を歩む可能性がある、と説明した。民間エコノミストの多くも同じ考えだった。のちに判明したところでは、7～9月期のGDPの前期比はプラス0・9％増であった。したがって、橋本総理に間違った説明をしたわけではなかった。

しかし、重要なリスク要因を説明していなかった。その時点では明確な統計指標がなかったので、やむをえないことだったものの、経済企画庁としては浅慮だった。

その第一は、アジア通貨危機が日本経済に及ぼすリスクにまったく言及しなかったことである。タイなどで、日本の金融機関が現地の日系企業から資金を回収し始めているといった情報はあったが、それが実体経済に影響を及ぼすリスクがあるという認識はあまりなかった。

第二は、日本の金融機関が抱える不良債権問題の深刻さに余り言及しなかったことである。まったく触れなかったわけではなかったが、その後に起きたような金融パニックの可能性については、思いも及ばなかったので、まったく触れなかった。

第三は、9月から社会保険料の引き上げがあったが、それが消費者のマインドに悪影響を及ぼして、消費性向が下がるリスクがあるということにまったく言及しなかった。のちに、このことが橋本総理の経済企画庁に対する信用を失墜する原因になるのだが、その時は思いもよらなかったことだった。

橋本総理は、1998年夏の参議院選挙の敗北の責任を取って退陣したが、そのあと2000（平成12）年3月29日の朝日新聞に掲載された談話の中で、「医療費改定の影響を経企庁が経済見通しの予測に正確に盛り込めていなかったことは当時、知らなかった。説明を受けた時はそれも織り込み済みと言うことだった」と語っている。

この説明は、1997年度経済見通しのものなので、恐らく前年の12月のことであろう。しかし、われわれが総理に説明した時は、1997（平成9）年9月1日の引き上げ実施後だったのだから、その影響を詳しく総理に説明する責任があったはずである。この点に思いが及ばなかった浅はかさに恥じ入るばかりである。

●不良債権問題での説明にも問題

われわれの説明を黙って聞いていた橋本総理が、突然「景気回復を確実なものにするために、政府としていま何をしたらよいか」と質問した。筆者は、曖昧であったが二つのことを言った。一つは、財政構造改革は、始めた以上貫徹すべきであるが、景気の足は引っ張られること、二つは、不良債権問題が完全に解消しないと力強い景気回復は期待出来ないこと、を答えた。

筆者は、バブルが崩壊した1992（平成4）年頃に調査局の審議官というポストにあって、「不良債権問題が解消しない限り景気の力強い回復はない」という経済白書の分析結果を小島祥一内国調査一課長から聞いたことがあった。その後、「不良債権問題はない」という立場をとる大蔵省からの申し入れによって、その部分は大幅な修正を余儀なくされ、不良債権問題を世に知らしめる機会を失っていた。その後、「複合不況論[4]」が出て、銀行の不良債権償却の重しが景気回復を妨げているとの議論が盛んに行われたが、景気が回復しかかると、その議論は一時忘れ去られていた。

とっさの総理の質問に、それを思い出してそのように答えた。しかし、具体的な情報を持ち合わせていなかったので、迫力を欠いた答え方だった。大蔵省と通産省から出向している秘書官も立ち会っていたが、誰も「不良債権」という言葉に注意を払った形跡はなかった。その後の悲惨な状況を見てしまった現在にして思えば、もっときちんと答えるべきであった。いま考えると、わが国の金融機関が抱える不良債権の数字を示して、これが経済に及ぼす影響は計り知れないほど深刻であり、不良債権が完全に払拭できるまで景気の力強い回復は期待出来ないから、「財政構造改革の実施を延期すべきである」と進言するのが務めであった。

調整局長が総理に会えるチャンスなどそうあるものではない。まして総理からの時宜を得た質問に的確に答えることもせず、千載一遇の機会を逃したことは返す返すも残念であった。財政構造改革を「始めた以上は」という言葉には、「始めるのは、タイミングが良くないが、始めた以上は……」というニュアンスが込められていたのだが、そんなことは、「不退転の決意で」始めた張本人の橋本総理に伝わるはずもなかった。

1997（平成9）年9月時点での経済政策の優先度は、金融機関に少なからず存在していた不良債権問題を完全に払拭した上で、バブル崩壊後の経済停滞から脱却するために、財政金融政策の協働によって、景気回復を確実なものとすることだった。橋本内閣は、その逆の政策を講じてしまったのだから、経済状態は悪化の一途をたどったのも無理からぬところだった。その揚げ句に、1998（平成10）年4月になって、ようやく財政構造改革を諦めて、事業規模で16兆6500億円の追加財政支出を行った。始めはコップ一杯の水で火を消すことができるが、燃え広がってからでは手が付けられないことがある。

橋本内閣が不良債権問題を処理することの重要性に気づくのは、1997（平成9）年11月に三洋証券、北海道拓殖銀行および山一証券が相次いで経営破綻し、信用不安がにわかに高まった12月になってからである。その処理に本格的に手が付けられるのは、1998（平成10）年7月に小渕内閣が成立してからになる。

2　不退転の決意の財政構造改革の中で

●財政構造改革と景気対策

橋本内閣は、財政構造改革、行政改革、金融システム改革、経済構造改革、社会保障改革および教育改革の「6

4　宮崎義一『複合不況』（中公新書　1992年）

大改革」を政権の課題にした。最初に手を付けたのが財政構造改革だった。7月に筆者が土志田征一氏から調整局長を引き継いだときの引き継ぎ事項として、当時大蔵省が検討していた「財政構造改革法案」に、景気が悪化した場合には一時この法律の効力を停止させて、景気対策のための財政支出ができるようにする「弾力条項」を盛り込むことの可否を検討することがあった。この法案のモデルになったアメリカの「包括財政調整法」にも、景気後退の兆候（ＧＤＰの前期比が2四半期連続マイナス）が表れると法律の機能が一時停止するような条項が付いている。そこで、事務レベルの法案協議の段階で、この種の条項を入れるべきではないか、と申し入れたところ、何をもって景気後退とするか、法律上の定義を書くのが困難だという理由と併せ、内閣が不退転の決意で財政構造改革をやろうとするときに、「逆櫓《さかろ》」を付けるようなことをするのはいかがなものか、との反論があった。これに対して明確な材料で反論することができなかったので、それ以上の議論にはならなかった。

「逆櫓」とは、平家物語に出ている言葉だ。屋島の平家を一気に攻めようと逸る九郎判官義経に対して、頼朝から目付役に派遣されている梶原平三景時が、時に応じて引くことも必要で、船に「逆櫓」を付けることを勧める話しだ。当時、経済界もマスメディアも、景気が悪化するなどとは考えもせずに、財政構造改革法に賛成していた。その「空気」の中で、「弾力条項」の話しなど凡人には出来るものではなかった。山本七平は『「空気」の研究』の中で、「日本には『抗空気罪』という罪があり、これに反すると最も軽くて『村八分』刑に処せられる」と述べている。[5]

それから1年後になってこの問題が表面化する。あわてて財政構造改革法の効力を停止したが、燎原の火のように燃え広がった火を消し止めることはできなかった。16兆6500億円の財政追加支出も焼け石に水だった。後述のように、日銀もデフレに落ち込もうとする日本経済を目前にして、自らの「独立性」を防衛するのに懸命で、政府と協調する意欲をあまり持たず、金融政策の責任を果たそうとする意識が希薄であったように見えた。

結果は、1997（平成9）年10〜12月期から翌年の10〜12月期まで、連続5四半期マイナス成長が続く戦後最悪の不況に陥った。政策の失敗にアジア通貨危機が加わった。国内政策要因に海外要因が加わった時、途方もない経済混乱が起きる。石油ショック時を彷彿とさせる。海外経済情勢を十分見極めて国内政策を考えるべきであるという教訓である。

●アジア通貨危機の影響をめぐって

筆者は、1997（平成9）年11月6日に参議院商工委員会で、沓掛哲男議員（のちに防災・危機管理担当大臣）と質疑応答を行った。沓掛議員に、東南アジア諸国の通貨危機と世界同時株安に伴う日本経済への影響から抜け出すにはどんな対策が必要なのかと問われて、次のように答えている。議事録をそのまま記す。

5　山本七平『「空気」の研究』（文芸春秋社　1977年）p16

政府委員（塩谷隆英君）　お答えをいたします。

アジア諸国における通貨の変動や世界的な株価の変動などは、これまでのところはわが国経済にそれほど大きな影響を与えているとは考えておりませんが、経済がグローバル化している中でその影響が懸念される局面であることは確かであります。

東南アジアの国々は、国際的な連繫のもとで既にさまざまな対策をとってきております。先週末には新たにインドネシアはＩＭＦ等の国際機関との間で経済調整パッケージが合意され、公表されたところであります。また、為替市場におきましては、通貨当局が協調して行動することを確認しております。このほかの国々でとられております対策も含めまして、その成果が着実に上がって、各国の通貨、金融情勢が早期に落ちつきを取り戻すことが期待をされるわけであります。

他方で、わが国経済の状況は、先ほど調査局長が申したように、民間需要を中心とする景気回復の基調は失われていないわけでありますが、企業や消費者のマインドが大変弱くなっており、金融市場においても景気の先行き不透明感が続いていると言うことなど、全体のムードは厳しくなってきております。そこで、こういうムードを払拭するためにも、何よりもこの景気回復の基調をしっかりとしたモノにいたしまして、中長期的な経済成長につなげていくことが必要なことであると考えております。

私ども、景気の回復基調にいま一つ力強さを欠いているという要因、背景は構造問題の現れではないかというふうに考えておりまして、今後の経済運営といたしましては、財政構造改革を推し進める中でしっかりとした経済構造改革を進めることが最も重要であると考えております。政府といたしまして、十一月の中旬を目途といたしまして、経済構造改革の前倒し等によります効果的な経済対策を取りまとめるべく目下鋭意検討を進めているところであります。

このような経済構造改革に取り組む政府の確固たる姿勢を明確に示すことによりまして、企業、消費者等の景気に対するコンフィデンスを高めて景気回復基調をより確かなモノにしていくことが、今御指摘いただきました通貨不安や世界的な株価変動の影響を最小限にとどめていくための基本的な対策であると考えております。

この答弁は、何かを隠蔽したり、ごまかしたりする意図を持ってなされてはいない。しかし、いまから考えると、基本的な認識において相当誤っていた。

先ず、景気は回復基調であるという認識が誤っていた。相当あとになって経済企画庁の「景気基準日付」が設定されて判明するのだが、景気は、その年の5月が山で、この答弁が行われた11月は、すでに景気の下降局面にあった。11月を含む10~12月期は、マイナス成長を記録している。4月の消費税率引き上げ、特別所得減税の廃止、9月の社会保険料引き上げなどの財政収縮策、財政構造改革法の成立による厳しい予算編成が予想されるという心理的圧迫、アジア通貨危機の影響、さらにはバブル崩壊による不良債権の存在などが複合的に影響して、戦後最悪の不況に陥る剣が峰に立っていたのだ。そのような状況に対して、筆者の答弁はいかにものんびりとしたものであったが、質問者の沓掛氏は、建設省出身で、かつて経済企画庁の総合開発局に出向したこともあり、いわば経済企画庁のシンパでもあったので、この程度の答弁で放免してくれたのだと思う。その時は凡慮の及ぶところではなかったが、いま思えば、「現在国会で審議中の財政構造改革法案を即刻取り下げること、不良債権処理の抜本策を講ずること、景気対策として強力な財政金融政策を講ずること」などと答えるべきであった。しかし、当時政府内にも経済界にもマスメディアにも、そのような認識はまったくなく、たとえあったとしても、それを国会でしゃべれば、間違いなく調整局長はクビになっていただろう。

●「21世紀を切り拓く緊急経済対策」

筆者の答弁で「経済構造改革の前倒し」とあるのは、その12日後の11月18日の経済対策閣僚会議で決定した経済対策「21世紀を切り拓く緊急経済対策」を指す。

麻生太郎氏（現副総理兼財務大臣）に代わって経済企画庁長官になった尾身幸次氏（のちに財務大臣）の景気認識は、麻生大臣より相当厳しいものであった。糠谷事務次官以下の幹部が大臣室へ呼ばれ、これまで何の対策も考えなかったことに対して、激しく叱責された。そして、早急に経済対策を講ずるように指示された。財政構造改革法案が国会で審議されており、従来型の財政支出による経済対策は案にならない。幹部連は頭を抱えるしかなかった。「経済全般の基本方針の策定」に責任を負っている調整局としては存在が問われる事態であった。局長室に各課長を集めて鳩首協議を重ねて、規制緩和によって企業活動を活発にして景気の浮揚を図る道を探ってみようということになった。苦労してひねり出したのが許認可権を持つ各省に働きかけて規制緩和をリストにして経済対策とすることだった。大臣室でその方針が固まり、各課から緩和を働きかける規制のリストを作る作業が始まった。第七章で述べたＯＴＯの活動で、各省の権限に係る規制の緩和を働きかけた経験が役に立った。担当課レベルで折衝の上で、各省庁の局長を総理官邸の額賀福志郎官房副長官の部屋に呼び込んでは、膝詰め談判で規制緩和を要請した。しかし、各省もそう簡単には乗ってこなかった。背後に既得権益を持った業界を抱えていて、局長といえども簡単に応ずるわけにはいかない事情もよく分かっていた。最後には、橋本総理自ら執務室へ局長を呼んで説得に当たる場面もあった。

調整局の局員は、ほとんど不眠不休の努力をした。病人が出なかったことが奇跡のようだった。その甲斐あって、厚い氷の表面が少しずつ融け出してきた。

電気通信事業の料金が許可制から届け出制になったこと、予備校による通信衛星授業を「放送」扱いから「通信」扱いにしたこと、都市中心市街地の容積率を抜本的に緩和したこと、高速道路交通システム（ＩＴＳ）を推進すること、介護サービス等へ民間参入を促すことなど、ささやかではあったが、規制緩和の一歩が踏み出されることになった。それらを並べると50項目あまりになったので、これを調整課長の谷内満氏の発案で、「21世紀を切り拓く緊急経済対策」として、経済対策の案とすることにした。

その案がまとまりかけたころ、夜中に内閣官房内政審議室長の田波耕治氏（のちに大蔵事務次官）から「規制緩和政策は、本来総務庁の所管事項である。経済企画庁がこれを行うのは越権である」と強い調子で叱責された。しかし、こちらにも「経済全般の基本方針の策定」の権限がある。「いまの経済状態に手を拱いているわけにはいかないのですよ」と内心で叫びながら、黙ってその叱責を受けていると、それでも関係局長会議を総理官邸に招集してくれることになった。その議を経た上で、緊急経済対策を最終的に経済対策閣僚会議で決定した。

従来、経済対策は、追加財政支出を中心としたものであったが、それとは様変わりの対策であった。ささやかな一歩であり、ほとんど即効性はなかったが、いまから考えると、携帯電話から「スマホ」の普及促進に先鞭をつけたことなど先駆的な政策と言えるのではないかと思う。後になって小泉内閣で「民間でできるものは民間で」のスローガンの下で、規制緩和を内閣の中心課題に掲げたが、そのパイロットの役割を果たした。その意味で、まさに「21世紀を切り拓いた」と言ってもよいであろう。

苦労した割には、当面の景気に対してはほとんど効果を発揮した形跡はなかった。むしろ短期的には「合成の誤謬」で総需要を縮小させた面もあっただろう。規制が緩和されて各企業が効率を上げるようになれば、無駄が省かれた分だけ需要が減少することになるからである。景気対策として規制緩和を取り上げるのはタイミングの点で適切ではなかった。本来長期の構造政策として講ぜられるべきものであろう。

もっとも、何でもやみくもに規制緩和すればよいわけではない。環境問題や安全の問題などの規制は強化しなければならないものもある。小泉内閣の規制緩和政策を例にとれば、国立大学の大学法人化は、メリットもあっただろうが、基礎科学分野の国際競争力を弱体化し、日本の将来にとって禍根を残した面もあったと言わざるを得ない。

さらに言えば、アメリカなどのように政策代替案の研究をするシンクタンクを振興する機関として設立され、国および地方公共団体の出資金と民間の寄付金とで構成する基金の運用で運営していた認可法人総合研究開発機構（ＮＩＲＡ）から出資金を引き上げて、民間の寄付金と借入金だけの公益財団法人にしてしまったことは残念である。２００３（平成15）年にＮＩＲＡで行われた「わが国におけるシンクタンクのあり方に関する懇談会」（座長　西沢潤一岩手県立大学学長（当時））のヒアリングでＯＥＣＤ事務総長のアドバイザーであるオボーン氏は、「不況下で独立系シンクタンクへの公的援助が引き上げられれば、長期的視点や将来的問題を見極めるための国の機能が著しく低下する」という意見を寄せた。ＮＩＲＡの財団法人化は、わが国の総合国力の要素であるソフトパワーの低下につながったことは間違いないと思う。

3　金融パニックの誤算

●不良債権の累増と信用不安

１９９７（平成９）年11月に入ると、三洋証券が会社更生法の適用を申請し、次いで北海道拓殖銀行と山一証券が相次いで経営破たんに追い込まれた。これらは、他の金融機関の「貸し渋り」を促し、日銀による金融緩和措置にもかかわらず企業の金詰りをもたらした。この金融パニックには、予兆があった。

まず、1997（平成9）年5月26日に、都市銀行、長期信用銀行および信託銀行の主要20行の3月期決算で、不良債権（破たん先、延滞、金利減免）の総額が16兆4400億円に達したと発表された。当初、これを金融機関の信用不安と結びつけて考える人は少なかった。しかし、その後金融機関をめぐる不祥事が明るみに出たり、役員の相次ぐ退任が起こったりして、人々は、金融機関に累積している不良債権の額の公表数値に疑問の目を向けるようになった。

7月30日に、大蔵省は、総会屋への利益供与で第一勧業銀行と野村證券に行政処分を通告した。また、東京地検と証券取引委員会が山一証券と関連会社を総会屋に不正な利益をもたらした疑いで強制捜査に入った。8月11日には、山一証券の会長以下役員11人の退任が求められ、9月24日には、同社の前社長が総会屋グループへの利益供与事件で逮捕された。11月17日、山一証券が大蔵省に簿外債務の報告をしたという報道があり、11月22日になって、その額は2000億円を超えることが明らかになった。ここに至って11月24日に山一証券は自主廃業を決定した。日銀は直ちに特別融資を行うことを決定したが、時すでに遅しで、立ち直るきっかけにはならなかった。

「昭和40年不況」の際にも山一証券は破綻しかかったが、田中角栄大蔵大臣のリーダーシップの下で、日銀が特別融資を行って、立ち直ったという歴史がある。今回は、バブルの時代の乱脈経営がたたって、とうとう廃業に追い込まれたのであった。

この時期の金融機関の破たんと金融パニックの基本的背景には、バブル崩壊による株価と地価の下落とそれによる金融機関の不良債権の累増があった。それによって、金融機関の資産内容が悪化し、信用不安を引き起こしたのであった。

●APEC首脳会議での記者会見の経験

調整局長の重要な仕事の一つに、経済問題が議題になる国際会議や二国間会議に総理大臣が出席するために外国出張をする際の随行がある。経済企画庁長官の海外出張に随行するのはもちろんである。筆者は、調整局長のポストにあった1年間に、総理の随行が6回、経済企画庁長官の海外出張に随行したのが1回あった。総理の随行としては、イギリスのバーミンガムでの先進国首脳会議（先進国サミット）、ロンドンで行われたアジアとヨーロッパの対話会議（ASEM）、中国の李鵬首相との首脳会議、インドネシアのスハルト大統領との首脳会談およびカナダのバンクーバーで行われたアジア太平洋経済会議（APEC）の首脳会議およびオタワにおけるカナダ首相との2国間会議の6回であった。

尾身幸次経済企画庁長官は、1998（平成10）年5月の連休にアメリカの大統領経済諮問委員長との定期協議に出席するためにワシントンへ出張した。この時は、パリでOECD閣僚理事会に出席したあと、そこから長駆ワシントン入りした。随行については、大臣がヨーロッパにいる間は大来洋一経済企画審議官、アメリカ滞在中は調整局長と分担したが、大臣は地球を一周した。ワシントンでは、グリーンスパン連邦準備制度議長とも会っている。この会議には筆者も同席した。グリーンスパンが、アメリカにおける地域金融機関の不良債権処理をいかに上手にしたかを得々と語っていたのが印象に残った。先生が生徒に教え諭すような調子だった。ずっと後になって、アメリカのリーマンショック時に、「日本の不良債権処理の仕方に学べ」という大合唱が起こったときに、そのことを思い出しておかしかった。

総理の随行での調整局長の役割は、事前の勉強会において、総理の下問に答えるのが主で、二国間会議の場であっても、随員が直答することはまずない。

バンクーバーでのAPEC首脳会議は、11月下旬に開かれた。山一証券が破綻したというニュースは、政府専用機で羽田空港を出発するときに聞いた。旧知の坂篤郎総理秘書官が、「山一が倒れて、いま、官邸で鳩首協議していたんだ」と教えてくれた。バンクーバーへ到着してホテルの部屋へ荷物を置くとすぐに総理の勉強会に呼ばれた。首脳の全体会議や個別首脳会談での総理発言や応答要領のおさらいである。1時間足らずで勉強会が終わって部屋を出ようとすると、外務報道官の橋本宏氏が駆け寄って来た。小、中、高と一緒の学校で過ごした生涯の友である。一行に先立って現地入りして、内外記者団の相手をしていたようだった。「内外の記者が『日本経済はいったいどうなっているのだ』と大変だ。昨日から何とか対応しているが、もう俺一人では持ちこたえられない。記者会見をセットするから、日本経済について説明してくれないか」と言う。「金融問題も記者の関心が高いのだろうから、同行している大蔵省の黒田東彦国際金融局長にも応援を頼もう。一時間経済問題、一時間金融問題でどうだ」と話がまとまった。ホテルの部屋へ戻って、英語のブリーフィング資料の準備をして、プレスセンターへ駆けつけてみると、会見場は内外の記者であふれかえっていた。冒頭15分間のブリーフィングは英語で行った。筆者の説明は、相次ぐ金融機関の経営破たんにもかかわらず、実体経済の基調は、それほど悲観する状態ではないと、1997年4~6月期のGDPの大幅落ち込みが、消費税率引き上げ前の駆け込み需要の反動という特殊要因であることを力説した。その2週間後に発表された7~9月期のGDP統計ではプラス成長に戻っているので、あの時点での説明は見当違いではなかった。しかし、もっとあとから顧みると、日本経済は、戦後最大のデフレへ落ち込む崖っぷちに立っていたのである。質疑応答には、首脳会談を通訳するような名通訳を付けてくれたので、大過なく終えることが出来た。総理が国際会議の後などで内外記者を前に記者会見をする模様は、よくテレビで見るが、自分自身が、大勢の内外記者を前に会見した経験は忘れ難いものだった。

二国間首脳会議も盛んに行われた。筆者は、橋本総理とクリントン大統領との首脳会談に同席を許された。会議場へ入るときに、クリントン大統領と筆者が握手している写真を総理官邸写真室の人が撮ってくれて、あとで届けてくれた。一局長に対しても、きちんと目を見て対応しているアメリカ大統領の姿に感心する。筆者の席は黒田大蔵省国際金融局長の隣で、両首脳とは指呼の間であった。クリントン大統領は、日本が積極財政策をとるべきことを主張し、橋本総理が日本の財政赤字の状況から積極財政がとれないことを説明するということで終始したように覚えている。会議の冒頭10分間はマスメディアにオープンにされ、カメラも入ったところでのやり取りになった。日本では珍しい光景だった。いかにもアメリカらしいオープンでフランクな雰囲気だった。

●プラス・マイナス逆転の経済見通し

調整局長が一年で一番多忙なのは、12月に翌年度の経済見通しをまとめる時期である。成長率をめぐって大蔵省と通産省とのつばぜり合いの交渉を重ねて決めるのが恒例になっていた。その過程でマスメディアの「夜討ち朝駆け」の取材攻勢を受けるのが常だった。筆者は、麻布の公務員宿舎を借りて単身で住んでいたので、記者が来てもお茶も出せない。いつも部屋の外で応対した。夜中の寒空の下に記者を立たせたままだったので、さぞかし悪評が立ったことだろう。

11月下旬に7~9月期のGDP統計が発表になると経済見通しの作業が開始される。1998(平成10)年度の経済見通しの場合、4月から消費税率が3%から5%へ上がり、2兆円の特別減税が廃止され、9月には社会保険料が引き上げられるという合計9兆円の財政収縮と、5月頃からタイに端を発したアジア通貨危機の影響が加わり、さらに山一証券などの経営破たんから金融パニックが起き、消費者と企業心理が冷え込んで、深刻な景気後退が起こっていた。たとえマイナス成長は必至だと分かっていたとしても、それを政府見通しで示せば、消費者と企業の心理はさらに冷え込み、悲観の悪循環を引き起こす。また、マイナス成長の可能性があるなら、財政金融面からの景気刺激策を促すような経済運営の態度を示して、景気浮揚を図るのが政府の役割となる。政府経済見通しは、単純な予測ではないからである。来年度の「経済運営の基本的態度」がまずあって、そこに示された経済運営を行って実現されると見込まれる経済の姿を数字で示したものなのだ。

1997（平成9）年7〜9月期の実質GDPの前期比はプラス0・9％であった。これは、深刻な金融不安にもかかわらず、実体経済の基調は、それほど悪くないと判断させる情報となった。消費税率の引き上げの影響は、どうやら吸収されたように見えた。この時点ですでに明らかになっていたアジア通貨危機と金融機関の経営破たんによる金融不安をもっと重視すべきであったが、その明確な情報は調整局には届いてはいなかった。財政構造改革法は、11月28日に成立して、平成10年度予算は、これに従って大幅緊縮予算になりそうな気配だった。

新しい統計情報が明らかになるにつれて景気の先行き判断は、日を追って深刻になって行ったから、経済見通し作成担当者の悩みは次第に増して行った。景気の後退をただ見守るしかないような無力感をかみしめるしかなかった。

ところが、予算編成の土壇場になって、橋本総理が、強いリーダシップを発揮した。12月17日の朝の緊急記者会見で2兆円規模の所得税減税を平成9年度補正予算で行うことを表明したのである。橋本総理は、12月14日からその前日の夜までASEANの非公式首脳会合に出席していた。筆者は見通し作業があったので随行はしなかった。この会合は、東アジア経済共同体を推進するための象徴的な枠組みとなる

ASEANプラス3（日本・中国・韓国）の首脳が初めてマレーシアのクアラルンプールで一同に会した歴史的な会合であった。そこでアジア通貨危機が集中的に話し合われたらしい。橋本総理は、その帰途の飛行機の中で減税を思いついたと語っているが、実際は、その会合か、二国間首脳会議でアジア通貨危機からの脱却に対する日本の貢献について強く要請されたものと考えられる。

橋本総理は、日本の不況がアジア経済に影響を与えていることをいたく心配していた。翌年の3月に1泊2日の強行軍で東京とインドネシアのジャカルタを往復して、スハルト大統領と橋本総理と2人だけでアジア通貨危機への対応を話し合うという機会を持った。その準備のために総理官邸で開かれた勉強会で、筆者は、調整局の法専充男氏等が作成してくれた「日本の追加的経済成長が持つアジア経済の直接的影響」という試算結果を説明した。日本のGDP1％の加速は、韓国、インドネシア、マレーシア、タイ、フィリピン5ヶ国の輸出を平均2・62％増加させ、これら諸国のGDPを平均0・13％増加させるという試算であった。橋本総理は、「これは、めちゃくちゃ面白い」と言って、その少しあとに、天皇陛下に内奏する機会にこの点に言及するかも知れないので、詳しい資料を届けるように、との指示があった。

この時期、橋本総理の胸中には、日本の成長がアジア通貨危機を脱却するカギであるという思いがあったのだろう。この突然の所得税減税は、財政構造改革路線の変更の第一歩だった。しかし、補正予算だったので、そのことに気づく人は余りいなかったと思われる。経済見通しの作業は、大きな影響を受けた。いま考えると、過剰に反応し過ぎた面があった。

物価上昇率の見方を巡って、大蔵省総務審議官の溝口善兵衛氏（現島根県知事）と徹夜の折衝を続けた。実質成長率の見通しでは、1・9％と一致していたが、名目成長率の見通しが大蔵省は2・4％、経済企画庁が2・3％とわずか0・1％の攻防であった。両者がいろいろな角度から積み上げ計算をして、断続的に折衝を続けた結果、夜が明けて日が高くなってから、結局当方が妥協して、特別減税の効果を目一杯見込んで、2・4％で結着した。経済見通しと予算編成方針を決定する閣僚会議の当日の午前10時近くなって、じりじりしながら交渉の結果を待っていた尾身大臣に報告すると、「俺の感覚とぴったり一致したよ」と結果を了承してくれた。

当初は12月19日の午後に開かれるはずの閣僚会議は、翌朝未明までずれ込んだ。予算編成方針に関して、社会保障関係費を財政構造改革法で決めた枠の中に収めることに小泉純一郎厚生大臣が抵抗したためと伝えられた。徹夜が2日目になった。

閣僚会議では、筆者から経済見通しの説明をした。事前に、閣僚会議の世話役の内閣首席参事官の太田義武氏（故人、のちに環境事務次官）から、「会議の開始時刻が大幅に遅れて閣僚の皆さんがいらいらしているが、心配せずに十分時間をとって説明してください」と言われていた。その注意は大変ありがたかった。太田氏は、大学時代の男声合唱団の仲間だったので、特に注意してくれたのだろう。尾身大臣からも「大きな声でゆっくりやれ」と言われていたので、15分ぐらいかけて丁寧に説明した。閣僚から経済見通しに関する発言はなく、最後に小泉厚生大臣から「会議が遅くなりご迷惑をおかけした」との発言があっただけだった。会議が終わって、総理官邸の大広間を出ようとすると、文部大臣の町村信孝氏（故人）が歩み寄ってきて、「この混迷の時期に調整局長はご苦労さんでしたね」と肩に手を置いてねぎらってくれた。町村氏は、ジェトロのニューヨーク・トレードセンターに、通産省の産業調査員として出向し、筆者の隣の部屋だったので、時々アメリカ経済の見通しを議論した間柄であった。その言葉は胸にしみた。町村氏もいまは亡い。

苦労の末にともかくまとめた1998（平成10）年度経済見通しであったが、98年度の実績は、前年度比マイナス1・9％（1990年基準）と絶対値は同じでプラスとマイナスが逆の大はずれであった。経済見通しは「あてもの」ではないから実績との乖離をめぐって一喜一憂する必要はないのだが、やはり面目を失墜した。

4　財政構造改革法の弾力化

●橋本首相の問いとその答え

1998（平成10）年度の予算編成は財政構造改革法に則って行われ、超緊縮予算となった。年が明けると、金融不安の心理的影響が大きく表れてきた。信用不安が募り、銀行の貸し渋りは益々激しさを増した。株価は低迷し、景気は危機的な状況だった。銀行が保有する株の三月末の株価によっては、大幅な含み損が発生し、自己資本比率が低下して経営危機に陥る可能性があった。「三月危機説」も飛び交って金融界は、パニックの様相を呈した。1月下旬から3月末まで連日開かれる衆・参予算委員会には、毎日のように政府委員として出席し、野党の厳しい質問に総理以下の閣僚が答えるのをハラハラしながら見守った。いつ政府委員に質問が飛んで来ないとも限らないので、まるで針のむしろに座っているようだった。

1997（平成9）年4月14日には、衆・参両院本会義で「国務大臣の演説（経済対策について）に対する質疑」が行われた。重要法案を委員会に付託する前に本会議で質疑をすることは多い。筆者の経験でも「製造物責任法案」について衆議院本会議で質疑が行われ、筆者も坂本国民生活局長とともに本会議場のひな壇に控えたことがある。

一般的な質疑が本会議で行われるのは異例のことのようだった。経済が異常事態であることを物語るものであった。ほとんどの質問が橋本総理に集中した。筆者は、政府委員としてただ1人ひな壇の隅の方で緊張して控えていた。衆・参両院でそれぞれ2時間程度ずつ、控え室での待ち時間も入れると合計5時間近く橋本総理と2人だけで過ごすことになった。

午後の衆議院本会議に臨む前に、控え室に居る時、橋本総理が、筆者に向かって「経済企画庁が教えてくれることには、ときどきウソがあるので困るよなあ。今度ゆっくり、どうしてこんなになったのかを教えてくれよ」と言った。筆者は、その場で即答するような雰囲気ではなかったし、一瞬何のことをウソと言うのかが分からなかったので、ただ「はあ」とだけ答えた。その「ウソ」が、1997年9月の社会保険料の引き上げを1997年度見通しに「織り込み済み」と説明したことを意味するらしいということは、ずっと後まで分からなかった。その後3ヶ月して橋本総理は退陣し、筆者も間もなく経済企画庁を退官し、橋本氏は2006（平成18）年7月に亡くなってしまったので、その答を橋本氏に直接説明する機会は、永遠に失われた。

2007年に公刊した著書[6]の中で、一応その答えらしきものを書いたので、橋本龍太郎氏の一周忌を前にして、久美子夫人の許しを得て、その本を麻布のご自宅の部屋に飾ってある遺影の前に供えさせてもらった。総理大臣の経済に関するアドバイザー役でもあった経済企画庁の幹部だった者として、内心忸怩たる思いで遺影に手を合わせた。

●16兆6500億円の財政支出

衆参両院の本会議質疑が行われた時期、財政構造改革法に則って厳しい歳出削減を施した予算案は国会で審議中だった。政府としては、新たな経済対策の検討を始めるわけに行かなかった。それを始めれば、たちまち、野党は、予算案を組み替えて出し直すべきだと主張するだろう。その事情に呼応して、与党自民党では、事業規模16兆円を超える経済対策が、政調会長の山崎拓氏を中心に検討されていた。

突然筆者の卓上電話が鳴って、山崎拓政調会長から、「総務会に党の経済対策がかかるのだが、16兆円対策について梶山静六先生が反対している。ついては、この対策の必要性を説明に行ってくれないか。その上で、総務会に出て来て、16兆円の根拠を説明してくれないか」という要請があった。当時、自民党の最高決定機関である総務会には、梶山静六、亀井静香、河野洋平という3人の実力者がいて、彼らに反対されると、総務会は通らないと言われていた。経済対策などを閣議決定する際には、必ず与党自民等の総務会の決定を経なければならないので、彼らの了承を取り付けることが必須であった。霞ヶ関界隈では、彼らの了承を取り付けることを、スキージャンプの「K点越え」になぞらえて、3人の頭文字をとって、「3K越え」と称していた。

議員会館の梶山氏の部屋に説明に行くと、梶山氏は、銀行の不良債権の処理こそ喫緊の課題だということを力説して、16兆円対策を講じてもあまり意味はないと言う。筆者の説明は、「OECDによると、日本のGDPギャップは3%あるというので、520兆円の3%すなわち約16兆円の需要不足を埋めるためにこれだけの事業規模の財政支出が必要となる」というものであった。山崎拓氏は、過去最高の財政支出という意味で16兆円と言い出したようだが、OECDの需給ギャップの数字と似通っていたので、これを根拠に使った。調査局長の新保生二氏の智恵であった。梶山氏の意見とは完全にすれ違いであったが、「政府は、不良債権の処理方法についてもっと勉強してくれよ」と言って、総務会では16兆円対策に反対しないと約束してくれた。

筆者が総務会で説明すると、梶山氏は、不良債権の処理の必要性について少し述べ、この対策は、「昨日

6　塩谷隆英『経済再生の条件』（岩波書店　2007年）

お役所からご親切な説明をしてもらったので反対しない」とだけ言って座った。河野洋平氏は、「ＯＥＣＤは、日本に財政支出をさせて成長率を上げさせるために、ＧＤＰギャップを大きめに出したんじゃないの？」との疑問を呈しただけだった。亀井静香氏は欠席だった。口の悪いので評判の議員が「ＧＤＰギャップなどと横文字を使ってごまかそうとしても駄目だ。日本語で説明しろ」という質問をした。「日本経済に、雇用と設備の過剰が16兆円分ぐらいあるのでこれを埋める必要があるのです」と答えると、「最初からそう言えばいいんだ。分かった。賛成だ」と言って納得してくれた。役所に戻ると、間もなく山崎政調会長から「いやあ、ありがとう。ありがとう」という電話があった。16兆円対策を準備してくれたのだから、お礼を言うのはこちらの方だった。

政府は、平成10年度予算案が国会を通過した直後の4月24日に、自民党案に基づく「総合経済対策」をそのまま政府案として決定した。財政構造改革法については、赤字国債発行額ゼロの目標を先送りすることができるよう「弾力条項」を入れた改正をすることを前提にした。その上で、国債の発行を見込んだ事業規模は、16兆６５００億円となった。このうち国、地方を合わせた財政支出は、12兆３０００億円（「真水」）と過去最高額となった。

対策の前文で、政府の景気認識を以下のように示している。

アジア地域の通貨・金融市場の混乱、昨秋の金融機関の経営破綻、それに伴う家計や企業の景況感の厳しさが個人消費や設備投資等に影響を及ぼし、景気は停滞状態を示すようになった。これに対し政府は、21世紀を切り拓く緊急経済対策、所得減税、金融安定化策等累次の景気浮揚のための施策を決定・実施に努めてきたが……景気停滞は厳しさを増し、極めて深刻な状態となっている。

政府の文書としては、率直に危機感をあらわに示している。そして、その背景としては、金融機関や企業の不良債権問題を第一に掲げた。ところがこれに対する対策には、第一に社会資本整備と減税、第二に規制緩和を中心とした経済構造改革の推進、そして第三が不良債権の処理であった。景気停滞が長引いている主因に不良債権問題を掲げておきながら、従来型の公共投資拡大中心の総需要政策が主役であった。しかも不良債権処理については、前年の12月の「金融システム安定化のための金融対策」と同様この対策においても、抜本策とはほど遠い対策が掲げられていた。この時期になっても、不良債権問題の深刻さに思い及ばず、需要不足を解消すれば景気が回復して、構造問題も金融不安も解決すると認識していたことは大きな問題であった。

5　新日銀法施行直後の金融政策

国会の対応は、景気問題を後回しにした。この対策に盛り込まれた財政支出が補正予算案となって国会に提出されたあと、国会は、中央省庁等改革基本法の審議に忙殺されており、補正予算案は「塩漬け」になった。せっかく与党と政府の連携プレーによって財政出動による景気刺激策の準備が整えられたのに、このタイムラグは想定外だった。結局、補正予算案が参議院予算委員会を通過したのは6月17日だった。4月から6月までの間は、金融政策が景気対策の主役になるべきであった。

●日銀の独立性をめぐって

新日銀法がその年の4月から施行されており、日銀の金融政策決定会合には、大蔵大臣及び経済企画庁長官またはそれぞれの指名する職員が出席して意見を述べる機会が与えられるようになった。筆者は、尾身経済企画庁長官から指名されてその会合に出席することが多くなった。毎回のように「企業への資金供給が量的に確保されることに十分配慮した運営をお願いする」といった趣旨の発言を行った。日銀の独立性を最大限尊重して、ソフトな発言に終始したので、金融政策を動かす力にはならなかった。

新日銀法は、第3条第1項で、特に、「日本銀行の通貨及び金融の調節における自主性は、尊重されなければならない」と規定している。旧日銀法は、真珠湾攻撃の3ヶ月後の1942（昭和17）年2月24日に公布された。その第1条には、「日本銀行ハ国家経済総力ノ適切ナル発揮ヲ図ル為国家ノ施策ニ即シ通貨ノ調節、金融ノ調節及信用制度ノ保持育成ニ任ズルヲ以テ目的トス」とあった。総力戦を戦い抜くために、金融政策は、国家の施策に完全に従属させられた。戦争が終わってから50年以上も改正がなされなかったこと自体驚くべきことであるが、「通貨の番人」と言われながらも、金融政策が独立していなかったことは問題であった。ようやく新日銀法が出来て、政府からの独立を勝ち取った日銀の金融政策決定会合は、「政府何するものぞ」という機運が漂っていた。金融政策決定会合には日銀から総裁と副総裁2人が出席していた。議決権を持っているメンバーは9人いたが、その3分の1が日銀勢だった。議決権を有さず、ただ出席しているだけの政府の発言は、ほとんど歯牙にもかけられなかった。

しかしながら一方で、新日銀法は、第4条で、「日本銀行は、その行う通貨及び金融の調節が経済政策の一環をなすものであることを踏まえ、それが政府の経済政策の基本方針と整合的なものとなるよう、常に政府と連絡を密にし、十分な意思疎通を図らなければならない」と規定することも忘れていない。財政政策と並んで金融政策が経済政策の有力な手段である以上、当然のことである。

1998（平成10）年4〜6月の局面では、財政政策は政府の手を離れ立法府にゆだねられていたので、金融政策は、この新日銀法の精神からみても、「政府の経済政策の基本方針と整合的なものとなるよう」にすべきだった。「十分な意思疎通を図らなければならない」とは、政府の発するメッセージを受け止め、それに十分応える金融調節を行うことも含まれる。いま思うと経済政策の立場から、金融政策に対して、もっと強いメッセージを発すべきだった。しかし、実際は、その機会を逸してしまった。

日銀が新たに任命された審議委員を含めて、いかに政府からの独立性を守ることに熱心だったかを示す例を挙げよう。すでに10年後をはるかに過ぎていて議事録が公開されているので、詳細はそれに譲るが、デフレ前夜の極めて重要な時期に、経済企画庁の出席者をめぐる問題で、金融調節を議論すべき貴重な時間を浪費したハプニングがあった。審議委員の中原伸之氏は、「大蔵省からは総務審議官の武藤敏郎さん1人でしたが、経済企画庁からは次々と交代して3人も出てきたのです」「それで、審議委員の間から、出席者が1日に3人も入れ替わるのは、政策委を軽視しているのではないかとの不満の声がでました。……審議委員が政府の出席者に意見しようということになって、注文を付けたのです」と言っている。[7] これだけ読むと、経済企画庁は日銀の政策決定会合を軽視して、三人入れ替わり立ち替わり出席して議論を混乱させた悪者のように見える。金融政策とは直接関係がないことながら、経済企画庁の名誉のために、少し経緯を説明しなければならない。

●日銀の政策決定会合での出来事

ことは1998年6月12日に起こった。デフレの足音がいよいよ近づいて来たと経済企画庁の幹部は半ばパニック状態だった。前日に経済企画庁の大臣室で鳩首会議をしたとき、尾身大臣が自ら日銀の政策決定会合に出席して、直接意見を述べることに決まった。たまたま、その会議に栗本慎一郎政務次官が出席していて、自分も一度日銀の金融調節会議に出たいと思っていたので、明日の会合に出て景気の現状に対する政府の危機感を日銀に訴えてみたいと言った。その日はちょうど閣議の日だったので、大臣が閣議に出ている間、政務次官が日銀法第19条第1項の規定に基づく指名を受けた職員として出席することにして、そのあとに大臣本人が出席することに決めて日銀に通告した。

ところが、夕方になって、橋本内閣に対する不信任案が提出されることが決まり、大臣も政務次官も午後1時からの本会議に出席せざるを得なくなった。そうなると、大事な時期に日銀の政策決定会合に、経済企画庁から誰も出席しないことになる。その日は、午後3時に1998年1~3月期のQE（GDP速報値）が発表される日だった。結果は、多分2四半期連続のマイナス成長となりそうな気配だった。政策決定会合の部屋には、電光掲示板のようなものが設置され、株価とか他の経済指標を即時に見ることが出来る。それが発表になれば、経済企画庁に対しても質問があり、議論になるかも知れない。その時に経済企画庁を代表する職員が誰も出席していないことは許されない。やむなく、午後からは調整局長の筆者が出席することにして、夜になってから大臣の指名を得て日銀に通告した。

その日筆者が昼の休憩時間後に会議場へ入って行くと、雰囲気がいつもと違った。古手の審議委員が、筆者に向かって、「この会合は、朝9時から内外の金融経済情勢の説明と議論を積み重ねていき、その中から一つの判断や合意を見出していくという性格の会議なので、大臣その他指名された代理が複数になるのは若干難しいことになります。長官とそれに代わる人1人にしていただけないでしょうか」と言った。

筆者は、内閣不信任案が衆議院にかかるという異常事態のために、経済企画庁から3人が出席することに

7　中原伸之『日銀はだれのものか』（中央公論新社　2006年）p39

なった事情を話して、今後はそういうことのないようにすると陳謝した。速水総裁が議論を打ち切ろうとすると、審議委員が口々に、経済企画庁の代表が途中で交代し、審議が混乱させられたことに対しての不快感をこめて、「運営規則で政府代表の代理は1人までと決めよう」と言い出す始末であった。栗本氏と尾身氏では、方向は同じでも、表現の仕方がまったく違うので、さぞ議論が混乱しただろうとは想像できたが、法律で決まっているものを、運営規則で制限するルールを作られて、それを役所に持ち帰るのは堪えがたかった。貴重な時間を浪費することを謝りつつ、「これは、経済企画庁長官、大蔵大臣に与えられた権限です。それを内規でしばれるかどうかという議論になるのではないでしょうか。それを内規で、『指名は1回につき1人だけ』と制限する話しになると、直ちに『結構です』と申し上げるわけにはいきません」と抵抗をした。肚では、「何とつまらないことに時間を浪費するのだろう。早くデフレに落ち込まないための金融調節についての議論をしてくれればいいのに」と思ってはいたが、政府に与えられた権利であり、義務でもある「出席して意見を述べること」に制限を加えるような規則を作らせるわけにはいかなかった。日銀の人々は、政府代表が政策決定会合に出席するのは、議論をチェックするためで、できれば出席して欲しくないという態度が見えていた。しかし、これはまったくの誤解で、日銀法にも規定されているように、「金融政策が経済政策の一環であることにかんがみ、経済政策と整合性をもって行われるため」の意思疎通の手段なのだ。法律で認められた唯一の正式な意見表明の場である。経済企画庁として、それを軽視することなど考えられないことだった。

速水総裁は、机の上に配られた、新日銀法の冊子をじっと眺めながら、議論の成り行きを黙って聞いていたが、潮時と判断して、口を開いた。「調整局長の言う通り、それを規定するわけにはいかないでしょう。今日は内閣不信任案の審議という特別な日であり、異例の事態であると認識します。今後は是非こうした事がないようにお願いします」と言った。筆者も、貴重な審議時間を浪費させてしまったことを詫び、今日は異例の事態だったが、今後は常識的な線で対処する、と言った。強硬論を主張した審議委員は、政府に一泡ふかして、日銀の独立性を思い知らせたというような顔つきであった。新日銀法が施行したばかりなので、彼らも日銀の独立性を守るために必死なんだなあ、と感心した。

しかし、あの時期に議論すべきは、政府代表の代理の人数ではなかった。そのようなことは、後刻日銀の事務局から経済企画庁に対して、「会議の円滑な運営のために、代理の職員は原則として1名にしていただきたい」と文書で通報すれば済むことだ。経済企画庁が、長官に代わって職員の出席を命ずるのは必要があるからであって、日銀の独立性を冒すために、会合の議事妨害を意図して、入れ替わり立ち代わり代理を送り込むことなどあり得ない話なのだ。真剣に議論すべきは、デフレに落ち込むことを防ぐ金融調節の仕方だった。

午後3時に発表された1998（平成10）年1～3月期のQEの結果は、実質GDPの前期比がマイナス1・3％で、結果として1997（平成9）年度の成長率はマイナス0・7％となり、昭和30年に国民所得統計を取り始めてから最低であった。その会議の終わりごろ、もう午後5時を過ぎていたと思うが、政府の出席者として意見を求められたので、「QEの結果はご覧のとおりで、明日の朝刊の見出しには、石油ショック時を下回るマイナスといった趣旨が踊ると思われます。これが家計や企業のマインドに与える影響を心配しているところです。現在総合経済対策の実施に向けて国会で補正予算を審議していただいているところですが、金融政策の運営につきましても、企業への資金供給が量的に確保されることに十分配慮した運営をお願いいします」と言った。結局金融調節としては「現状維持」と決まった。徒労感だけが残った。

●黙殺された量的緩和のメッセージ

筆者は、その直後の1998(平成10)年6月23日に経済企画事務次官に就任した。事務次官には毎週1回記者会見の機会があった。最初の定例記者会見日の6月26日に、次のような発言をした。

財政面では、16兆円を超える財政支出を含む対策を打って、その効果が発現するのを待っているところですが、効果が見えるまでには、いましばらく時間がかかります。そういう時間がかかる間、まさに金融政策の出番ではないかという気がします。日本銀行は、適切な金融調節を行っていると、私どもは評価していますが、量的な金融緩和措置に向けて、さらにいっそう知恵を絞って、通貨価値の維持に自主性を発揮するように期待しているところです。……過度なインフレを避けるのが金融政策であるならば、デフレに落ち込む危機を食い止めるのも金融政策の重要な役割だと考えています。

その発言がまだ終わらないうちに、2、3人の記者がバタバタと会見場を出てゆくのが見えた。記者会見を終わって、廊下での取材に応えて自室に戻ると、通信社のテレファックスで、「経企庁次官日銀に異例の注文」といった記事が流れていた。筆者は、毎回の日銀の政策決定会合での発言の趣旨をより具体的に、しかも、日銀の自主性に配慮して、押しつけがましくなく述べたつもりであった。金融政策決定会合での経済企画庁発言が、日銀の独立性を尊重するあまり抽象的な言い方をし過ぎたとの反省から、少し具体的な言い回しをしただけだった。日銀からは、経済政策担当の調整局あてに、直ちに不快感を示す電話があったらしいが、公式の反応はなかった。官房長の林正和氏（のちに大蔵事務次官）がその顛末を尾身大臣に報告したところ、尾身大臣は、「次官の発言にまったく問題はない。自分も同じ意見である。こういう時期だから、次官は思うところをどんどん発言せよ。自分も思うところを述べる。次官の発言が間違っている場合には、率直にそう言う。大臣と次官の意見が違った場合、世間は問題にするかも知れないが、自分は意に介さない」と言ったということだった。翌日の朝刊各紙は、筆者の発言を取り上げた。例えば、6月27日付け朝日新聞には、ベタ記事の「日銀は金融の量的な緩和を」という見出しで、「経済企画庁の塩谷隆英事務次官は26日の会見で当面の景気対策に関連して『日本銀行は量的な金融緩和措置に一層の知恵を絞ってもらいたい』と述べた」とあった。廊下で最後までねばって取材していた読売新聞は、経済面に「経企庁事務次官、日銀は金融緩和必要――デフレ回避へ異例発言」という4段抜きの見出しで、次のように大きく取り上げた。

経済企画庁の塩谷隆英事務次官は26日の会見で、「総合経済対策と不良債権処理の効果が本格化するまでは時間がかかり、この間こそ、金融政策の出番だ。日銀が量的緩和措置に向けて、さらに知恵を絞るように期待している」と述べ、日銀は預金準備率の引き下げなどの方法によって通貨供給量の増加を目指すべきだとの考えを明らかにした。独立性が重視される日銀の金融政策について政府の幹部が具体的に発言するのは極めて異例で、今後、議論を呼びそうだ。

塩谷次官は、一層の金融緩和が必要な理由として①物価の下落を伴って経済活動全体が縮小するデフレ危機の回避②不良債権処理の過程で懸念される金融機関の貸し渋りへの対応――の二つを指摘し、とくに、デフレ回避については、「過度なインフレを避けるのが金融政策なら、デフレの危機を食い止めるのも金融政策の重要な役割」と明言した。

さらに塩谷次官は、「預金準備率を下げる道があるのではないかという議論が起こっている」と述べ、日銀が銀行に強制的に預けさせている預金準備率の引き下げが選択肢の一つになるとの考えを示した。ただ、経企庁が政府代表として参加している日銀金融政策決定会合でも同様の主張をするかどうかは未定としている。

日銀は、このメッセージを黙殺した。日銀政策決定会合の中で、金融の量的緩和を主張して孤軍奮闘している中原伸之審議委員に向けたエールを送るつもりでもあったのだが、中原氏の著書を見ても、政策決定会合で、このメッセージが議論された気配はない。

その後デフレが深刻化して日本経済を長期間苦しめることになったことを考えると、金融政策の責任は小さくない。政府としても、日銀の金融政策決定会合で正式に意思表示をすべきであったと思う。この時期、大蔵省も、日銀の「独立性」に過敏に配慮していたフシがある。旧日銀法時代であったが、1989年12月の公定歩合引き上げについての橋本龍太郎大蔵大臣の「白紙還元事件」[8]はまだ記憶に新しかった。金融政策決定会合には、大蔵大臣又はその指名する者も出席できることになっていた。この時期は、松永光大蔵大臣が、最初に出席して簡単な挨拶をするだけですぐ退席し、総務審議官の武藤敏郎氏が指名されることが多かったようだが、武藤氏もすぐに退席したようだった。尾身大臣の退席後に指名されてその会合に出席した筆者と武藤氏とが同席した記憶はほとんどなかった。午後の会合には、政府からは筆者1人のことが多かった。

●日銀の方針変更

日銀が従来の方針をほんの少し変えてコールレートのターゲットを公定歩合の変更なしに0・25%に引き下げたのは1998（平成10）年9月9日であり、さらに小渕内閣の堺屋経済企画庁長官時代になって、

---

8 岸宣仁『賢人たちの誤算』（日本経済新聞社 1994年）p69

これを0・15%へ引き下げてゼロ金利も容認するという金融緩和に踏み切ったのは、1999(平成11)年2月のことであった。さらに、金融調節の主目標を日銀の当座預金残高にして本格的な量的金融緩和がなされたのは、2001年3月19日からである。その時には、筆者は既に経済企画庁を退官していた。

日銀の独立性の最大限の尊重が招いた、かくも長い間の「政策発動のタイムラグ」が、その後永きにわたるデフレを招来した例として歴史に残るだろう。

しかしながら、あの局面で、大蔵省と経済企画庁が一致して日銀に対して、もっと量的緩和をすべきだと具体的な意思表示をしても、恐らく日銀が政策変更に踏み切る可能性は少なかったであろう。速水日銀総裁以下日銀の幹部は、新生日銀の独立性を確保することに急なあまり、政府の意見に耳を傾ける余裕はなかったと思われる。

また、あの時期は、銀行の不良債権処理が進んでおらず、伝統的な金融政策が行われていても、貸出の増加にはあまりつながらなかったかも知れない。速水日銀総裁も後に出版した著書で、[9]「いまや循環的な景気対策でなく、構造改革をして総生産を上げ、物価を上げてゆくということ、言い換えればケインズ的な景気対策でなく、民間企業に訴えるシュンペーター的なイノベーションが大切だと言い続けてきた」と述べている。多分規制緩和を中心とする「構造改革」がデフレを避ける決め手だと考える総裁をいただく日銀に対して、「デフレに陥るのを避けるために金融の量的緩和政策を」といくら叫んでもほとんど無視されていたに違いない。

そうは思いつつも、量的緩和の手法に工夫をこらしてデフレに沈み込むのを防ぐことは可能であったという後悔の念に苛まれる。経済企画庁調査局長の新保生二氏（故人）は、マネタリストの立場から、銀行が保有する国債や優良な社債などを日銀が買い取れば、市中にマネーを供給することは可能なのだ、という議論をしていたのだから、もっとその声を大きなものにすべきだった。

１９９７（平成９）年５月以降の景気後退を長引かせ、本格的なデフレに陥れた政策的要因は、財政政策と金融政策のタイミングのずれであり、両者に協調性が欠けていたことである。現在では、日銀法第19条によって、日銀の金融調節事項を議事とする会議には、財務大臣及び経済財政政策担当大臣並びにそれぞれが指名する職員が出席して意見を述べることが出来る。日銀法第４条の規定は、政府としても拳々服膺する必要がある。

７月の初めには参議院選挙があった。橋本総理は、その選挙戦の最終段階で所得税減税を行うと発言した。しかし、「恒久減税」かどうかで、総理発言にブレがあったことも影響したのか、自民党は、参議院の議席を61から44に減らす大敗だった。経済政策に対する批判が選挙結果に反映したと理解され、橋本総理は責任を取って退陣した。財政構造改革法は、１９９８（平成10）年12月に、その停止法が成立した。自民、社会、さきがけの連立政権下で試みられた財政構造改革の主な手段だった財政構造改革法は、ほぼ1年のはかない命だった。橋本内閣の「６つの改革」は、最初に手を付けた財政構造改革で頓挫してしまった。政策メニュー

9　速水優『強い円、強い経済』（東洋経済新報社　２００５年）p107、108

は立派だったが、取り組む順番を間違えたのは残念だった。

●政策転換による景気回復

橋本総理のあとを引き継いだ小渕恵三総理大臣は、所信表明演説で、金融機関の不良債権の抜本処理、6兆円を相当程度上回る恒久減税、事業規模10兆円を超える補正予算などの景気対策を積極的に推進する旨を明らかにした。小渕総理は、作家の堺屋太一氏を経済企画庁長官に抜擢した。堺屋大臣は、アサヒビール会長の樋口広太郎氏（故人）を座長とする「経済戦略本部」を発足させて、積極的な経済政策を展開した。

小渕内閣の政策転換によって、1998（平成10）年10月には「金融機能再生緊急措置法（金融再生法）」と「金融機能早期健全化緊急措置法（早期健全化法）」が議員立法で成立し、金融機関の倒産処理と自力で自己資本を調達できない金融機関に資本注入ができるようになった。

金融再生法は、10月に日本長期信用銀行に、12月には、日本債券信用銀行に対して適用され、両行の国有化が行われた。その後に、それぞれ別の投資グループに売却されて、新しい銀行として再生された。一方、早期健全化法の適用については、1999（平成11）年3月に、2法の運営に責任を持つ金融再生委員会が大手銀行に対して7兆4600億円の公的資金を注入した。

小渕内閣の発足当初の政策転換に「経済戦略本部」が果たした役割は大きい。この成功によって、日本経済が危機に瀕した場合には、既存の官僚機構だけでは政策転換をすることが困難だということが分かったのかも知れなかった。この運営方式が、内閣と与党および官僚機構との関係を変化させるきっかけとなる。この流れが新設の内閣府の経済財政諮問会議に受け継がれていった。

元々経済企画庁には付属機関として経済審議会があった。経済計画の策定などの際には、経済審議会の下に部会や専門委員会などが作られて各界を代表する学識経験者が委員に任命され、その議論を通じて政策が形成されていくプロセスがあった。重要な議論は、まだ成案にならない段階でマスメディアによって公にされて世論の批判にさらされ、次第に磨かれていくことがあった。審議会での議論が国民的議論に発展することもあった。経済財政諮問会議の発足とともに経済審議会は廃止されたが、両者は並び立つものであったと思う。政策決定過程に国民各層の意見を反映させる点において問題を残した。

政策を転換してみると、さしも厳しい景気にも、春の兆しが見えて来た。堺屋大臣は、記者会見で「景気回復の『胎動』が始まった」と表現した。果たして1999（平成11）年1～3月期の実質GDPの前期比は、6四半期ぶりに、プラス成長になった。筆者は、その速報値の発表の記者会見で、日本経済は、「愁眉を開きました」と言った。いくつかの新聞でその言葉通りの記事となった。景気は、その後も順調に回復するように見えた。

省庁再編の大枠ができ、経済企画庁の機能は、ほとんど新設の内閣府へ移行することが決まった。最も心にかかっていたのは、経済企画庁の職員が内閣府へそのまま移管されるかということだったが、どうやら失業者が発生することもなさそうだった。1999（平成11）年8月31日に、筆者は、後顧の憂いなく、堺屋大臣の許しを得て経済企画事務次官の職を辞し、33年5ヶ月の国家公務員生活に別れを告げた。その後も経済企画庁の組織は存続し、筆者も翌年の1月末まで経済企画庁顧問という肩書きで第4合同庁舎6階の小さな部屋に週3回程度出勤し、後任への引き継ぎなどを行った。給与の担当者からは、日当の予算が少ないので、あまり出勤しないで下さいと言われた。「日雇い非正規職員」になった気分だった。車もなく、お世話になった方々への挨拶回りもタクシーを使った。部屋は廊下の突き当たりを曲がった奥まった所にあり、そこへ行くには、政務次官室の前を通らなければならなかった。政務次官は小池百合子氏（現東京都知事）だった。小池氏に「近所に引っ越してきました」と挨拶をすると、「ああ『奥の院』ね」と当意即妙の返事が返ってきた。

２０００（平成12）年1月31日に経済企画庁顧問を辞し、2月1日付けで小渕恵三内閣総理大臣の認可によって総合研究開発機構（ＮＩＲＡ）の理事長に就任し、経済企画庁に監督される身になった。その後も経済企画庁は存続したが、２００１（平成13）年1月6日をもって廃止され、歴史上の役所になった。

終章

経済企画庁が戦後日本経済に果たした役割

経済企画庁は、前身の経済安定本部から数えると戦後54年間にわたって、日本経済の安定と成長のために経済戦略本部の役割を果たしてきた。

●経済戦略目標を確立する長期経済計画

第一に、時の内閣の経済戦略目標を示して、その目標を達成するための経済政策体系と政策の優先順位を明らかにすることによって、企業および家計の行動に指針を与えてきた。これは、長期経済計画という形で明らかにされることが多かった。

長期経済計画を政権の旗印に据えた最初の内閣は、鳩山一郎内閣であった。この時に、それを担当する役所として経済企画庁が誕生した。それゆえ、経済企画庁の組織は、まず総合計画局で長期経済計画を策定し、出来上がった計画を調整局以下の各局が推進し、また、調整局が年次経済計画大綱を作成し、長期経済計画と整合性をもって各省の計画および政策が実施されるよう調整する、というように経済企画庁の行政は、経済計画を中心に回っていた。

経済企画庁長官の権限も、1973（昭和48）年に物価局ができるまでは、「長期経済計画の策定及び推進のために必要があると認めるとき」に限って、関係行政機関の長に対する資料・説明の要求権、重要な政策および計画の立案の勧告権、内閣総理大臣に対する意見具申権などが特別に与えられていた。

鳩山一郎内閣以降の歴代の内閣は、多くは長期経済計画を政権の中核に据えて政策を展開した。経済企画庁時代に策定され、閣議決定された長期経済計画は、「計画」という名称が付いていないものを含めて14を数える。

とりわけ、池田内閣の「国民所得倍増計画」は、日米安全保障条約の改定を巡って分裂の危機に瀕した社会を、高度経済成長モードへと一変させた世論誘導の装置としての役割を存分に果たした。

佐藤内閣の「経済社会発展計画」は、経済開発とともに社会開発の重視が唱えられた。これ以後、計画の名称に「社会」が加わるものが多くなった。

田中内閣の「経済社会基本計画」では、「活力ある福祉社会のために」という副題のもとに、国民福祉の充実と国際協調の推進の同時達成がうたわれた。

三木内閣の「昭和50年代前期経済計画」は、石油ショックと「狂乱物価」を克服したあとの「安定した社会を目指して」という副題が経済政策の目標を表した。

大平内閣の「新経済社会7ヵ年計画」では、初めて「国民生活の質的充実」が計画の目標に登場するとともに、「国際経済社会発展への貢献」という目標も掲げた。

中曽根内閣の「1980年代経済社会の展望と指針」では、標題から「計画」という文言がなくなった。これ以後、経済企画庁設置法に規定する「長期経済計画」として閣議決定されながら、名称に「経済計画」を使わないものが増えてくる。また、政策目標の一つに、「平和で安定的な国際関係の形成」が掲げられた。

竹下内閣の「世界とともに生きる日本――経済運営5ヶ年計画」では、「大幅な対外不均衡の是正と世界への貢献」を目標にかかげるとともに、「地域経済社会の均衡ある発展」という従来「全国総合開発計画」の目標とされて来たものを初めて経済計画の目標に掲げた。国土庁の所掌となった全総計画に影響力を与える意図もあったのかも知れない。従来は、同じ経済企画庁の総合開発局で全国総合開発計画が作られたのが、別の役所に分かれてしまったための措置とも考えられる。

宮澤内閣の「生活大国5ヶ年計画」では、副題に「地球社会との共存をめざして」を掲げるとともに、「生活大国への変革」を政策目標にした。

村山内閣の「構造改革のための経済社会計画」では、初めて「構造改革」という言葉が登場する。また、「地球社会への参画」が政策目標の一つになった。

経済企画庁時代最後の経済計画は、小渕内閣の「経済社会のあるべき姿と経済新生の政策方針」という長い名前の経済計画であった。従来の計画のように政策目標は明確ではないが、経済社会のあるべき姿の目標として、「最大自由と最少不満」、「多様性と創造的変革」、「新しい効率、平等、安全と自由」などが並んでいる。

このように見てくると、経済企画庁の主な役割は、昭和30年代以降の日本経済の歴史的転換を先見的に把握し、それを経済計画という形にとりまとめて、企業や家計の行動を、その時点で歴史がおもむいていると国民の多くが認める方向に誘導する点にあったのではないかと思う。

●国民各層の欲求を経済政策にまとめる

経済企画庁は第二に、国民各界、各層の経済的欲求を「政策課題」としてとりまとめ、その解決方策を提案する役割を果たしてきた。政治の代謝機能の一翼を担う役所であったと言える。その機能は、主として経済審議会を通じて担われて来た。経済審議会の定員は30名ほどであったが、経済計画を作成する時は、総合部会の下に専門委員会や分科会が多数設けられ、各界を代表する学識経験者二百人余りが内閣総理大臣によって委員に任命されて議論に参画した。ちなみに、大平内閣の「新経済社会7ヵ年計画」を作成する時は、総合部会の下に企画委員会と計量委員会が置かれ、さらに企画委員会の下に国際経済分科会、国民生活分科会、産業分科会、雇用問題小委員会、農林水産小委員会、公共金融分科会、公共投資小委員会、地域経済問題研究会およびエネルギー需給見通し検討グループが設けられ、委員の総勢は267人（兼任を含む）であった。

経済審議会は、経済企画庁の解消とともに消滅した。その機能の一部は、経済財政諮問会議が担っているものと思われる。しかし、国民各界、各層の声を集めて、ある政策課題解決についての一種の相場観のようなものを作り上げてゆく機能がなくなったことは惜しまれてならない。

経済審議会の事務局としては、経済企画庁総合計画局が、議論のための資料を収集したり、議論の結果をとりまとめて文章化したりする作業を担当した。総合計画局の陣容は、筆者が総合計画局に在籍した時期（1976（昭和51）年～1979（昭和54）年）には、局長の下に審議官が3人おり、課としては計画課が置かれていた。また、財政金融、国際経済、地域経済、社会資本、社会保障、物価、産業などの課長クラスの「計画官」がいた。計画官は、下に数名のスタッフを抱えて班を構成していた。他に「電源開発官」という電源開発調整審議会の事務局機能を果たす課長クラスのポストがあったが、経済計画を策定するときには、エネルギー担当のスタッフになることもあった。

総合計画局の陣容は、各省からの人事交流によって構成されていた。時代によって出身省庁に異動はあったが、昭和50年代には、計画課長と財政金融担当計画官は大蔵省、国際経済担当計画官は通産省、地域経済担当計画官は建設省、社会資本担当計画官は運輸省、社会保障担当計画官は厚生省からの出身者が任命されていた。物価担当計画官、雇用担当計画官および産業担当計画官は、経済企画庁プロパーの職員がその任に当たっていた。経済計画を策定する時は、各計画官がそれぞれ出身省の窓口の役割を果たしていた。経済計画は、時の内閣の看板政策だったことが多いので、全省を挙げてこれに協力する。この時、経済企画庁の計画官制度がフルに効果を発揮した。各省で抱えている政策課題およびそれを解決する方策がたちまち経済企画庁に集まり、それを局長―計画課長ラインで調整したうえで経済審議会の議論となって、計画の原案に盛り込まれた。このように、経済企画庁は、各省との意思の疎通という点でも他の政府機関には見られない特色を持っていた。計画の原案を閣議決定する前には、熾烈な各省折衝があったが、各計画官レベルでの調整の果たす役割も大きかった。制度的には、経済審議会の幹事として各省の課長クラスが任命されており、各省の意見は幹事会を通じて経済審議会に吸い上げられた。

●各省庁をリードする先駆けに

第三に、行政の先駆け的役割を果たした。経済企画庁は、経済安定本部を元祖とする役所であった。その経済安定本部は、GHQの強力な示唆によって、戦後の経済的混乱を緊急に安定させるために、暫定的に設置された役所であった。「暫定性」という性格を持った役所であるがゆえに、色々な試行錯誤が許される面があった。その伝統を引き継いだ経済企画庁だったので、新しい行政ニーズにいち早く対応して新しい行政組織を生み出すことが可能だったのではないかと思われる。

特に国民生活局の設置は、わが国行政に新しい風をまき起こした。従来、生産者・事業者の活動のルール作りや支援を主たる任務としてきた行政に対して、一般消費者の支援を目的にした局ができた。国民生活局が行う新たな行政は、各省と摩擦を生じながらも、次第に各省の行政スタンスを変えて行く役割も果たした。また、国民生活局の支援によって各都道府県に消費生活センターが出来て、国民生活局と各消費生活センターとのネットワークが完成し、消費者行政は飛躍的に発展した。経済企画庁が消滅して内閣府が出来た時にも、国民生活局はそのまま内閣府へ移行し、現在では消費者庁に発展している。

環境行政でも経済企画庁は先駆けの役割を果たした。水質汚濁防止の分野で、環境対策基本法に基づく環境基準を最初に策定したのは経済企画庁であった。公害問題が爆発的に社会現象になった1970（昭和45）年のことであった。また、同じ年に、全国の公共用水域を全て規制対象にする「水質汚濁防止法案」を作成し、公害行政をリードした。その延長線で、公害国会が開かれ、公害関係法の整備につながり、さらには、環境庁の設置が行われて、わが国の環境行政が飛躍的に発展した。
その他、省資源・省エネルギー行政、余暇開発行政、ボランティア活動の促進とNPO法人に関する行政など、経済企画庁が先鞭を付けて各省をリードした新しい行政分野は多い。

●官庁エコノミストが経済合理性に立って

第四に、経済合理性の基準に立って行政を推進する役割を果たした。官庁エコノミストと呼ばれた人々が、経済白書や経済計画において、経済理論の考え方に立脚した政策論を展開し、それを政府の内外に発信した効果は大きかった。

官庁エコノミストは、必ずしも経済学部出身者あるいは経済の専門家を意味しない。官庁エコノミストの元祖的存在である大来佐武郎氏と後藤誉之助氏は、ともに工学部電気工学科の出身である。また、後藤誉之助氏のあとに経済白書の執筆責任者になった宍戸寿夫氏は、航空工学出身で、戦時中国産のロケット第一号の桜花の製作に携わっていたことがあるということだ。そのあとの金森白書で有名な金森久雄氏や狂乱物価時の経済白書の執筆責任者を3度務めた高橋毅夫氏は、法学部出身である。

官庁エコノミストとは、経済合理性の基準で行政に携わる国家公務員ということが出来るだろう。経済安定本部以来、都留重人氏、有澤広巳氏、東畑精一氏、中山伊知郎氏などわが国の第一級の経済学者が、幹部として、あるいは参与や審議会会長や審議会委員として役所の内外から強力にサポートしたことが官庁エコノミストの育成に大きな影響を与えたものと思う。

経済企画庁になってからは、マサチューセッツ工科大学へ留学してケインズ経済学を習得した宮崎勇氏、オックスフォード大学でケインズの弟子のハロッドの直弟子だった金森久雄氏、ハーバード大学で計量経済学を学んだ宍戸駿太郎氏[1]、などが持ち帰った経済理論が経済白書や経済計画の理論的基礎になった。宍戸駿太郎氏も法学部出身者である。

宮澤喜一元経済企画庁長官は、経済企画庁30周年に寄せた回顧談で、「在任中における最大の収穫は、多くの友人知己を得たことであり、また、それらの人々から経済のものの考え方を教えてもらったことだと思います。……当時から私は、エコノミストはあまり政治的考慮はせずに思ったことをドンドン言うほうがよいという方針をとってきました。そして庁内のこのような自由な雰囲気を通じて、私自身もずいぶん教えてもらったことが多いという感じをもっています。私は、経済政策の考え方としては、いわゆる成長派に属していると思いますが、それも経済企画庁長官時代に受けた教育の結果かも知れません」と語っている[2]。

また、経済企画庁は、民間のエコノミストの育成にも大きな役割を果たした。経済安定本部は、民間からの出向者が多かった。経済企画庁になってからも、「部員」と呼ばれる民間企業から研修名目での出向者が

1　故人、経済研究所長、筑波大学教授、国際大学学長を歴任
2　経済企画庁編『現代日本経済の展開　経済企画庁30年史』p374

かなりいた。1973（昭和48）年にその制度が国会で問題となった。企業との癒着が問題とされたのである。普段役所を見下しているマスメディアがそれを「天上がり問題」などとはやし立てた。確かに、機密の漏洩防止などの点で制度的に曖昧なところがあったので、「非常勤の国家公務員」として位置づけられて、調査部門に限り存続することになった。内国調査課などに出向して経済白書の作成作業に参画し、マクロ経済や景気分析などの手法を身につけた「部員」が企業に戻って、民間エコノミストとして活躍している例は枚挙にいとまがない。

●部分ではなく国民経済全体に奉仕して

第五に、総合調整官庁として、部分的利益にとらわれず、全体最適の観点を基準にして調整の任に当たる役割を果たしてきた。経済企画庁は、一部業界のためではなく、国民経済全体に奉仕する役所であるという評価は確立していたと思う。合計3回経済企画庁長官を務めた宮澤喜一元総理大臣は、経済企画庁50周年記念の対談で次のように語っている。「私は合わせて5年間の経済企画庁長官在任中色々勉強させてもらいました。大蔵省の人はよく私のことを『大蔵省の先輩ではなく経済企画庁の先輩ですね』といいます。私はそれに対して、『それは当たり前で、財政や税制、金融は国民経済に奉仕するもので、財政至上主義はそれ自体では意味をなさない』と答えていますので、憎まれることもあります」と語っている。[3]

国民生活局や物価局の存在も大きかった。1998（平成10）年6月ごろ、バブル崩壊後の不況からの脱出を図るための政策を幹部会で議論しているとき、「デフレに陥ることのないように日銀に大幅な量的緩和をするよう要請するべきだ」という意見があったのに対して、ある局長から「物価局を持っていて物価の安定を使命としている経済企画庁から『インフレにせよ』という要請をするのはいかがだろうか」という意見が出て、沙汰止みになったことがある。結果論ではあるが、あの時、もっと日銀に対してメッセージを発して大幅量的緩和をさせていれば、と思うことがあるが、そのような国民経済全体を視野に入れたバランス感覚のある議論ができる組織は貴重だったと思う。

●機能の変容

経済企画庁の機能は、ほとんど内閣府に移行された。しかし、移管されなかった機能や異質なものに変容していると思われる機能もある。

一つは、内閣府設置法には、「長期経済計画」という行政手段が規定されていない。いまは、「骨太の方針」という名前で、経済運営の中期的な指針が示されているようだが、かつてのように、政権の旗印として新しい政策目標が掲げられ、それを達成するための政策体系づくりに衆知を集めた討議が行われる場としての経済計画とは大分趣が異なっている。

3　経済企画庁編『戦後日本経済の軌跡　経済企画庁50年史』における宮崎勇氏との対談より p470、471

二つは、経済審議会の廃止によって、国民各界、各層の経済的利害を経済政策に反映する機能が失われた。その代り、経済財政諮問会議が置かれたが、委員の数も限られており、多様な国民の意見を政策に反映させる機能は果たし得ないと思われる。従来、審議会は、「行政の隠れ蓑」という批判があった。しかし、筆者の経験では、経済計画を作成する過程での経済審議会での議論は、経済政策目標に対する世論のコンセンサスを形成するプロセスとして、重要な役割を果たしてきた。

三つは、内閣府が政権の中枢であるが故に、中立的な立場で経済の調査分析をしたり、経済政策の効果を分析したり、政策の優先順位を議論したりする場合には、難しい面が多々あるのではないか。また、従来のように、先駆的な政策代替案を提案することも困難になった。もちろん、内閣府の職員は、国家公務員法にしたがって、政治的に中立な姿勢を堅持しているわけだが、内閣総理大臣の直轄あるいは内閣の「大番頭」と言われている官房長官の直接の指揮下にあって、経済分析において、昔のように「エコノミストの良心」がどれだけ維持できるか、主観的には維持できても、客観的にはどうか、制度のあり方として難問である。議院内閣制のもとでの日本の行政において、政治から絶対中立性を保つ行政機構が存立するのは困難であろう。結局政権の中枢からの距離感の問題になるのではないかと思われる。時の総理、官房長官の器量も関係するだろう。

●政権から距離を置く経済戦略部門の復活

戦後経済を回顧すると、幾度か危機に際会している。その際に場当たり的にとられた対応策のツケが20世紀末のバブルとその崩壊という失敗につながった。また、戦略性、協調性を欠いた財政政策と金融政策の発動が、日本経済の危機を増幅したことも経験した。

本来、経済企画庁の役割は、長期的な戦略策定部門として機能を発揮すべきであったのに、20世紀末の経済危機に際しては、十分その機能を発揮出来なかった。原因は色々あるだろうが、その一つは、当面の景気動向に一喜一憂して、その対応に追われ、10年先、20年先を見据えた国家戦略などを考える余裕を失っていたことだと思われる。新全総のような国家百年の大計とまではいかなくても、国民所得倍増計画の10年先を見据えた視点で経済政策を考える余裕を持てなかったのが残念なことと思う。

そうした失敗の教訓を生かすとすれば、時の政権や日常の行政からある程度距離を置いて、衆知を集めて、国民経済の観点から、長期的、総合的な経済戦略を考える部門を作ることである。

日本経済の再生のための条件の一つは、日本の統治機構の中に総合的な戦略策定部門を創設することであると思う。昔の経済企画庁のような機能をもった新しい時代にふさわしい経済戦略本部を復活すべきだという声が起きているとも聞く。中央省庁再編の際、度々貴重なアドバイスをくれた元官房副長官の石原信雄氏は、「政府の中に経済に関する『参謀本部』はどうしても必要だ」と言っていた。

もし、新しい時代にふさわしい経済戦略本部のような組織ができるとするなら、それは、政権の中枢からある程度離れて、日常の行政からも少し距離感をもって、政治的に中立な立場でマクロ経済や政策の効果分析が出来ること、時の政権の視点でなく、全体最適の視点に立った経済の企画調整が出来ること、そして、常に経済合理性に則った政策代替案を立案出来ること、などが必要条件となろう。そのような条件を満たす具体的な組織として一案を示せば、今の内閣府にある経済財政諮問会議を、国家公安委員会ないし公正取引委員会のような独立の行政委員会として位置づけ、その付属機関として旧経済審議会を復活し、事務局として旧経済企画庁総合計画局、調整局および調査局の機能を復活させることが考えられる。その長は、国務大臣をもって充て、かつての経済安定本部総務長官のような強力な調整権限が与えられることが適当である。筆者は、中央省庁再編の際に、内閣府に置く経済財政諮問会議の存在感を高めるために、その委員は、日銀の審議委員のようにパーマネントにして、相応の報酬を払うポストにすべきであるという意見を持っていた。結果としてそうはならなかったが、退官直後に橋本総理を訪れたとき、気楽な立場からこのことを進言したら、橋本総理は、「役所の払える報酬では、民間からいい人材が来てくれないんだよ」と言って、あまり興味を示さなかった。しかし、いつの時代にも、志のある人材は報酬に関係なく集まることは、経済安定本部以来の経済企画庁の歴史を見れば明らかである。戦後日本経済の中で経済企画庁が果たしてきた役割を踏まえて、新しい時代にふさわしい経済戦略本部の役割を果たす組織の復活を期待してやまない。

あとがき

本書は、奇しき偶然の所産である。２０１６年の３月頃だったか、自宅に、「かもがわ出版」の編集長の松竹《まつたけ》伸幸と名乗る方から突然電話をいただいた。以前著書を出版した時に大変お世話になった岩波書店の編集委員をされていた高村幸治氏の紹介であった。松竹氏は、「いま、『経済企画庁復活論』があるのをご存知か」と言う。迂闊にも私は、そのような議論が起きていることを知らなかったので、「経済企画庁は、戦後の日本経済に一定の役割を果たして20世紀とともにに消滅した役所です。21世紀のいまになって、経済企画庁が復活しても役割を果たせるでしょうかね」と答えた。松竹氏は、拙著『経済再生の条件』を読んだが、その中に、日本経済のルネサンスのための条件の一つとして「戦略策定部門の創設」が挙げられている。「経済企画庁は、まさにその『戦略策定部門』だったのではありませんか。経済企画庁復活論を書いてみる気はありませんか」という出版の勧めだった。私は、経済企画庁の機能を新設の内閣府へ移行させる作業の事務方を務め、その消滅に加担した一人だったので、「経済企画庁の墓碑銘は書いておかなければならないと思っていました。ずいぶん年月が経ってしまい、いまさらという気がしないでもありませんが、そういうものでもよければ、書いてみてもいいかなと思っています」と答えて、後は面談の上ということにして電話を切った。

7月に松竹氏に初めてお目にかかったが、結局、松竹氏の勧めに従って、経済企画庁が戦後日本経済に果たした役割を回顧して、経済企画庁の成功と失敗の教訓を踏まえて、新しい時代にふさわしい経済戦略本部ができるとしたら、その必要条件のようなものを朧げながら描いてみようかということになった。

松竹氏は、その後、折に触れ進捗状況を尋ねてくれて、次の目標を示してくれるので、これに背中を押される形で作業を進めることが出来た。また、本のタイトルも松竹氏が付けて下さった。本書の生みの親として厚く感謝を申し上げたい。

経済企画庁が果たした役割の中で、私が経験した局の仕事に焦点を当てざるを得なかったため、経済企画庁が日本経済に果たした大きな役割の一つである国民経済計算体系の整備の仕事がスッポリ抜け落ちてしまった。私は在任中、長官官房、調整局、国民生活局、物価局、総合計画局、調査局および総合開発局に所属したことがあるが、経済研究所だけは経験したことがなかった。そのため、1968年に国連が勧告した新SNA（System of National Accounts）への移行のために庁内が予算を獲得するのに大騒ぎをしていたときにも、ほとんど無関心だった。いまだにGDPがどうやって推計されるのかよく知らない。これでよく経済企画庁の局長が務まったと思うが、同僚の専門家たちが助けてくれたお陰と、いまさらながら感謝するばかりだ。

もう一つ、経済協力の関係にもほとんど触れなかった。調整局には経済協力第一課と第二課の二つの課があり、海外経済協力基金の監督官庁でもあったので、書いておかなければならないことは沢山あるが、調整局時代は、不況からの脱出にエネルギーのほとんどを注いでいたので、経済協力の仕事の思い出は大分薄れている。調整局長時の思い出を一つだけあげれば、ベトナムの経済大臣が局長室を訪ねて来て、日本のＯＤＡ（政府開発援助）のお陰で大変助かっていると感謝されたのを覚えている。その時いただいた竹細工のお土産は、大事にとってある。

私が経済企画庁に入庁する以前のことは、経済企画庁史その他の資料によった。経済企画庁の「正史」というべきものは、『経済企画庁20年小史』、『現代日本経済の展開　経済企画庁30年史』および『戦後日本経済の軌跡　経済企画庁50年史』がある。『20年小史』は、私が入庁して最初に、年表作成の作業と校正を担当したので思い出深い。校正作業では、結婚する直前の妻に読み合わせを手伝ってもらった。敬虔なクリスチャンであった妻も、２０１５年7月に天国に召された。

そのほかに、『経済企画庁総合開発行政の歩み』、『国民生活行政20年のあゆみ』などの「列伝」が存在する。「正史」と「列伝」には、かつて幹部で活躍した人々の回想談が載っている。さらに、経済企画庁発足40周年記念研究事業として、総合研究開発機構（ＮＩＲＡ）が編纂した『戦後経済復興と経済安定本部』という経済安定本部を内外から支えた人々のオーラルヒストリーがある。これらの回想録は、経済企画庁関係者以外の人々の目に触れることは少ないと思われるが、戦後半世紀の間、日本経済の復興、成長、安定のために心血を注いだ人々の生の声を現代に伝えることは、意味のあることと思い、出来るだけ多く引用するように努めた。私が直接仕えた人々やその謦咳に接したことのある先輩の生の声に接していると、往時を思い出して感慨にふけることが多かった。

改めて気づいたのだが、経済企画庁は、多彩な経歴を持った人材の宝庫だった。大来佐武郎―後藤誉之助―鹿野義夫―宮崎仁―藤井直樹（元経済企画事務次官）という電気工学科出身の人脈が各時代に異才を発揮された。後藤氏は、私が入庁する前に物故されていたので謦咳に接することは出来なかったが、経済白書をベストセラーにした伝説の人として語り伝えられている。この人脈に、電気化学科出身の林雄二郎氏、航空工学科出身の宍戸寿夫氏、建築学科出身の下河辺淳氏、船舶工学科出身の小金芳弘氏（元国民生活局長）などユニークな人材が加わって、他の役所に見られない理系の太い芯が出来ていたことに気が付く。経済企画庁は、「技官」と「事務官」の人事上の差別が全くなかった。他の役所では、人事上必ずしも恵まれないこともあると聞く技官が、生き生きと仕事をした。この「理系人脈」が合理性基準で行動するエコノミストたちを引きつけ、経済安定本部の初代次長の白洲次郎氏の言葉を借りると、「エイものはエイ」と割り切る「色男」たちを育てる気風をつくったのであろう。

なお、向坂正男氏（1915年～1987年）を中心とした「満鉄調査部」出身者の系列も、経済企画庁の官庁エコノミスト群像の一翼を担っていたことを忘れるわけにはいかない。向坂氏は、戦後満州から引き揚げた後に、経済安定本部に入り、調査畑をあゆみ、内国調査課長として、昭和34年度と35年度の経済白書の執筆責任者を務めて多くのエコノミストを育てた。また、1962（昭和37）年5月から1966年4月まで総合計画局長を務めた。退官後は、総合研究開発機構（ＮＩＲＡ）の初代理事長やエネルギー経済研究所の初代所長を歴任した。亡くなったあと遺言で遺産を公益信託にして、中国人で日本において学ぶ学生のために奨学金を支給した。私は、秘書課長の時に公益信託の認可の仕事を担当して、向坂氏の中国に対する思いの深さに感動を覚えた。この奨学金は、毎年2名の学生に支給されて10年間続いたと思う。

本書を書き進めるうちに、私が経済企画庁に籍を置いていた約34年間に縁があった上司、同僚の多くが、既に鬼籍に入っていることを改めて知って愕然とした。特に、昨２０１６年には、経済企画庁消滅後にも、その精神を体現し、経済企画庁出身者の心の支えであり続けた宮崎勇氏、下河辺淳氏および宍戸駿太郎氏が相次いで亡くなった。皆92歳だった。さらに同年11月には、私の前任の経済企画事務次官だった糠谷眞平氏が逝ってしまった。まさに「メメント・モリ」（memento mori：人間は必ず死すべきものであることを忘れるな）である。命あるうちに、人生の盛りの年月を時には寝食を忘れるほど夢中にさせてくれ、私を一人前の社会人に育ててくれた経済企画庁とそこに集った人々のことを書き残しておかなければならないと思う。

実名で多くの方に登場していただいたが、履歴などは、記憶に頼った面が多いので、誤りも多く、精粗まちまちにもなってしまった。また、生没年が明らかでない方は、単に「故人」とした。その点で平仄が合わないが、敢えて個人情報を調べることはしなかった。深くお詫び申し上げたい。

本書の草稿段階で、尊敬する元上司・同僚の横溝雅夫氏、根本博氏、川本敏氏および鳶田隆成氏に目を通してもらい、私の記憶の不確かな点をいくつか正してもらった。これを公刊しても果たして読んでくれる人がいるのだろうかと逡巡する私に対して、皆、本書が経済企画庁関係者以外の多くの人に読んでもらいたい内容が含まれていると言って励まして下さった。篤くお礼を申し上げたい。しかし、本書の誤りは、全て筆者である私の責任である。

元経済企画長官の堺屋太一氏には、ご多忙な作家活動中にもかかわらず、初校のゲラに目を通していただき、本書の内容にぴったりの推せんの言葉を賜った。記して感謝申し上げる。

堺屋氏は、小渕内閣の経済企画庁長官に民間人閣僚として登用された。『油断』や『団塊の世代』などのベストセラー作家としてつとに有名であったが、私は、全職員を代表した歓迎の挨拶の中で、堺屋大臣には、通産官僚時代に大阪万博の仕掛け人として発揮された企画推進力と、作家としての感性とに期待する旨を述べた。果たして、間もなく、「景気回復の『胎動』が始まった」という作家ならではの表現で、いち早く景気回復への期待をアピールされたのには感服した。これは単に口先だけのことではなく、就任早々アサヒビール会長の樋口広太郎氏を座長とする「経済戦略本部」を発足させる一方、議員立法による「金融再生法」と「早期健全化法」を成立させ、金融システムを再生させたのをはじめとして、恒久減税を含む財政拡大によって、日本経済を奈落の底からすくい上げた実績に裏打ちされた発言だったのだ。堺屋大臣に仕えたのは、わずか一年一ヶ月であったが、その間に多くのことを学んだ。特に「寸鉄人を刺す」レトリックで人々を納得させる説得力は見事であった。私が退官するとき、職員を前に堺屋大臣が送別の辞を述べて下さったのだが、その中で「名次官だった」との身に余る言葉をいただいた。私には勲章以上の栄誉として今でも胸の奥にしまってある。

本書の中で、当時の内閣の政策に批判を加えたり、「ああすればよかった。こうすればよかった」などと結果論を繰り返したりした。「現役の時になぜそうしなかったのか。辞めた後になって弁解がましいことを言うのはいかがなものか」という批判を受けるだろう。しかし、はじめに述べたように、公務にたずさわったものの務めとして、経験知を後世に伝えて、同じような過ちを繰り返さないようにするということ以外全く他意のないことをご理解いただきたいと思う。

退官後18年の歳月は、記憶を風化させ、経済企画庁の輪郭も次第におぼろげになった。経済企画庁という役所があったことを記憶している人も少なくなっているだろう。経済企画庁を知らない方も、昔こんな役所があり、こんな仕事をして、かくの如く消滅していったということを知って、願わくは、一掬の涙を賜らんことを。

二〇一七年一〇月　茨城県守谷市みずき野の寓居にて

塩谷隆英

塩谷隆英（しおや・たかふさ）

1941 年鎌倉市生まれ。1966 年東京大学法学部卒業。同年経済企画庁入庁、同庁秘書課長、国土庁計画・調整局長、経済企画庁調整局長を経て 1998 年経済企画事務次官。その後総合研究開発機構（NIRA）理事長、株式会社クラレ取締役（社外）、早稲田大学アジア太平洋研究科客員教授、公益財団法人労働科学研究所理事長などを歴任。著書『経済再生の条件』（岩波書店）

甦れ！ 経済再生の最強戦略本部
――経済企画庁の栄光と挫折からその条件を探る

2017 年 12 月 1 日　第 1 刷発行

発行者　竹村正治
発行所　株式会社　かもがわ出版
〒 602-8119　京都市上京区堀川通出水西入
TEL 075-432-2868 FAX 075-432-2869
振替　01010-5-12436
ホームページ　http://www.kamogawa.co.jp
印刷所　シナノ書籍印刷株式会社

ISBN978-4-7803-0938-6　C0033